法制建设与法学理论研究部级科研项目

"公法时代"丛书

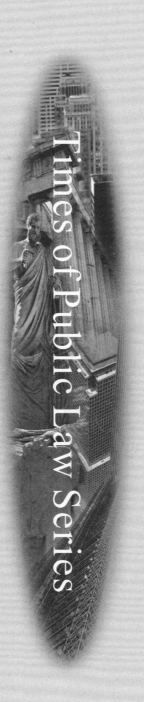

行政听证制度研究

Research on Administrative
Hearing System

■ 章剑生 著

浙江大学出版社
ZHEJIANG UNIVERSITY PRESS

图书在版编目(CIP)数据

行政听证制度研究 / 章剑生著. —杭州:浙江大学出版
社,2010.1
　(公法时代. 第3辑)
　ISBN 978-7-308-07267-0

　Ⅰ.行⋯ Ⅱ.章⋯ Ⅲ.行政管理－司法制度－研究－中
国 Ⅳ.D922.104

中国版本图书馆 CIP 数据核字(2009)第 242562 号

行政听证制度研究

章剑生　著

丛书策划	曾建林　张　明
责任编辑	张　明
封面设计	俞亚彤
出版发行	浙江大学出版社
	（杭州市天目山路 148 号　邮政编码 310028）
	（网址:http://www.zjupress.com）
排　　版	杭州求是图文制作有限公司
印　　刷	德清县第二印刷厂
开　　本	710mm×1000mm　1/16
印　　张	12.5
字　　数	233 千字
版 印 次	2010 年 1 月第 1 版　2010 年 1 月第 1 次印刷
书　　号	ISBN 978-7-308-07267-0
定　　价	45.00 元

"公法时代"丛书总序

胡建淼

我们推出"公法时代丛书",并非基于倾向"强化公权力并弱化私权利",而是基于一种共识:"21 世纪,是公法的世纪,因为在这个世纪里,公权力比私权利更需得到法的规制。"

虽然公法与私法本身的概念仍会让我们争论几百年,但划分其"界河"的工作与理论几乎可以往前推算近 2000 年。自古罗马的 D. 乌尔比安(Domitius Ulpian,约公元 170—228 年)以来,公、私法的划分几经沉浮,到近代终于成为欧陆法制的原则和法学研究的前提。即使以普通法为传统的英美法系,甚至一度与西方法制决裂的苏联东欧各国,在当代也无力抗拒公、私法的划分。

列宁曾经说过:"我们不承认任何'私法',在我们看来……一切都属于公法范围……"(列宁:《给德·伊·库尔斯基的便条》,《列宁全集》中文版第 36 卷,人民出版社 1959 年版,第 587 页)这种对"公法"过分的好感,我们又慑于接受。公法就是公法,私法就是私法;不能因公法否定私法,也不能相反。规范与约束国家公权力行为者为公法;引导市民善待自己人身权与财产权者为私法。没有善良的公法规则,任何私权可能会消失殆尽。

以公法为研究对象者称为公法学。公法学实与一国法治文明唇齿相依。J. 布丹(Jean Bodin,公元 1530—1596 年)以《国家论六卷》首开近代公法学先河,经拿破仑法典编纂,法国确立了公、私法划分,率先进入法治国家行列。德国在 19 世纪中叶的欧洲无足轻重,公法学也姗姗来迟,到第二次世界大战以后,其公法学名家鹊起,臻于繁盛,德国遂能忝列法治强国之列。而德国纳粹政权、意大利法西斯统治以及拉美极权政府全盘否定公、私法划分,终致法律沦为强权工具,国家与民众倍遭祸乱。

中国两千年来的"法制"总体为"诸法合体",既无法律部门区分,更无公、私法划分。清末丁韪良移译《万国公法》以后,《公法与私法》、《实理公法》、《比较宪法》等著译蔚为大观,清末修律、北洋"立宪",直至国民政府颁行《六法全书》,公、私法划分始告确立。废《六法全书》以后,中国也步苏联后尘,取消公、私法划分。改革开放以来,中国迎来法治春天;其中,公法性法规剧增,公法学雄姿勃发,可喜可贺。

当下中国学界,"公法"内涵虽尚未定论,但"公法"有广义与狭义之分,乃是不争的共识。作为狭义的"公法",仅指宪法和行政法;但从广义论之,还需将刑法和诉讼法等纳入其中。中国的"公法学"不再是几个公法部门的汇集,而是一种内在联系的外化。

"公法时代丛书"以推进中国的公法学与公法学的国际性比较为宗旨,以浙江大学公法与比较法研究力量为核心,以浙江大学"宪法与行政法"国家重点学科为载体,汇集中外公法力量,将一系列公法学研究方面的最新成果奉献给大家。

2005 年 8 月,我们推出了第一批丛书。它们是《论公法原则》、《公权力研究》、《行政行为基本范畴研究》、《有组织犯罪新论——中国黑社会性质组织犯罪防治研究》。

2007 年 8 月,我们推出了第二批丛书。它们是《世界宪法法院制度研究》、《世界宪法法院法选编》、《行政诉讼法修改研究》、《行政征收征用补偿制度研究》、《彩票业的政府管制与立法研究》。

2009 年 8 月,我们推出了第三批丛书。它们是《法律适用学》、《行政听证制度研究》、《行政诉讼判决研究》、《中国禁毒法律制度研究》、《责任政府:从权力本位到责任本位》。

"公法时代丛书"是对中国"公法时代"的企盼!

2009 年 8 月 1 日于杭州

目　　录

第一章

作为协商性的行政听证

行政听证的本质是行政机关在作出影响行政相对人合法权利的行政行为之前,与行政相对人进行协商的行政过程。现代民主政治的发展逐渐抹平了行政法律关系中行政机关和行政相对人之间不平等的特征,行政相对人的法律地位在现代行政法中获得了提升。在传统上的以"权力制约行政权"的单一监督模式之外,现在又发展出了"以权利制约行政权"的新型监督模式。行政听证作为一个"以权利制约行政权"的制度性平台,引人注目地凸现在行政程序之中,它构成了现代行政程序之核心。[①]

一、行政通过协商实现何以可能

在一个具有浓厚且悠久专制传统的中国社会中,要人们接受"行政通过协商实现"之观念并非是件容易的事。因为在专制体制下,"任何社会势力,一旦直接使专制政治的专制者及其周围的权贵感到威胁时,将立即受到政治上的毁灭性的打击。没有任何社会势力,可以与专制的政治势力,作合理的、正面的抗衡乃至抗争,所以最后只有全民性的农民暴动"[②]。中国清王朝以前的 2000 多年历史基本如此。1949 年以后,我们人民当家作了主人,但行政专制传统仍然没有因为新型社会制度的诞生而消除,人民受行政专制侵害的事件仍然时有发生。这是完全背离我们这个社会制度所阐明的基本宗旨的,其产生的后果也是令人心有余悸的。

然而,当"国家尊重和保障人权"的宪政思想浓缩成为一个宪法性条款之后,必然对我国现有的行政法学思想体系产生颠覆性的效应,由此产生

[①] 行政法学界中曾有"没有行政听证就没有现代行政程序法"之观点,虽然有点偏颇,但多少也反映了行政听证在现代行政程序中的重要地位。刁荣华主编:《中国法学论著选集》,台湾汉林出版社 1976 年版,第 188 页。

[②] 徐复观:《两汉思想史》(第 1 卷),华东师范大学出版社 2001 年版,第 91 页。

的力量必然波及整个国家行政机关的体制及其行政机关工作人员观念,进而一个制度上的变革就是行政听证在行政法领域的渐次确立,为行政通过协商实现提供了法律基础。它表现在以下两个方面。

(一)行政相对人的主体性地位

行政专制体制下的行政法将行政相对人当作可任意支配的客体,并消极地承受着行政权的效果。相应地,"传统的行政法学大多以行政权或行政机关的作用为主要研究对象,不重视行政相对方在行政过程中的作用"[①]。但是,20世纪在法治相对发达国家中掀起的"行政程序法典化"运动对于改善行政相对人在行政法中的地位产生了非常积极的作用。它促使行政机关在作出行政行为之前,学会了与受不利影响的个人或者组织交换意见,就行政行为的具体内容进行协商,即行政听证。

我国虽然没有制定统一行政程序法典,但是行政听证作为一种行政法律制度已经在《行政处罚法》等法律、行政法规中得以确立。虽然行政听证的实际效果还有待于进一步验证,但是眼下行政机关层出不穷的"讨好"行政相对人种种措施,不管是否出于行政机关的真心实意,多少也反映了行政相对人在行政机关心目中日益高涨的法律主体性地位。[②] 行政相对人的主体性地位为行政通过协商实现提供了主体条件。

(二)行政机关的尊重义务

在行政机关居高临下地统制社会的情形下,它与受统制的行政相对人之间是无法展开沟通、商谈的,甚至是多余的。行政相对人的权利被限制或者剥夺,都是由行政机关单方面决定的。形成这样的社会状态既有制度上的原因,也有观念上的因素。但是,从前述行政机关的各种"讨好"措施中所折射出的信息表明,这样的状态似乎正在发生一些"静悄悄的"转变。

行政机关负有尊重行政相对人的义务导源于宪法上的"国家尊重和保障人权"。宪法作为国家最高的法律,其规范约束了包括行政机关行政权在内的所有国家权力。[③] 在行政法领域中,"尊重"意味着行政机关不能随

---

① 罗豪才主编:《行政法学》(新编本),北京大学出版社1996年版,第99页。
② "讨好"行政相对人的措施最典型可能是许多地方政府"人民满意不满意"单位的评选活动,其他诸如行政文件的公开、主动联系人民代表听取意见、公布年度为民办实事的内容等也是"讨好"措施。
③ 《中华人民共和国宪法》第5条。

意地通过行政权影响行政相对人合法权益,即使这种"影响"具有实体法依据,如因公共利益的需要征收农村集体经济组织所有的土地,行政机关事先也应当听取行政相对人的意见。行政机关没有尊重行政相对人的义务,行政听证就不可能作为一种基本制度确立于行政法之中。所以,行政机关的尊重义务为其与行政相对人就行政展开协商提供了法律制度性保障。

二、协商性行政听证的内容

在"行政法是行政管理法"的年代里,我们也有类似于行政听证的管理方式,如征求群众的意见、召开座谈会等,但是,这种行政活动与行政听证大异其趣。这可以从协商性行政听证的内容中获得的佐证。协商性行政听证内容如下。

(一)出示行政的依据

行政机关的行政活动是其行政权的外在表现,就其内容而言,可以分为干预行政和给付行政。前者的行政活动对行政相对人的合法权益可能产生不利影响;后者的行政活动虽然给予行政相对人一种特定的利益,但是它也可能会影响公共财政的公平支付。无论行政机关实施哪一种行政活动,它们都存在着其合法权利受到不利影响的行政相对人。因此,必须通过行政听证给其表达自己意见的机会。

为了使行政相对人有针对性地进行抗辩,在行政听证之前行政机关应当将行使行政职权的依据出示给行政相对人,使行政相对人对行政机关的行政依据有一个基本的了解,从而使协商更具有针对性。这里需要进一步说明的问题有:

1. 合理的时间。即行政机关在举行听证之前的多少时间内出示行政依据。给予行政相对人一个合理的准备时间,有助于行政相对人充分实现行政听证权利。如果行政相对人事先不知道行政机关的行政依据,并且在事先没有针对性地对行政依据进行准备、核查,在听证过程中其必然处于信息劣势地位,他的听证权利也基本会流于形式。查我国现行的法律规定,我们发现立法机关把行政机关出示行政依据的时间规定在"举行听证时"①。这一不合理法律规定的后果,可能如同检察官当庭送达起诉书一样,使被告无法有效地行使辩护权。我国《行政处罚法》第31条规定:"行政机关在作出行政处罚决定之前,应当告知当事人作出行政处罚决定的事实、理由及依据,并告知当事人依法享有的权利。"这一规定似乎是行政相对人在行政机关作出决定之前可以知道"行政处罚决定的事实、理由及依据",但"之前"是多少时间仍然交由行政机关裁量。因此,我认为应当通过立法明确规定一个时间,以确保行政相对人在行政听证之前有足够的准备时间。②

2.适当的方式。即行政相对人通过何种方式获得行政机关的行政依据。在行政机关作出影响行政相对人合法权益的最终行为之前,它已经通过行政程序获得了足够的事实、理由和依据。尽管行政机关在作出最终行为之前已经将"事实、理由和依据"告知了行政相对人,但是我国今天的实际问题是,在行政听证之前到达行政相对人手中的材料究竟是一份简单明了的"告知书",还是一个卷宗副本的复印件?如果是前者,行政相对人是否可以到行政机关的办公地点去复制卷宗副本呢?在行政处罚听证实践中,行政相对人一般可以获得一份记载简要内容的"违法行为告知书",而在其他行政听证中,这种简要的"告知书"制度也并不完善,更不用说获得相关材料的卷宗副本。因此,我认为无论属于哪一种行政听证,除国家秘密、商业秘密和个人隐私以外,已经成为行政依据的材料应当允许行政相对人取得卷宗副本的复印本。《政府信息公开条例》中的"申请公开"程序,在一定程度上可以弥补这一方面的制度性供给不足。

(二)展开平等的论辩

就双方的论点进行争辩是现代社会消解争议的一种基本方式,也是法

---

① 《中华人民共和国行政许可法》第48条第1款第(4)项规定:"举行听证时,审查该行政许可申请的工作人员应当提供审查意见的证据、理由,申请人、利害关系人可以提出证据,并进行申辩和质证。"在这之前,根据该第47条规定,行政机关在作出行政许可决定前,应当告知申请人、利害关系人享有要求听证的权利,没有证据、依据的事先告知。《政府价格决策听证办法》(2002年11月22日国家发展计划委员会第26号令)第22条规定,政府价格主管部门至少在举行听证会10日前将听证材料送达听证会代表。从实际情况看,给听证会代表10天的准备时间还是不够的。

② 美国联邦行政程序法也没有规定这样的期限。在审理戈德伯格诉凯利案件中,最高法院指出,在有关终止福利的审讯前7天给予通知就够了。当然,也许有些案件的通知期还应长一些才合理。一旦法律规定了期限,法院通常会依循立法机关所确定的标准。[美]伯纳德·施瓦茨:《行政法》,徐炳译,群众出版社1986年版,第251—252页。

治社会解决法律冲突的一种常规武器。法律程序的设置是为了论辩能够通过和平的方式进行,因此遵守法律程序进行论辩将有助于争议获得有效的消解,至少可以遏制争议的恶化。然而,既然是争议双方就争点进行论辩,一个基本的前提是双方在法律地位上必须是平等的,否则处于优势地位的一方完全可以凭其实力压服另一方,从而强制性地"解决"双方之间的争议。

论辩的前提不是立场对立而是地位平等。专制体制下的行政官员因为体制的土壤而滋长出来的为官心态,习惯于将人民置于自身的对立面,并处处设防。如果他们能够尊重人民的基本权利,那么在这样的对立面约束下的专制行政极有可能渐变为法治行政。但不幸的是,置于对立面的人民主体性人格无论在法律上还是事实上长期受到了彻底的否定,人民成为专制行政体制任意支配的客体物。虽然这种现象所依赖的体制如今早已消灭了,但是当下中国抱有这种为官心态的人却并不少见,有时其暴露出来的情况还是相当严重的。他们视人民如同被驱牧的羊群,任意挥鞭支使。在这样的背景下人民如就争议想与其展开平等的论辩,简直是异想天开。令人欣喜的是,今天这种局面已经在发生变化,"以人为本"的施政策略正是这种变化的最大彰显。

平等的论辩需要有良好的法律程序预设双方平等的地位。这是程序公正题中的应有之义。因为,"任何社会冲突都包含着对某一社会公正原则的扭曲,因此,矫正这种现象必须有公正的意识、公正的评介和公正的力量"[①]。虽然在行政法上行政机关与行政相对人之间存在着管理与服从的关系,但这种关系下确立的法律地位不能重置于行政听证法律关系之中。听证本身意味着行政机关就行政事务的处理与行政相对人进行协商的一种行政方式,而双方法律地位在听证程序中的平等性正是听证得以展开的基本前提。因此,有关的行政听证法律程序必须平等地分配双方的程序性权利和义务,必要时行政相对人可以享有更多的程序性权利,以平衡双方实际力量的不平等。

(三)给出充分的理由

行政机关在听取了行政相对人的论辩后作出的行政行为,应当附随充分的理由。这些理由通常应当是法律理由、事实理由和裁量理由。过去我们并不重视这个问题,"经研究决定……"往往是行政机关作出行政行为的

---

① 顾培东:《社会冲突与诉讼机制》(第2版),法律出版社2004年版,第53页。

主要模式。但是,在尊重和保障人权的宪政架构下,给出行政行为的理由构成了行政机关行使行政职权的一项基本义务。"因为给予决定的理由是一个正常人的正义感所要求的。这也是所有对他人行使权力的人一条健康的戒律。"①虽然附有充分理由的义务给行政机关制作行政行为增加了许多行政成本,但是这样的行政行为可能更容易为行政相对人所接受,从而免去了行政行为所做之后的诉讼、复议以及执行成本。不仅如此,行政行为附有理由可以让行政相对人在表述理由的字里行间透析出行政机关作出行政行为的逻辑过程,从而为行政相对人寻求司法救济提供依据。

我国过去在实现行政任务时经常是"强制执行"当头,这种过度依赖于强制实现行政任务的法制路径是一个需要反思的现实问题。在过去 20 多年的法制建设中,"强制执行"已经成为不能轻易质疑的"政治正确"。行政强制的确是恢复和稳定正常社会秩序的常规武器,比如强制拆房。单纯通过国家强制固然可以整合社会秩序,但是,我们很少看到以这种方式达成的长治久安的社会。就人类的经验而言,形成稳定社会秩序的路径是复数的,从国家强制必不可少的命题中,我们无法排除其他诸如传统、习惯、道德、风俗、文化、宗教等路径。而这些路径归根到底可以浓缩成两个字:说理。

然而在今天,行政需要说理并没有成为行政机关的"规定动作"。以前如公安机关那种格式化的"治安处罚裁决书"不能把最重要的"裁量理由"告诉行政相对人。一个不给出充分理由的行政行为可以把听证完全虚置,因为行政机关对行政相对人提出的观点无论是否采信都不需要说明理由,听证在很大程度上就质变为一种"走过场"。因此,给出充分理由作为一种程序机制,它可以促进行政听证发挥其固有的功能,从而实现协商行政的目的。

三、协商性行政听证的实现

"历史上法制的实质性进步往往是通过程序体系的发达和合理化才落实的,而现代社会中各种利益集团互较短长的多元格局更需要通过程序去折冲樽俎。现代市场经济的成功诀窍是优化选择机制的形成,公正合理的法律程序正是改善选择的条件和效果的有力工具。"②所以,协商性的行政

---

① 〔英〕威廉·韦德:《行政法》,徐炳译,中国大百科全书出版社 1997 年版,第 193 页。

② 季卫东:《当代法制建设的几个关键问题》,《中国法学》1993 年第 5 期。

听证需要行政机关和行政相对人首先要有一种理性的合作姿态,否则协商是无法展开的。理性的合作虽然没有消除行政机关和行政相对人之间的利益紧张关系,但是这种利益紧张关系更多是推进双方合作的动力,并最终为双方共同的目的——个人的自由发展——所吸纳、化解。

(一)沟通

沟通作为一种思想交流的方法,有助于消除沟通各方思想上的隔阂,在某一问题上达成一种共识,从而协调各自的行动。"理想的沟通情境是指人在相互沟通过程里,真诚地和正确地使用语言。遇到意见分歧的时候,讨论者并不倚靠权威或其他扭曲的手段去令对方接受自己的见解,而是双方信守着有效声称的规则,用论证支持自己的论点,通过反复讨论达成共识(consensus)。"①以沟通获得的共识构成了社会稳定的基础,同时也是社会发展的动力源。一个隔阂重重的社会往往隐藏着深刻的社会危机,尤其是人民与代表国家的政府之间的隔阂更是如此。因此,在现代社会中,沟通作为一种消解社会危机的方法获得了政治社会学的推崇,并通过具体法律制度加以落实,如行政听证。

行政机关与行政相对人虽然在听证法律程序上处于平等的地位,但是在听证过程中行政机关的优势地位仍然是客观存在的。无论从掌握的信息还是人、财、物的支配,行政相对人都是无法比拟的。如果行政机关借助于自身的地位傲视行政相对人的话,那么这种力量上的悬殊客观上成为行政机关和行政相对人之间沟通的重重障碍。在实践中,行政机关与行政相对人难以沟通是因为代表官方的行政机关总是过于自信,总认为自己是对的,而行政相对人是"自私自利的"。因此,对双方来说,如果希望通过沟通来实现协商性的行政,那么以下几点是否能够做到确实非常重要:(1)诚意。行政机关与行政相对人进行沟通时应当是出自内心的诚意。如果把沟通作为一种"缓兵之计"或者"投石问路",都是不可能达到沟通目的的。行政相对人也不应该把行政机关的沟通意图看作是一种软弱的表现而提出苛刻的条件。(2)说理。当沟通产生分歧时,应当通过说理消解分歧,不得使用强制或者以强制作威胁,迫使对方接受自己的观点。沟通中分歧使沟通更显其重要性,而沟通本身隐含着说理的内容。如果不通过说理去消除分歧,最简单的办法就是诉诸暴力。在暴力消除分歧的过程中,沟通往往是多余的。(3)妥协。当说理不能服人的时候,妥协便是一种理性的选

---

① 阮新邦:《批判诠释论与社会研究》,上海人民出版社1998年版,第36页。

择。如果在理屈词穷的情况下仍然要强词夺理,那么沟通就不可能再进行下去了。要达成共识,在这样的情况下最好的选择就是妥协。妥协不是被迫地退让与软弱,它是一种策略性的让步。

沟通是一种信息传递的基本途径。化解对立双方的争议需要相互取得对方的各种信息,诉讼中要求提交证据材料的做法其实也是一种信息的沟通。虽然我们不要求行政机关将所有与争议有关的信息和盘托出,但是行政机关也不能在沟通中做一些应付性的官样文章。比如,在沟通的具体方式上,应当更多地采用口头方式,而不要用冷冰冰的几行文字打发行政相对人;在沟通的具体内容上,应当更多地说出行政裁量的理由,而不是出示几条干巴巴的法律条文,让行政相对人回家"自学"。反过来,行政相对人应当在沟通中保持理性,追求私利的最大化无可指责,但是也要注意公益和他人的正当权益。眼下一些房屋拆迁的补偿商谈中,行政相对人漫天要价的现象并不少见。这种非理性的举动常常导致正常的沟通无法进行。因此,协商性的行政听证不是行政机关一方的单相思能够实现的,它需要双方的共同努力才能实现。就这一点而言,我以为虽然培植理性的公民是一个比较漫长的过程,但对于我们今天构建一个"和谐社会"来说确实是很重要的。

(二)透明

透明意味着行政听证是公开的,是可以让第三人观察、评介的一种行政过程,从而使行政机关、行政相对人以及关心这个行政过程的第三人在行政听证中产生一种"真"的信赖。透明的行政听证本质上是把行政听证的过程公示天下,使人们感到它所具有的不可轻易否认的服人的力量。"更进一步说,公开有助于向行政决定做出程序和行政决定自身依据的任何程序及所涉及实质性理由提出挑战。"[①]如果沟通是实现双方之间信息的有效传递,那么透明则是让关注行政听证过程的第三人全面了解行政活动的一种制度性保障。

协商性的行政听证表面上看起来是行政机关和行政相对人之间的事,但是他们之间所协商的事务仍然涉及公共利益,与纯粹的私人之间事务所进行的协商有本质的区别。协商性行政听证之所以需要透明,仍是出于限制行政权的需要。公开是一种比较好的限制行政权的方式。"阳光是最好

---

① Diane Longley and Rhoda James. *Administrative Justice-Central Issues in UK and European Administrative Law*, London 1999, p.6.

的消毒剂,一切见不得人的事情都是在阴暗的角落里干出来的。"①行政机关作为受人民委托行使公务的组织,虽然我们要求它"全心全意"地为人民服务,但是它作一个系统的科层组织体仍然具有自身的利益。基于人的自利倾向,由个人组织起来的行政机关利用职权谋取利益的可能性是客观存在的。而行政相对人出于自身的利益在与行政机关沟通中,也可能会通过满足行政机关的私利使其自身利益最大化,结果使公共利益受损。所以,透明可以通过第三人的力量驱使行政机关和行政相对人合法地进行沟通。

透明也在于确认公民的知情权。公民权利在宪政体制下历来是一种限制国家权力的巨大力量,也是公民作为主体性人格所应当具有的基本条件。"政治和公民权利,特别是那些与保障公开的讨论、辩论、批评以及持有不同意见有关的权利,对于产生知情的、反映民意的政策选择过程,具有中心意义。"②所以,民主法治国家中在宪法上承认公民的知情权并通过具体法律加以保障已经成为宪政体制中缺一不可的内容。我国在这个方面似乎是形式多于实质,多少影响了协商性行政听证的质量。

(三)合意

协商同意原本是私法精神的核心,在公法中因为公共利益的绝对优势地位导致了私法精神没有容身之地;以强制服从为核心的公法以议会产生的法律规范为依据,使得公共利益获得了最大限度的实现。以这样的公法精神指导下形成的社会秩序可以是稳定的,但也是缺乏活力的。现代社会中,这种单纯的"强制服从"缺陷日趋明显,如行政管理成本大幅度提高,行政机构激剧扩大,进而公民税负的加重等等。一个比较有效的改善办法是通过私法精神的导入,在行政机关和行政相对人之间展开协商,缓和传统公法下强制服从的张力。另一方面,在现代社会中因削弱国家权力而凸现个人的地位,也导致了个人主义的过度张扬。"协商过程是对当代自由民主中流行的个人主义和自利道德的矫正。因为个人自由和自治是自由社会的核心要素,所以,尊重、理解对共同体生活普遍关怀的需求是对自由民主加以平衡的需要。"③所以,在不放弃公法的强制服从力量前提下,兼容私法上的协商同意精神,尽可能地在行政机关和行政相对人就行政行为的作

---

① 王名扬:《美国行政法》(下),中国法制出版社 1995 年版,第 960 页。
② [美]阿马蒂亚·森:《以自由看待发展》,任颐等译,中国人民大学出版社 2002 年版,第 154 页。
③ 陈家刚选编:《协商民主》,上海三联书店 2004 年版,第 8 页。

出最终达成合意。

合意表达这样一种理念:行政听证过程是行政机关和行政相对人对立的意见不断磨合的过程,最终的行政行为也是双方意见妥协,甚至也有第三人意见介入的结果。合意作为实现协商性行政听证的一种方法,其隐含着行政行为的合法性从传统宪政体制下的议会逐步转向直接求诸受其影响的行政相对人。虽然这个转变在今天我们的社会中并没有明显的迹象,但它确实已经启动了。随着公民认知能力的提高以及新闻传媒的发达、互联网的普及,公民对行政行为的合法性已不满足于建立在周期性的投票箱中,而是更希望能将自己的意见直接在行政过程中获得表达。合意作为一种手段正是对这种诉求作出的回应。

合意使行政机关的行政行为中融入了行政相对人的意见,行政相对人抗拒行政行为的力量因他自己的意见的存在而大大消解。从这个意义上讲,合意虽然拉长了行政过程,但是它提高了行政效率,更是缓和了行政机关和行政相对人之间的对立情绪,它使我们的社会秩序建立在行政相对人同意的基础上。正是这种"同意",使行政机关在维护社会秩序时获得了正当性。

第二章

行政听证制度的基本架构

作为一种法律制度,行政听证在行政程序法中所占据的地位是无可替代的。一般国家的行政程序法虽然也有不少行政实体法的规定,但基本上都是围绕行政听证制度展开的。行政听证制度是正当法律程序的核心,是正当法律程序法治理念的具体化、规范化。虽然源于英美法系传统的正当法律程序在大陆法系的法律传统中找不到"共同语言",但是作为一种法治理念却已为所有法治国家,以及正在步入法治的国家所接受。

一、作为行政程序核心的法律意义

行政听证制度以行政程序法为载体,同时作为行政程序法的核心承载了行政程序法的基本功能:通过行政听证实现行政机关与行政相对人就行政事务进行协商,从而妥善地解决双方之间存在的行政争议。因此在内涵上行政听证一般可以表述为:行政机关在作出影响行政相对人合法权益的决定之前,由行政机关告知决定理由和听证权利,行政相对人陈述意见、提供证据以及行政机关听取意见、接纳证据并作出相应决定等程序所构成的一种法律制度。

听证,或者听取意见,源于英国普通法上自然公正原则的规则之一,即"听取另一方证词"。其基本含义是指:"任何参与裁判争端或裁判某人行为的个人或机构,都不应该只听取起诉人一方的说明,而是要听取另一方的陈述;在未听取另一方陈述的情况下,不得对其施行惩罚。"[①]为了强调听取另一方证词的重要性,英国的法官创造了一条如诗如画的司法格言,人类的第一次听证权是上帝在伊甸园中赐予的。[②] 这一形而上的假说让人回

---

① 〔英〕戴维·M.沃克:《牛津法律大辞典》,北京社会与科技发展研究所组织翻译,光明日报出版社 1989 年版,第 69 页。
② 〔英〕威廉·韦德:《行政法》,徐炳译,中国大百科全书出版社 1997 年版,第 135 页。

味无穷。对于这个不可能有什么史料可以佐证的假说,多少年来许多人仍是持宁信其有的态度对待之,议论之,并不断地传播着。从几百年来人们对此津津乐道的长论短议中,我们不忍心指责这种牵强,而是将这"牵强"一代代的传递下去。这不正道出了"听取另一方证词"是多么能满足人类对于公正的期待心理!

由正当法律程序浓缩的听证,它并非仅是行政法上一种独特的法律制度。从法制史角度检视,听证作为一种听取利害关系人意见的制度,是以司法权运作的模式出现的。丹宁说:"我所说的经'法律的正当程序',系指法律为了保持日常司法工作的纯洁性而认可的各种方法:促使审判和调查公正地进行,逮捕和搜查适当地采用,法律援助顺利地取得,以及消除不必要的延误等等。"①显然,听证最早适用的领域是司法领域,它是司法公正的程序性保障。

现代社会的发展导致了行政权的扩大,它成了现代行政法领域中最引人注目的现象,以至于它成为引发行政法任务及其实现方法嬗变的力量。在这个时期各国行政机关都被授予了广泛的、实质性的和裁量性的权力,并设立了更多的兼有立法权、司法权的各种管理委员会。国家的政治中心从议会转移到了政府,政府成了名符其实的"巨无霸"。由此产生的结果是,个人的利益一方面更多地需要政府加以保护,另一方面政府侵害个人权利的机会也大大增加。对此,以个人主义为基础的西方国家通过借鉴司法权的运作模式,将听证引入行政权领域,从而确立了行政听证制度。"从联邦最高法院的判例来看,第五修正案中正当法律程序条款之限制联邦政府,不但适用于行政与司法部门的作为,而且同时适用于国会的立法,国会对于所谓正当法律程序,并没有自作选择决定的自由。"②由此可见,听证适用范围的逐步扩展也由美国法律予以佐证。

然而,听证从司法移入行政领域也不是一个毫无争议的过程。法律本质上是一种利益分配的规则,不同法律制度的适用必然影响到不同利益主体的利益获取或者丧失。所以任何法律制度的确立、变更或者废弃必然是一个充满争议的过程。

在英国,"正如判例所示,好几个世纪以前,法院坚持被赋予合法权力的机关若事先非法听取受害人的意见将不能有效行使权力这一笼统原则。该原则广泛地适用于司法行为也用于行政行为;既适用于法官或委员会之

---

① [英]丹宁:《法律的正当程序》,李克强等译,法律出版社1999年版,第1—2页。
② 荆知仁:《美国宪法与宪政》,台湾三民书局1984年版,第79页。

类的集体机构的行为,也用于单个的部长或官员的行为。法院赖以建立其管辖权的假设是,给每个受害者公平审讯的义务既是良好法律程序的准则,同样也是良好行政的准则。即便命令或决定在实质上是无可挑剔的,法院起码可控制基本的程序,要求公平地考虑案件双方意见。没有什么比这更能有益于良好行政了"①。虽然这一理念流行了好几个世纪,但是读英国的行政法史,我们不难发现听证扩展适用过程中存在的种种法理与实务之争。比如,为了扩展听证的适用范围,使其延伸到行政行为,因为法院"认为每项司法行为都应受制于自然正义要求的原则;为此它们将大多数行政行为称为'司法性的'。法院不说自然正义在司法行为和行政行为中都应得到遵守——这事实上才是真义所在——而是牵强附会地扩展'司法性'的含义"②。后来"准司法性"的讨论基本上仍然是这个争议的延续。

同属普通法系的美国在"正当法律程序"这一宪法条款的指引下,③先是由法院通过判例,后由国会通过立法确立并拓展了在行政权领域中的听证适用,从而使听证成为制约行政权的重要程序法律制度之一。④ 比如1856年的怀尼哈默诉人民案中,不论是从实体法还是从程序法之观点看,个人的权利都是由正当程序保护的观点获得了法院的确认,从而大大拓展了听证的适用。怀尼哈默案起因于一项纽约州的法律。该法律禁止出售非医用烈性酒,并且禁止在住所之外的任何地方储放非用于销售的酒类。该法律还进一步规定,立即销毁全部违反其规定而保存的酒类;如有违反,以轻罪论处。纽约州法院在审理此案的判决中,明确地赋予了正当程序一种新的含义:规定销毁已为其所有者拥有的财产,这样一种剥夺财产权的做法,即使形式上符合"法律的正当程序",也是超出了政府的权限范围。这项法律尽管在制定程序上没有缺陷,但也肯定违反了"宪法规定的精神"。因为宪法已明确地表示要保护个人的权利不受专断权力的损害。⑤

自美国联邦《行政程序法》实施以来,听证在行政领域中获得了广泛的适用。在今天的美国,"正当法律程序是一个灵活适用的程序,只要求某种

---

① [英]威廉·韦德:《行政法》,徐炳译,中国大百科全书出版社1997年版,第133页。
② [英]威廉·韦德:《行政法》,徐炳译,中国大百科全书出版社1997年版,第141页。
③ 美国宪法修正案第5条规定:"未经正当法律程序不得剥夺任何人的生命、自由和财产。"宪法修正案第14条规定:"任何州不得未经正当法律程序而剥夺任何人的生命、自由和财产。"
④ 美国国会在1946年制定了联邦《行政程序法》,以成文法的形式确立了行政听证制度。这部法律对其他国家立法具有重大的影响。
⑤ [美]伯纳德·施瓦茨:《美国法律史》,王军等译,中国政法大学出版社1990年版,第56页。

形式的听证(some kind of hearing),不要求固定形式的听证。然而任何一种听证形式,必须包含正当法律程序的核心内容:当事人有得到通知及提出辩护的权利,是否具备这两种权利是区别公正程序和不公正程序的分水岭,虽然正式听证中的某些环节,在非正式听证中可以省略,这两个环节在一切听证中必须具备"①。所以,在行政实践中,正式听证的适用范围是很小的,非正式听证则成了听证的主要形式。这说明听证制度在移入行政权领域之后,必须充分考虑到行政权的效率及其灵活性的需要。

以法、德为代表的大陆法系,因为历史传统的差异而与英美法系相对而存在,成为英美法系之外的世界另一大法系。"大陆法系最古老的组成部分,直接来自公元 6 世纪查士丁尼皇帝统治时期所编纂的罗马法。罗马法包括人法、家庭法、继承法、财产法、侵权行为法、不当得利法、契约法和法律救济手段。"②由此可见,大陆法系中法律的实体部分具有非常突显的地位。然而,我们也可以看到,大陆法系虽然没有如英国自然正义的法律传统,但是,"在古代罗马最早的时候,法律也曾在实质上是程序法。在那里诉讼程式具有至高无上的重要性"③。这说明大陆法系在传统上也是相当重视法律程序的。

在现代行政法体系中,大陆法系国家虽然没有奉行"法律程序中心主义",但有关行政听证制度的规定却并不缺乏。如法国行政法上的防卫权原则和对质程序,基本上浓缩了行政听证制度的全部内容。④ 德国《基本法》上没有明确规定行政听证制度,但是作为一般的、具有宪法根据的法律原则,很久以前就得到了承认。⑤ 1976 年德国《行政程序法》第 28 条确立了行政听证制度。⑥ 虽然德国行政听证制度在适用的范围上比普通法系国家小,但如福斯索夫所说:"听审的权利是不得违背的法律程序(legal procedure)的一个有机组成部分。然而,如同在普通法中一样,在德国法中,也不存在着任何坚决要求口头听审(oral hearing)的情况。事实上,如果给予当

---

① 王名扬:《美国行政法》(上),中国法制出版社 1995 年版,第 410 页。

② [美]梅利曼:《大陆法系》(第 2 版),顾培东等译,法律出版社 2004 年版,第 6 页。

③ [法]勒内·达维德:《当代主要法律体系》,上海人民出版社 1984 年版,第 55 页。

④ 防卫权原则是指当事人对于行政机关带有制裁性质的决定,或根据其个人情况而作出的决定,为了防卫自己的利益和权利起见,有权提出反对意见。对质程序是指行政机关准备作出对当事人不利的处理时,只有在当事人提出答辩以后才能采取。王名扬:《法国行政法》,中国政法大学出版社 1989 年版,第 154—155 页。

⑤ [德]哈特穆特·毛雷尔:《行政法学总论》,高家伟译,法律出版社 2000 年版,第 467 页。

⑥ 该条第 1 款规定:干涉当事人权利的行政行为在作出之前,应给予当事人对与行政行为有关的重要事实,有表示意见的机会。

事人双方书面表达其意见的机会,也符合听审要件的原则及其惯例。"①这表明,在正式听证程序之外,德国法还存在着"给予当事人双方书面表达其意见的机会"的非正式听证。

虽然两大法系在行政听证制度的具体构建上存在着差异性,但是两大法系在行政听证制度上也存在着许多内容上的契合。这多少说明了行政听证制度内在的普适性,它为世界范围内普及行政听证制度提供了理论基础,也多少说明了行政听证制度在当今法治国家中所具有的重要地位和法律意义。

1. 尊重行政相对人的人格尊严,提高行政行为的可接受性程度。人之所以为人,在于要有人格尊严。人治社会中以国家权力否定个人尊严的各种思想与相关制度在现代法理上已经被彻底否定。虽然这种现象在当今世界许多国家并没有完全消除,但是越来越多的国家开始接受国家权力应当尊重个人权利之法治理念。尊重和保护人的尊严已成为现代法治国家的一项义务。② 作为尊严价值理论的创造者,美国学者杰里·马修(Jerry L. Mashaw)认为,评价法律正当性的主要标准是它使人的尊严获得维护的程度。这种体现于法律程序本身之中的价值,是以人类普遍的人性为基础而提出的。它们可以有诸如自治、自尊或平等等不同的价值要素。这些价值能否在法律实施中得到实现,完全取决于裁决制作活动采取什么样的形式和程序。③ 也就是说,在马修看来,法律程序是否具有正当性以及正当性的程度,取决于这种法律程序能否维护以及在多大程度上维护程序参与人的尊严。

行政听证是确保行政相对人能够在行政机关作出对其不利决定之前,表达自己的意见。这种制度所内含的法律意义在于行政机关对于行政相对人的人格尊重,行政机关并不是当然地把行政相对人当作可以任意支配的客体。虽然有时对行政机关作出决定没有多大的实质影响,但是,行政听证至少在形式上使行政相对人不会沦于受行政权随意支配的客体,其人格尊严得到了行政机关的尊重。行政相对人的人格得到尊重的一个好结果是,虽然行政机关的决定对其产生了不利影响,但是,行政相对人还是会

---

① [印]M. P. 赛夫:《德国行政法——普通法的分析》,周伟译,台湾五南图书出版公司印行1991年版,第95页。
② 如德国《基本法》第1条规定:"人的尊严不可侵犯,尊重和保护它是国家的义务。"我国宪法修正案也把"国家尊重和保障人权"写入了宪法。
③ 陈瑞华:《程序正义的理论基础——评马修的"尊严价值理论"》,《中国法学》2000年第3期。

比较容易地接受这一决定。

2.确认行政相对人的听证权利,形成约束行政权滥用的外在力量。现代行政权的核心是裁量性行政权。这种裁量性体现在行政机关可以根据其主观判断作出"自由"的决定。同时,对不确定法律概念的解释也构成了裁量性行政权的一部分。这些裁量性的行政权对于行政相对人权利的影响极大,因此,现代行政法的基本任务是如何控制裁量性行政权以实现行政的目的。

事实证明,对行政权的监督外部的力量往往优于内部的机制,行政体制外的力量能够更加有力地约束裁量性行政权。行政听证为行政相对人提供了一个在行政机关作出决定之前发表意见的机会。针对行政相对人发表出来的意见,行政机关应当给予充分的考虑。说明理由制度要求行政机关不采信行政相对人的意见时,应给出理由,以接受将来可能发生的行政复议或者司法审查的监督。在这样的约束机制下,行政机关就不能把行政听证当作聋子的耳朵,而是要认真地考虑行政相对人提出的意见,如果不予采纳,就需要充分论证,提出否定的理由。这就在客观上形成了一种约束滥用裁量性行政权的力量。

3.增加行政权行使的透明度,满足人民参与权和知情权的需求。行政权的透明度基本上是衡量民主行政还是专制行政的首选指标。行政听证使行政相对人介入了行政权的行使过程,从而参与行政决定的作出过程。正如有学者所说:"在听证中,相对人向行政机关提交证据,陈述自己的意见,对不利于自己的证据进行反驳,影响了行政决定的作出,从而有效参与了行政决定。特别在正式听证中,所有当事人有权得到听证通知,有权在律师的陪同下出席听证,向主持人陈述意见,提交证据,向证人质证,并与行政机关调查人员和其他当事人就行政决定的事实和法律问题进行辩论,而行政决定必须基于听证记录或充分考虑听证记录作出,使相对人的意见得以充分反映在行政决定中,从而保障相对人平等、有效参与了行政决定的作出。"①

行政听证的公开更使社会民众得以了解行政权行使的依据、方式、步骤、时限等,它使行政权告别了暗箱操作的陋习,虽然它与社会民众之间还存在着某种隔阂,但这种隔阂毕竟是透明的。社会民众只要愿意就能了解有关行政权的资讯,合理地安排自己的时间,从而满足知情权的需求。

---

① 王万华:《行政程序法研究》,中国法制出版社 2000 年版,第 200 页。

二、行政听证制度的构成

听证在广义上是指行政机关在作出决定之前听取行政相对人意见的一种程序制度。听证在狭义上是指行政机关在作出决定之前以举行听证会的形式听取行政相对人意见的一种程序制度,如美国法的正式听证。已经确立行政听证制度的国家虽然接受的法治理念差别不大,但在行政听证制度的构建上并无统一的模式。尽管如此,以下行政听证的几方面内容可能是这些国家的行政听证制度所共有的。

(一)行政听证的形式

行政听证的形式可以分为正式听证与非正式听证。这一行政听证形式分类可以使行政听证适应行政实践的多种需要,既保障行政效率,也兼顾行政公正。从现有不少国家立法实践看,正式听证形式一般都有法律的严格规定,列入正式听证的事项往往是影响行政相对人重要权利和利益的行政行为。实际上适用正式听证案件数量也相对要少于非正式听证。根据美国一位法学家的估计,90％以上的行政活动采取非正式程序,正式程序所占分量不到1％。[①] 这也足以说明非正式听证在现代行政领域中的重要性。正如有学者所说:"如果我们将听证拘泥于正式的口头听证,很可能因其繁琐复杂、成本过高而影响行政效率,最终被拒之门外。所以,除严格意义上的正式听证外,我们还应当考虑在行政程序中适用比较灵活的听证形式。"[②]这种"比较灵活的听证形式"就是非正式听证。法律对非正式听证一般仅作原则性规定,非正式听证程序大多由行政机关根据法律的原则规定予以裁量,具有较大的灵活性。对此分类的进一步分述如下:

1.正式听证。正式听证是借助于司法审判程序而发展起来的一种听证形式,其内部结构为三角形程序模式。在这种程序模式中,听证主持人居中,行政机关调查人员和行政相对人各坐一方,指控与抗辩互相进行。虽然正式听证更有利于保护行政相对人的合法权益,但正式听证的适用往往有法律明确规定的范围。也就是说,正式听证可以看成是一种例外情形,并不具有普遍适用性。原因是这种听证模式讲究方式、步骤,按部就班,所以它可能会消耗大量的人力、物力和财力,且也不太适应现代行政效

---

① 王名扬:《美国行政法》(上),中国法制出版社1995年版,第418页。
② 马怀德:《行政法制度建构与判例研究》,中国政法大学出版社2000年版,第56—57页。

率的需求。

实行正式听证制度最具有代表性的国家是美国。1946 年美国联邦《行政程序法》制定之后对世界其他国家产生的影响是重大的,尤其是它创设的行政听证制度。"在美国法律上,听证不仅是普通法的一个重要原则,它还包括在美国宪法的正当法律程序之中。"①也就是说,行政听证制度在美国是具有宪法意义的,它是宪法中"正当法律程序"在行政法上的具体体现。因此,行政听证在美国行政法上也是具有相当重要的地位。

在美国,行政听证也分为正式听证与非正式听证。"正式程序裁决是指行政机关通过审判型的正式听证,对具体事件作出决定的行为。在正式程序裁决中,当事人一方对他方所提证据有进行口头辩论、互相质问的权利,行政机关只能根据听证的记录作出决定。"②正式听证的最大特点是双方当面质证,行政机关根据记录作出行政决定。它具有浓重的司法色彩。

美国行政法中对行政行为的基本分类是制定规章和作出裁决。制定规章是否适用正式听证程序,取决于是否有法律规定。③ 如果法律要求行政机关必须在举行听证后依据记录制定规章,那么行政机关必须根据联邦《行政程序法》第 556 条和 557 条规定的行政机关接受口头证据的规则,听取公众的意见。然而,由于通过正式听证制定规章成本太昂贵,因此法律很少要求行政机关通过正式听证制定规章。美国著名行政法学家戴维斯教授指出,法官、立法者和行政官员都同意这样的看法:正式程序对于制定普遍适用的规章并不适用。由于这种原因,使用正式程序的情形是少之又少,可能几乎没有,在将来可能会没有。④

根据美国联邦《行政程序法》的规定,正式听证不仅内容比较完整,而且程序规定也复杂。这些程序主要有:(1)由独立的行政法官主持听证;(2)当事人事先必须得到通知,并了解听证的主要事实和依据;(3)当事人可以委托律师代理出席听证;(4)双方提出证据并进行互相质证、辩论;(5)行政机关只能根据听证记录作出裁决;(6)当事人可以获取案卷的副本。⑤

日本《行政程序法》也有正式听证和非正式听证之分,其中正式听证专

---

① 王名扬:《美国行政法》(上),中国法制出版社 1995 年版,第 384 页。
② 王名扬:《美国行政法》(上),中国法制出版社 1995 年版,第 418 页。
③ 美国联邦《行政程序法》第 553 条第 3 款规定:"如果法律要求此种规章必须在机关听证会之后依据记录制定,则不适用本款的规定,而适用本编第 556 条和 557 条的规定。"
④ 转引自于安:《美国行政规章制定程序初探》,载罗豪才、应松年主编:《行政程序法研究》(行政法学研究丛书),中国政法大学出版社 1992 年版,第 119 页。
⑤ 美国联邦《行政程序法》第 556 条。

门列出一节,正式听证适用于法定的四种不利益处分行为。① 日本宇贺克也教授认为,这一规定"主要在于明示关于不利于相对人之处分,亦即限制相对人之权利或课以相对人义务之处分,不得为突袭性之裁定"②。日本行政程序法上的正式听证适用范围比较小,对正式听证的程序也作出了严格规定,是一种比较典型的准司法型听证形式,其受美国联邦《行政程序法》的影响比较明显。但是,日本行政程序法中的正式听证是由行政机关依据职权主动开始,不需要当事人的申请。③ 德国联邦《行政程序法》同样规定了正式听证,它与"加快审批程序"、"计划确定程序"并列于特别程序类型之中。正式听证适用于有法律规定的案件。作为一种特别程序主要表现在:"听证申请应当书面提出或者由行政机关记入笔录;有关参加人听证和证人、鉴定人参与的规定比一般的程序规则严格;原则上应必须进行言词审理;行政决定应当以书面方式作出,说明理由,并送达参加人。"④因此,根据德国联邦《行政程序法》的规定,正式听证适用的条件是:(1)听证事项属于议会制定的法律作出明确的规定;(2)必须由当事人提出申请,行政机关不能依据职权主动开启听证程序。

我国台湾地区"行政程序法"的规定与上述国家基本相同,即正式听证仅仅适用于:(1)法规明文规定应当举行听证的;(2)有行政机关认为举行听证必要的。⑤ 可见,我国台湾地区"行政程序法"的这一规定是吸收了日本和德国的立法例,同时也赋予行政机关举行正式听证的裁量权。

2.非正式听证。非正式听证是指不采用司法型审判程序来听取意见,且不依笔录作为裁决唯一依据的一种程序模式。在非正式听证中,行政机关对如何进行听证具有较大的裁量权,它可以根据案件审理的需要决定程序的进展,或者中止、终结程序。它不太强调听证的形式,只要使当事人得到一个表达意见的机会,也就满足了给予当事人听证的要求。因此,不少国家行政程序法一般对非正式听证仅仅作原则性的规定。

在美国,"非正式程序裁决是指行政机关作出具体决定时,在程序上有较大的自由,不适用审判型的正式听证程序。行政机关大部分裁决属于非正式裁决,这种裁决没有一致的程序,随机关的任务和事件的性质而采取

---

① 日本《行政程序法》第13条。

② [日]宇贺克也:《日本行政程序法》,载《东亚行政法研究第三届年会暨行政程序法国际研讨会论文集》(1998/11上海),第42页。

③ 日本《行政程序法》第15条。

④ [德]哈特穆特·毛雷尔:《行政法学总论》,高家伟译,法律出版社2000年版,第452页。

⑤ 我国台湾地区"行政程序法"第107条。

不同的程序"①。非正式听证实质是通过适当的程序,给行政相对人一个表达意见的机会,至于采用何种形式则并不重要。法律对行政机关如何听取行政相对人的意见不作强制性的规定。然而,尽管非正式听证是行政机关作出的绝大多数行政裁决所适用的程序,但是,在美国联邦《行政程序法》中却没有它的位置。美国联邦行政机关制定的规章绝大多数也是通过非正式听证制定的。制定规章的非正式听证源于联邦《行政程序法》中的规定,而行政裁决中非正式听证的依据主要来自于:(1)宪法中正当法律程序的条款;(2)法院的司法判例;(3)国会在授权的组织法中及行政机关依授权法制定的行政规章中对非正式听证作出的规定。② 也就是说,美国联邦《行政程序法》并没有规定行政裁决的非正式听证。造成这种状态的主要原因可能是行政裁决涉及的事项越来越多,如果都要经过正式听证就难以确保基本的行政效率。

英国没有行政程序法典,其著名的"自然公正原则"有两条基本的规则,其中有一条就是"听取对方意见"。它是指任何人或团体在行使权力可能使别人受到不利影响时,必须听取对方的意见,每个人都有为自己辩护和防卫的权利。这条程序规则构成了英国行政程序法中听证制度的核心。它包括:(1)当事人有在合理时间得到通知的权利;(2)了解行政机关的论点和作出决定的依据的权利;(3)为自己申辩的权利。当然,行政机关必须给予相对人行使辩护的权利并不需要行政机关在作出决定时采取审判程序。行政机关必须用公正的手段达到公正的目的,但仍然是自己程序的主人。当事人的意见陈述可以采取书面形式,不必经过口头辩论,行政机关也不用遵守司法程序中的证据规则,不禁止采用传闻证据。对于不能提示的资料可以只提示要领,或者说明理由而完全不提示。当事人行使陈述和辩护权利的方式必须结合具体情况而定,不能违背法律授予行政机关权力的目的。③

在日本《行政程序法》中,"辩明程序"是与正式听证程序相对的一种非正式听证。适用辩明程序的行政行为"是成为听证程序对象的处分以外的不利处分。概括地说,许可的停止、设施改善命令等,与成为听证程序对象的处分相比较,对相对人的利益侵害程度轻微的即属于此类"④。日本的辩

---

① 王名扬:《美国行政法》(上),中国法制出版社 1995 年版,第 418 页。
② 马龙:《美国行政裁决程序基本构成》,载罗豪才、应松年主编:《行政程序法研究》(行政法学研究丛书),中国政法大学出版社 1992 年版,第 139 页。
③ 王名扬:《英国行政法》,中国政法大学出版社 1987 年版,第 153 页。
④ 〔日〕盐野宏:《行政法》,杨建顺译、姜明安审校,法律出版社 1999 年版,第 221 页。

明程序在适用范围上限于那些对相对人利益侵害比较轻的不利处分。同时,在程序上也比听证要简洁得多,比如辩明程序中没有参加人、辅佐人的参与,当事人也没有文书阅览权。这样可以大大地加快行政程序的进展。

我国台湾地区"行政程序法"关于"陈述意见之机会"也是一种非正式听证。[①]"所谓'陈述意见之机会'即'书面答辩'的机会,系由当事人或利害关系人,以'陈述书'提出事实上及法律上之见解。解释上,机关认为有必要时,亦得并予'言词陈述意见'的机会。"[②]显然,我国台湾地区"行政程序法"上"陈述意见之机会"也是一种正式听证程序简化的产物,虽然它不如正式听证那么正规,但由于其程序灵活,适应现代行政管理的需要,因此,在行政领域中具有广泛的适用性。

(二)行政听证的范围

行政听证的范围是指以立法或者判例的方式确定适用行政听证的事项。这意味着并不是所有的行政行为在作出之前都需要听取行政相对人的意见。不列入行政听证范围的事项,行政机关可以不经听证而直接作出行政决定。

界定行政听证范围的法理依据可以作如下简述:(1)行政听证的功能在于行政相对人在接受不利决定之前,有发表自己意见的机会,因此,如果行政机关作出有利于行政相对人的决定,则不需要事先听取其意见。除非存在有利害关系的第三人。(2)行政效率是行政的生命。行政听证在一定程度上减损了行政效率,因此为了确保行政基本的效率,有的行政行为在作出之前可以不听取行政相对人的意见。(3)行政听证意味着要求行政机关在作出行政决定之前公开有关证据材料。如果这些证据材料的公开将损及国家利益、公共利益和个人利益,则可以将这些行政行为排除出行政听证范围。从许多国家的行政程序法规定和实践看,行政听证的范围主要是:

1.行政立法。行政立法虽然没有具体的行政相对人,但它涉及"人"的

---

① 我国台湾地区"行政程序法"第 102 条规定:"行政机关作成限制或剥夺人民自由或权利之行政处分前,除已依第三十九条规定,通知处分相对人陈述意见,或决定举行听证者外,应给予该处分相对人陈述意见之机会。但法规另有规定者,从其规定。"

② 汤德宗:《行政程序法论》(增订二版),台湾元照出版公司 2003 年版,第 28 页。

利益的重新分配,因此,有必要事先听取利害关系人的意见。① 如葡萄牙
《行政程序法》第 117 条规定:"规章涉及附加义务、拘束、负担时,不得违反
公共利益,并应说明其理由,有权限制定规章的机关一般应就有关的草案,
按照上条所指定的专有法规的规定,听取代表受影响利益的实体的意
见。"②这种必要性在法理上可以获得支持,但是将行政立法行为纳入正当
法律程序所要求的行政听证范围的国家并不多。 如美国虽然非常重视行
政程序在规范行政权方面的功能,但是,行政机关立法所依据的事实如何
确定则不属于行政听证的范围。"正如立法机关在制定法律的时候,在程
序上不受宪法上正当程序条款的限制一样,行政机关处理立法性的事实时
也不受宪法上正当法律程序条款的限制。"③这就是说,在没有法律明确规
定的情况下,行政机关可以不受宪法上的正当法律程序条款的约束,在举
行听证后再制定规章,否则,行政机关在制定规章时必须遵守《联邦行政程
序法》规定的听证。 其他国家虽然也有将行政立法行为列入行政听证的范
围,如韩国、荷兰等,但也设置了多种限制。 在英国,自然公正原则不适用
于立法事项,"除非制定法作了规定,立法制定之前不存在听证权,不管是
议会立法还是授权立法"④。 近年来议会在制定法中对于行政机关立法规
定了如事先通告和咨询等程序,⑤但这些程序不是严格意义上的行政听证。

2.行政行为。 行政行为是行政机关对行政事务所作出的一种具体处
置行为(虽然行政机关的不作为也是一种行为,但是不作为不涉及到是否
需要听证的问题。 行政相对人对于行政不作为不服可以直接申请法律救
济)。 然而,并不是所有的行政行为都能纳入听证范围,只有对行政相对人
产生不利影响的行政行为,才有给予其听证权必要,这也是符合正当法律
程序基本要求的。 如德国联邦《行政程序法》第 28 条第 1 款规定:"干涉当
事人权利的行政决定做出之前,应给予当事人对与决定有关之重要事实,
表示意见的机会。"日本《行政程序法》规定,只有不利益的处分才适用行政

① 如政府在制定一个涉及到向出租汽车收费的规定时,应当事先听取出租汽车所有权人的
意见。虽然这里的出租汽车所有权人是一个抽象的集体,但这种利害关系是可以具体化为一个个
特定的出租汽车所有权人。在一个容忍社会利益多元化的国家中,这种利益经常是通过其自愿结
合的社团来代表。这些社团就是经常出入于行政听证程序的"人"。
② 应松年主编:《外国行政程序法汇编》,中国法制出版社 1999 年版,第 503—504 页。
③ 王名扬:《美国行政法》,中国法制出版社 1995 年版,第 386 页。
④ [英]威廉·韦德:《行政法》,徐炳译,中国大百科全书出版社 1997 年版,第 224 页。
⑤ 王名扬:《英国行政法》,中国政法大学出版社 1989 年版,第 158 页。

听证以及辩明程序。① 在英国,传统上自然公正只适用于司法性行为,行政机关行使自由裁量权的行为不是司法性行为,不适用自然公正原则。在 20 世纪 60 年代之后,凡是行政机关作出的对行政相对人不利的决定,被英国法院认为属于司法性行为。后来,行政机关对行政相对人可期待的利益作出的不利决定也划入了司法性行为。然而"自然公正原则的中心问题不在于公民是否享有某种权利,而是在行政机关行使权力对公民可能产生的不利结果时,需要遵守一个公正的程序"②。于是,法院又创造出一个公平行政原则。"行政机关司法性的行为适用自然公正原则,纯粹行政性质的行为,适用公平的原则。"③但无论适用哪一个原则,听取意见都是必要的。美国联邦《行政程序法》只规定了行政听证的免除范围,因此,行政听证的范围主要是根据宪法规定的正当法律程序条款,由法院的判例和国会立法确定。"正当程序条款保护生命、自由和有关财产'权利'。'只有在这些有权有的东西被剥夺了,才能适用正当法律程序。'"④因此,剥夺个人从政府那里获得的诸如福利津贴、驾驶执照等特权,就不需要举行听证。但时过境迁,许多所谓的"特权"已成为个人的正常需要,于是在"戈德伯格诉凯利案"之后,法院要求几乎所有的特许权案件都必须举行听证。⑤ 可以肯定,随着社会的发展,纳入听证范围的行政决定还将不断扩大。

(三)听证主持人

听证主持人主持听证程序,如同法官主持审判程序一样。但是,由于非正式听证不需要司法型的法律程序,所以这里的听证主持人主要是指正式听证的主持人。"听证主持人,是指在行政系统内负责听证组织工作的调节和控制并具有相对独立性的人员。"⑥这个定义基本上可以揭示出听证主持人的基本内涵。

听证主持人分类。听证主持人在不同的听证程序中有着不同的法律地位,因而他的法定职责也不尽相同。以下两种分类便具有上述意义:

---

① 驳回申请许可等之处分及其他对申请以该申请人为相对人之处分的,不属于不利益处分。日本《行政程序法》第 2 条。

② 王名扬:《英国行政法》,中国政法大学出版社 1989 年版,第 156 页。

③ 王名扬:《英国行政法》,中国政法大学出版社 1989 年版,第 156 页。

④ 〔美〕伯纳德·施瓦茨:《行政法》,徐炳译,群众出版社 1986 年版,第 194 页。

⑤ 此案情可参阅胡建淼主编:《外国行政法规与案例评述》,中国法制出版社 1997 年版,第 541—545 页。

⑥ 杨惠基:《听证程序概论》,上海大学出版社 1998 年版,第 94 页。

1. 根据是否有行政决定权,听证主持人可以分为具有作出决定权的主持人与无作出决定权的主持人。具有作出决定权的主持人是指在听证程序结束后,他有权对听证的事项作出决定。比如,美国主持行政听证的行政法官在听证程序结束之后,有权对案件作出初步裁决或者建议性裁决。如果在规定期限内没有相关人主动向行政机关提出要求复议时,则初步决定成为正式决定。① 无作出决定权的听证主持人具有程序主持功能,对涉及的实体问题不作任何处置。在听证程序结束之后,应当向行政机关提供一个听证报告。虽然在听证报告中可以提出决定建议,但它对外不产生任何法律效力,是否采纳则取决于行政机关。我国行政处罚听证中的主持人基本上处于这样的法律地位。有学者认为"我国听证主持人没有就案件作决定的权力,但可以赋予其作出建议性决定的权力"② 。我认为这是一个可行的办法。这种制度一方面有助于提高听证主持人的责任心,另一方面也可以避免"判而不审"的弊端,从而提升行政听证的实质意义。

2. 根据是否具有相对独立地位,听证主持人可以分为具有相对独立地位的主持人和没有独立地位的主持人。具有相对独立地位的主持人是指其任命、工资、任职不由听证机关决定,而是通过特定条件和程序录用和管理的,且专门从事行政听证主持人工作的公务人员。如美国的行政法官。根据有关法律规定,行政机关无权自由任命行政法官,它只能从文官事务委员会所确认的合格人员名单中选择任命行政法官。行政法官的工资由文官事务委员会规定,不受所在机关建议和级别的影响。行政法官在生活和编制上是所在行政机关的职员,在任命、工资、任职方面,不受所在机关的控制,而是受文官事务委员会的控制。③ 不具有相对独立地位的主持人是指任命、工资、任职由听证机关决定,且具有该行政机关职位的公务人员。我国目前行政机关的听证主持人就是采用这种模式。这种模式的优点是听证主持人熟悉业务,不足之处是欠缺独立性,从而可能影响听证的公正性。如何在行政机关内部确保听证主持人的相对独立性是采用这种听证主持人模式所需要解决的一个重大制度性问题。

由于听证主持人所处的地位涉嫌立场偏颇,所以为了确保行政听证的实效以及消除听证申请人的顾虑,听证主持人在主持听证活动中应当遵循以下基本原则:

---

① 美国联邦《行政程序法》第 557 条。
② 刘勉义:《行政听证程序研究与适用》,警官教育出版社 1997 年版,第 153 页。
③ 王名扬:《美国行政法》,中国法制出版社 1995 年版,第 451 页。

　　1.公正无私。公正无私是任何法律程序主持人所必须遵守的一项基本原则。没有公正无私的程序主持人，就不可能有公正的程序过程和程序结果。美国在判例法上强调"由公正、超党派的审讯官主持的公正听证是行政裁决程序的精髓。如同法院的法官所作的裁决一样，行政官员在听证中所作的裁决也必须由公正、超党派的审讯官作出"。对此，施瓦茨教授则认为"如果审讯官或行政机关受到法律偏见的影响，那么行政裁决则是无效的"①。为了确保听证主持人在听证中公正无私的地位，相关的保障制度是：(1)回避。行政回避是指行政机关工作人员在行使职权过程中，因其与所处理的事务有利害关系，为保证实体处理结果和程序进展的公正性，根据当事人的申请或行政机关工作人员的请求，有权的机关依法终止其职务的行使并由他人代替的一种法律制度。回避制度要求听证主持人在主持听证过程如果出现法定情形需要回避的，应当主动提出回避的请求。听证参加人认为听证主持人有法定回避情形的，也可以提出要求其回避的请求。目前许多国家行政程序法都规定了回避制度，我国也在行政处罚法等法律中规定了听证回避的制度。②　(2)禁止偏面接触。禁止偏面接触是指在一方当事人不到场的情况下，听证主持人不得与另一方讨论听证中的案件。偏面接触可能导致听证主持人先入为主，从而在主持听证过程中不能公正地听证另一方当事人的陈述与申辩，从而损害其合法权益。由于听证主持人的地位没有完全独立，如同司法程序中法官，他们与行政机关的日常联系是比较密切的，所以强调禁止偏面接触原则对于保障程序公正具有重要的法律意义。这对于没有独立地位的听证主持人更是至关重要。在这个问题上，美国联邦《行政程序法》明确规定了禁止偏面接触原则：(1)任何机关以外的利害关系人都不得就本案的是非依据问题同该机关的领导集体成员、行政法官，以及其他参与或有可能参与该裁决过程的雇员进行或故意促成单方联络。(2)机关的任何领导集体成员、行政法官，以及其他参与或有可能参与该裁决的雇员，都不得就本案的是非依据问题同该机关以外的任何利害关系人进行或故意促成单方联络。(3)机关的任何领导集体成员、行政法官，以及其他参与或有可能参与该裁决的雇员，如果收到或者进行或者故意促成了单方联系，则应当在该程序的公开卷宗中加以记

---

　　①　[美]伯纳德·施瓦茨：《行政法》，徐炳译，群众出版社1986年版，第280—281页。
　　②　《行政处罚法》第42条第1款第4项规定："听证由行政机关指定的非本案调查人员主持；当事人认为主持人与本案有直接利害关系的，有权申请回避。"

载。① 美国法律上作出如此严格的规定,可能与其行政程序受司法化影响较重有关。而我国的情况与之完全不同,比如在我国行政处罚听证程序中,听证主持人一般就是本机关从事政策法制工作的公务员,与案件调查人员在同一办公楼办公,听证主持人与调查人员背着当事人讨论案件的可能性是非常大的。实际上,这已是一个很现实的问题了。我国《行政处罚法》没有规定禁止偏面接触原则,在体制上也没有提供这样的保障,这就导致了行政处罚听证基本上流于形式,使当事人对行政处罚听证失去应有的信心。

2. 审裁分离。审裁分离是指行政机关的审查案件职能和对案件裁决的职能,分别由其内部不同的机构或人员来行使,以确保行政相对人的合法权益不受侵犯。

行政程序法中审裁分离制度的法理基础是分权理论。在行政程序中,如果审查案件的人同时又具有对案件作裁决的权力,那么,行政相对人的合法权益就难以获得保障。因为,审查案件的人参与裁决案件,必然是以他调查和审查案件时所获得的证据为基础,这种先入为主的认识妨碍了他全面听取行政相对人提出的不同意见,也不可能以超然的法律地位来行使对案件的裁决权。另外,行政机关审裁案件不同于法院,法院审理案件通常与案件无任何利害关系,是具有超然法律地位的第三者。但是,行政机关在行政案件中,它既是案件的调查和审查者,又是案件的裁决者,从而职能分离对于行政机关来说非常重要。通过审裁分离制度,可以在行政机关内部实现审查权与裁决权相互分离,达到相互制约的目的。

审裁分离的基本模式有两种:(1)内部审裁分离。内部审裁分离,是指在同一行政机关内部由不同的机构或人员分别行使案件调查、审查权与裁决权的一种制度。内部审裁分离是基于审裁行政案件所需要的行政专业知识、提高行政效率这一特点而设置的,尽管从行政相对人来看仍然存在着违背自然公正原则之嫌疑,但与原有审裁不分的做法相比,毕竟有了很大的进步,加之有司法审查制度作事后救济,行政相对人的合法权益应是有法律保障的。美国联邦《行政程序法》采用内部审裁分离制度。该法第554条规定:"为机关履行调查或追诉的职员或代表,不得参与该案或与该案有事实上的联系的案件的裁决。对于这类案件的裁决也不得提供咨询意见,或提出建议性裁决,也不得参加机关根据本编第557条规定的复议,除非他们作为证人或律师,参加公开的程序。"我国《行政处罚法》也规定了

———————————

① 美国联邦《行政程序法》第557条。

内部审裁分离制度。该法第 42 条规定,听证由行政机关指定的非本案调查人员主持。必须提及的是,内部审裁分离仅仅是行政机关执行层级的分离,在行政机关决策层级则不发生审裁分离的问题。(2)审裁完全分离。审裁完全分离,是指行政案件的调查、审查权与裁决权,分别交给两个相互完全独立的机构来行使的一种制度。审裁完全分离是一种司法色彩浓重的分权模式,它在美国联邦《行政程序法》制定以前作为解决审裁分离的一种方案被提了出来。但是,由于这种方案有悖于普通法系国家的法院传统,因此,没有为美国联邦《行政程序法》所采纳。这种模式由于过分强调了行政案件中审查权与裁决权的分离,既可能会因多设机构而增加财政负担,又可能会导致行使裁决权的机构因欠缺行政专业知识而不能正确地裁决案件,所以,它很少为制定行政程序法的其他国家所采纳。

审裁分离制度的法律意义在于,确保行政裁决的公正性,树立行政相对人对行政机关的信任感,进而促进行政相对人自觉地履行行政裁决的义务。

(四)听证参加人

听证参加人应当包括申请人、被申请人和第三人。就行政程序法而言,他们也是行政程序法的主体。行政程序法的主体是行政程序法规定的,能够参与各种具体行政程序的,并能独立地享受权利和承担义务的组织或个人。以下关于行政程序法的主体原理均可以用来解释行政听证的参加人问题。

行政程序法的主体问题与行政程序的启动、延伸和终结,以及行政程序行为的有效成立和违反行政程序的法律责任追究之间都存在着密不可分的联系。因此,许多国家行政程序法中都有行政程序法的主体规定。行政程序法的主体应当成为行政程序法中的一项重要的基本法律制度,但是,许多国家对此问题的重要性认识并不一致,有的国家在其行政程序法中对行政程序法的主体作出了详尽的规定,如西班牙;也有的国家仅对部分行政程序法的主体作了规定,如德国、奥地利行政程序法只对利害关系人作了规定;也有国家对行政程序法的主体不作规定的,如日本。当然,在行政程序法中对行政程序法的主体不作规定,并不意味着该国不存在行政程序法主体,在这些国家中,对行政程序法的主体往往是通过组织法、编制法来规定。

作为能够参与各种具体行政程序的组织或个人,行政程序法的主体是由行政程序法所确认的。这里的"确认"至少包括行政程序法的主体种类和主体资格这两方的内容。一般来说,主体种类的差异性是很难否定主体资格基本上的一致性的,前者往往与一国的政体等实际情况相关联,后者则体现了法学原理中所公认的那些规定性的内容。当法律将某类组织或个人归入行政程序法的主体时,必然要为其设定相应主体资格要件。因此,主体种类与主体资格又是关系密切的行政程序法的主体的有效条件。

　　行政程序法的主体应当与行政程序法律关系主体有所区别。一般认为,行政程序法律关系主体是指在行政程序法律关系中享有权利和承担义务的组织或个人。我们知道,任何一种法律关系如果没有法律事实就无法产生、变更或消灭。在法律事实中,法律关系的主体行为具有极其重要的意义。在法律关系产生以前,谁有资格参加法律关系不是法律关系理论本身所要解决的问题,而是取决于法律的具体规定。我们可以断定,在法律关系产生以前,相应的法律主体因实在法律的规定而已存在,如同已被检录的运动员正准备投入比赛。因此,法律主体问题应当被提出来加以专门研究,而不应该被法律关系主体问题所掩饰,行政程序法的主体与行政程序法律关系之间的关系也是如此。它们两者的区别至少有:(1)行政程序法的主体的先决性与行政程序法律关系主体的依附性。在行政程序法中,任何组织或个人要参加行政程序法律关系,就必须先解决它在行政程序法上的资格问题,否则,它就无法参加行政程序法律关系。如在我国,如果我们否定法律、法规授权的组织或个人具有行政程序法的主体资格,则它就不能以自己的名义参加行政程序法律关系。而一个组织或个人之所以能够参加行政程序法律关系,是因为它有行政程序法的主体资格,也可以说,行政程序法律关系主体资格是依附在行政程序法的主体资格之上的。(2)行政程序法的主体的抽象性与行政程序法律关系主体的具体性。行政程序法的主体的抽象性是指行政程序法借用了一个个高度概括的名词,诸如行政机关、法人、公民等来表述行政程序法的主体的内容,而不是在法律规范中指明具体的行政机关、法人或公民的名称。从行政程序法的主体的法律规定上,我们无法确定具体的行政程序法主体。因此,从某种意义上说,行政程序法的主体如何确定属于立法问题,何种组织或个人是否应当列入行政程序法主体,属于一个国家立法政策的调控范围。行政程序法律关系主体的具体性表明,在任何一个具体的行政程序法律关系中,参加该法律关系的主体总是特定的、具体的。在这里,行政程序法律关系的主体是实在的,可以确定的,如在某公民向公安机关申请出国护照的行政法律关系中,一方是有名有姓的公民,另一方是有一定管辖区域的公安机关。(3)行政程序法的主体可能性与行政程序法律关系主体的现实性。当行政程序法将行政机关、法人或公民确认为行政程序法律关系主体后,就赋予了其有参加行政程序法律关系的权利能力,但是,每一个有行政程序法的主体资格的行政机关、法人或公民并不必然会参加行政程序法律关系,从而成为行政程序法律关系的主体,它们仅仅表明了可以参与行政程序法律关系的可能性。而作为行政程序法律关系主体,它们实际上已通过自己的行为或某些法定的客观原因,使自己从行政程序法的主体的可能性转变为行政程序法律关系的现实性,成为行政程序法律关系中的实际参加者,表现为一种现实状态。①

　　行政程序法的主体作为部门法的主体之一,它显然有其自身的特点。这些特点可归纳为:(1)差异性。在行政程序中,各行政程序法的主体由于法律地位不同,因面在各主体的权利和义务上表现出明显的差异性,如行政机关在行政程序中经常处于一种主动的地位,它所享有的权利已转化为不可放弃的职权。对于组织和公民来说,即使对行政机关行使权力有异议,也必须在先服从的前提下事后通过行政程序或司法诉讼程序提出异议。这种差异性在民事法律主体之间是不存在的。承认这种差异性,有助于行政程序法的主体依法行使权利,自觉履行义务。(2)有限性。行政程序法的主体的有限性,它一方面体现在并非所有的行政程序法的主体都能直接参加行政程序法律关系,如因年龄限制和智力障碍的公民,要参与行政程序法律关系,就需要通过其法定代理人的活动才能实现;另一方面还体现在行政程序法的主体之间地位的固定性,它不能像民事法律主体那样,在法律程序中的地位有时可以互换的,如在行政程序中,作为一方主体的公民与另一方主体的行政机关是由法律预先固定的,它不能因法律以外的原因而发生变动。行政听证的参加人分述如下:

　　1.申请人。申请人是指依法有权向行政机关提出要求就行政争议的解决举行听证的公民、法人或者其他组织。一个公民、法人或者其他组织如成为行政听证的申请人,应当具备如下条件:(1)主体的权利能力。凡一国的公民、依法设立的法人或者其他组织,在行政听证中均依法具有权利能力。外国人依对等原则在本国享有权利能力。(2)主体的行为能力。符合法律规定条件的公民、法人或者其他组织在行政听证中具有行为能力。比如,对公民法律一般都规定他必须达到一定的年龄,且智力上没有法律

---

　　① 张泽想:《行政法主体论》,载《行政程序法研究》,中国政法大学出版社1992年版,第87—91页。

规定的缺陷,否则必须通过其代理人进行行政听证活动。如德国联邦《行政程序法》的规定,下列人员或机关具备参与行政程序的能力:A. 自然人和法人;B. 享受权利的社团;C. 行政机关。下列人员或机关具有为行政程序的行为能力:A. 依据民法有行为能力的自然人;B. 依据民法有限制行为的自然人,但应当具有民法或公法的规定,被视为行政程序的标的且有行为能力的自然人;C. 法人或社团的法定代表人或经特别委托的人;D. 行政机关负责人、其代表或受其委托的人;E.《民事诉讼法》第 53 条和第 55 条规定的情况。(3)利害关系。这里的利害关系应当是指申请人与行政机关拟作出的行政行为在法律上有权利和义务上的关系,客观上可以表现为,如果行政机关作出该行政行为,那么申请人在法律上的权利减损,而相关的义务增加。只要公民、法人或者其他组织能够提出初步证据证明这种利害关系存在,则他就具有申请人的资格。以"利害关系"作为认定申请人资格的基本标准,即只要行政机关的行政行为影响到公民、法人或者其他组织合法利益的,他都可以成为行政听证中的申请人。至于利害关系的认定,一方面应当由申请人举证证明;另一方面应当赋予行政机关对利害关系有一定的自由裁量解释权,以保证一定的行政效率。

2. 被申请人。被申请人是拟作出行政行为的行政机关。行政机关是主持行政程序的行政机关及其法律授权的组织。它对行政程序能否顺利开展具有决定意义,因此,不少国家的行政程序法都有行政机关的基本规定。然而,行政机关理论在不少人看来,它是行政实体法的不可缺少的内容之一,我国许多行政法论著都持这一观点。我认为,这一观点并无多大的错误,但它在实践中产生了一个无法掩饰的缺陷,那就是行政机关理论因行政实体法无法法典化而导致它不能成为具有法律效力的规范,结果是,判断一个行政组织能否成为行政机关,没有可遵循的法律规范,或者只能借用民法中法人构成要件来弥补这一缺陷。许多国家在行政程序法中规定行政机关的相关内容,可能与此问题有关。但是,行政程序法毕竟只能侧重于行政程序的规定,对于行政机关的内部结构并不能施于过多的关注。它主要将关注点集中在行政机关的外部关系上,因为,行政机关的外部关系是直接会影响到行政程序能否顺利进展的重要因素。

行政组织法侧重于在内部规范行政组织,但任何一个行政组织并不当然取得行政机关的资格。从一些国家的行政程序法规定看,某一行政组织即使具备了行政机关资格,它也可能不能成为行政程序法中的行政机关,或者某一特种行政程序的主体,因此,在行政程序法的行政机关的类别上,每一个国家的行政程序法规定尽显其本国特色。但是,行政机关作为一个学理概念在我国行政法上所使用的含义,与其他国家或者地区行政法上的行政机关概念是不一致的。正如有学者所说:"我国的行政机关理论是从法国、日本等国移植而来,但却与法国、日本的行政机关理论大相径庭。准确地说,我们仅引进了行政机关概念,对其内容却作为实质性改造。在法国、日本,行政机关是一种法律制度,是地方或公务分权的法律技术。法国、日本的行政机关均为法律创造,包括国家、地方团体和公务法人三类。"①因此,在我国法律没有创造行政机关的法律概念之前,我们应当谨慎地对待这一区别。

3.第三人。第三人是指与听证中的行政争议在法律上有利害关系,由行政机关通知或者他自己申请参加到已经启动的行政听证程序中的公民、法人或者其他组织。构成第三人的条件应当与申请人相同,且在行政听证程序中他应当与申请人具有基本相同的法律地位。德国联邦《行政程序法》第13条第2款规定:"行政机关可因公务或请求,命令其法定权益因行政程序结局受影响的人作为当事人而参加听证;行政程序结局对第三人有法律影响的,经申请,可命令其作为当事人参加听证,听证何时开始进行,行政机关应当告知于他。"比如,行政处罚争议中由受处罚人提起行政听证的程序,受害人则是本案的第三人。类似的情形也可以出现在行政许可等行政行为。

行政听证中的第三人制度的设立是为了有利于行政机关准确查明事实,同时也具有保障第三人合法权益的功能。但是,我们也应当看到,第三人的介入客观上会影响行政效率,所以行政机关可能会以消极的态度对待第三人制度。美国哥伦比亚特区上诉法院在1959年的一个判决中写道:"为了保证听证能够有效率迅速地进行,方法不在于排除有权参加听证的利害关系人,而在于控制听证的程序,要求所有的参加听证的人不偏离所争论的问题,不提出重复的或无关的证据。"②应该说,美国法院这一指导思想是比较科学的。行政机关不能够为了行政效率而排除有权参加行政听证程序的第三人。

我国《行政处罚法》没有列第三人制度,但这并不能无视第三人现象的客观存在。所以,一些行政机关在制定听证规则时,增加了第三人制度。如《浙江省公安机关行政处罚听证程序暂行规定》第12条规定:"与案件的处理结果有直接利害关系的第三人要求参加听证的,应当在举行听证会前

---

① 薛刚凌:《我国行政法主体理论之探讨》,《政法论坛》1998年第6期。
② 王名扬:《美国行政法》,中国法制出版社1995年版,第425页。

向法制部门提出,由法制部门决定是否准许。"我国的《行政许可法》则一改《行政处罚法》的规定,在法律中用了"申请人"和"利害关系人"。这里的利害关系人可以作第三人解释。①

① 《行政许可法》第47条和第48条。

第三章
比较法视野中的行政听证制度

听证是行政机关在作出影响行政相对人合法权益的决定前,由行政机关告知决定理由和听证权利,行政相对人表达意见、提供证据以及行政机关听取意见、接纳证据的程序所构成的一种法律制度。然而,任何法律制度的生存与发展与本国的具体国情,即经济、政治、文化、历史、传统等因素之间具有无法分割的内在联系。由此导致了同样法律制度在国家之间呈多样化状态,从而也为比较法研究提供了客观基础。

一、共性:一个比较法的观点

行政听证作为一个现代法治国家所公认的法律制度,在法治行政过程中起着极其重要的作用。但是,由于行政听证影响着行政权的运作,而行政权如何运作又与一国的宪政体制之间具有密切的联系。在这样的情况下,每一个国家的宪政体制的差异性决定一国行政听证制度的设计与安排,从而使行政听证制度在不同的国家呈现多样性。每一个国家基于自己的国情所进行的法律实践,不断地增加着人类法律知识财富的总量;而每一个国家在法律实践中获得的、具有本国特色的法律知识,又为他国改进具体法律制度提供了宝贵的经验。正因为如此,比较法的研究才有了展开的基础。

不同性质的社会制度之间展开比较法研究已经没有意识形态上的障碍了。过去那种极端的"阶级分析"方法妨碍我们法律制度的进步,由此产生的后果在今天是有目共睹的。德国法学家耶林说:"接受外国法律制度的问题并不是一个国家性的问题,而是一个简单明了的符合目的和需要的问题。任何人都不愿拒绝从遥远的地方拿来一件在国内已有同样的或者更好的东西,只有傻瓜才会因为金纳霜(奎宁)不是在自己的菜园里长出来的而拒绝服用它。"①所以,通过比较法的视角,我们可以找到先进的法律制度,并通过借鉴的方法来改进我们的法制,这对于我们这样的法制后发劣势国家具有相当重要的法律意义。当然,在这个过程中,我们也要清醒地认识到,在很大程度上法制是一种地方性知识,虽然法治具有普适性的价值,但是落实这些普适性的价值方式、途径则是多元化的、区域性的。

人们公认,行政程序法中听证制度是行政程序法核心。行政程序法的原则和规范直接或者间接地都是围绕着行政听证而展开的。行政程序法上的公正、公平与公开原则,构成了行政程序法的生命源;没有这些原则,就没有行政程序法;而行政程序法的这些原则并不仅仅是在于让行政相对人了解一个行为的结果,并让行政相对人得到一个可以进行司法救济的法律途径。"对于行政机关而言,这一问题的实质是要求行政机关履行职能实现法律授权的目的时应当有一个正当合理的程序;从保护公民合法权益而言,则表现为在行政机关行使权力作出行政行为(不管是抽象的或具体的行政行为)对行政相对人发生效力之前,就应当提供某种程序的保障,就应当赋予行政相对人以某种程序上的权利,使之通过对程序上权利的行使来维护自己的合法权益。"②所以,以行政听证制度作为认识每个国家的行政程序法制度应当说是一条比较科学的路径。

对中国而言,几千年的君主专制独裁治理,有民本思想而无民主精神,所以民主宪政体制无从根生。"中国古代官吏听讼处事方面早有许多'兼听则明,偏听则暗'的思想闪光,这对缜密决策、公正断案有很大帮助。但中国这些辩证的听证思想长期专为维护君权所用,为官僚制度运行所用,它不反映真正的民主思想和要求。"③虽然中国古代的听审形式与今天所说的听证形式相似,但两者的法理基础、指导思想等却是大相径庭的。行政听证作为一种法律制度在中国它是舶来品。正式以"听证"二字写入国家法律的是 1996 年的《中华人民共和国行政处罚法》。从行政处罚法立法过程中我们也可以看到,接受如听证这样一个法律制度对于法制并不健全的中国来说是相当不容易的。

就目前我们所了解到的知识,行政听证制度的渊源更多的是在英美法

---

① [德]K.茨威格特、H.克茨:《比较法总论》,潘汉典等译,贵州人民出版社 1992 年版,第 28—29 页。

② 张春生、袁吉亮:《行政程序法的指导思想及核心内容的探讨》,《中国法学》1991 年第 4 期。

③ 杨海坤:《关于行政听证制度若干问题的研讨》,载上海市行政法制研究所编:《听证制度研讨会论文集》(1997 年 7 月·上海),第 1 页。

系的法律传统中。今天我们用于解释行政程序法中听证制度的法哲学基础,一般认为是英美普通法中的自然公正原则(nature justice)。自然公正原则中的两条众所周知的基本程序规则已成为许多国家司法诉讼程序法的基本原则,即听取意见和防止偏见。前者即为听证制度,后者即为回避制度。从法律角度看,自然正义原则基本上可以等同于程序公正或者程序正义。戈尔丁教授以下的论述可以使我们更好地理解自然正义与程序公正之间的关系。他认为程序公正的诸标准是:"中立性:1.与自身有关的人不应该是法官。2.结果中不应含纠纷解决者个人利益。3.纠纷解决者不应有支持或反对某一方的偏见。对导性争端:4.对各方当事人的诉讼都应给予公平的注意。5.纠纷解决者应听取双方的论据和证据。6.纠纷解决者应只在另一方在场的情况下听取一方意见。7.各方当事人都应得到公平机会来对另一方提出的论据和证据做出反映。解决:8.解决的诸项条件应以理性推演为依据。9.推理应论及所提出的论据和证据。上述各项标准中有不少或许全部包含在英国法学家称作的'自然正义'的东西中。人们认为这些标准是如此根本,以至有些英国法官曾说,一项国会法案若违反以上标准就归于无效,即令国会至上也奈何他不得。"①可见,自然正义即使未转化为实定法,其法律效力也是无可争议的。

自然公正最初所适用的范围是司法领域,它在司法领域中引人注目的功能以及社会民众普遍认同的效应,为追求法治的人们所日益关注。这种关注首先在立法领域中表现出来,即议会为使立法更趋合情合理,为法律创造更好的实施条件,便请与立法有关的利害关系人、法律专家、政府官员等陈述意见,从而形成了立法听证(legislative hearing)。听证使立法能够更好地平衡各方利益,从而提高了法律实施的可行性。

20世纪尤其是第二次世界大战之后,几百年的自由市场经济发展,一方面促进了社会的繁荣和进步,另一方面也造成了失业、贫穷、疾病、住房、卫生、环境等诸多的社会问题。这些社会问题严重困扰着社会发展。于是,各国政府纷纷提出干涉社会经济发展的纲领。行政机关对社会经济的干涉,势必增加了配给、许可、监控、税务、金融、救济等行政事务,从而引发了行政机关和国家公务员数量的增加。凯恩斯主义的影响,也促使行政机关运用行政权积极干涉社会的各种关系,从而导致了行政权的扩张。行政权的扩张主要表现在:其一是进一步拓宽了行政权的范围,行政机关因此获得了行政立法权和行政司法权,即它可以像立法机关那样制定具有普遍

---

① [美]戈尔丁:《法律哲学》,齐海滨译,三联书店1987年版,第240—241页。

适用性的法律规则,它也可以如司法机关那样居中裁判法律争议。其二是更加广泛的行政裁量权。行政裁量权是行政机关依据赋予其权力的法律、法规所确定的法律目的、精神、原则、范围和行政合理的法治原则,基于客观实际情况自行决定行政行为的权力。虽然行政裁量权为行政机关提供了选择最佳的行政方案的可能性,但也为行政机关滥用行政权提供了更多的机会。在这样的社会背景下,如何规范行政机关依法行使行政权这一与法治行政密切相关的问题凸现在人们的面前,要保证社会能正常地发展,人们必须解决这个问题。

人们在思考解决这一问题过程中发现,原有的行政法律制度至少存在着两个缺陷:其一,行政实体法作为行使行政权的依据已无法有效地控制行政权,尤其是大量的裁量条款,使行政机关的行政权变得宽泛无比。原有"依法律行政原则"所阐述的基本规则在控制行政自由裁量权过程中变得不如以前那么有效,所以"依法律行政原则"必须重新阐述,与行政实体法相对的行政程序法的思想观念必须融入该原则,并成为该原则的重要组成部分。其二,虽然司法审查被人们视为监督行政机关依法行政的重要法律保障制度,但是法律赋予行政相对人事后的司法救济权并不能有效地保护其自身的合法权益。如果行政相对人必须等到行政机关的行政侵权行为发生之后才能获得救济,那么对于行政相对人来说这样的权利救济肯定是不及时的,也是不公正的。于是,人们提出了从行政程序上去控制行政机关已扩张且仍在日益扩张的行政权的方法,其核心是在行政权运作过程中设置各种监督机制,在各种行政程序的监督机制中,听证制度尤为重要。人们到此已经认识到,"一个健全的法律,如果使用武断的专横的程序去执行,不能发生良好的效果。一个不良的法律,如果用一个健全的程序去执行,可以限制或削弱法律的不良效果"①。在美国,经过法学家和法官的不懈努力,以"正当法律程序"之理念为指导,以 1946 年美国联邦《行政程序法》为标志,美国在行政程序中确立起较为成熟的听证制度。"行政立法与行政裁决,都是行政作用,在现代民主国家中,行政作用应力求民主,使公民有参与之机会。准是,法规之制订与案件之审理,都应给利害关系人参与的机会。昔时认为只有特定行政案件之裁决,可令当事人参与,而一般行政法规之制订,没有特定之当事人,纵有利害关系,亦不给予参与意见之机会。现在观念已经统一,即在民主法治国家,应尽量在各方面做到'公共参与'(public participation)之地步,所以在行政程序法中,不论是法规制

---

① 王名扬:《美国行政法》(上),中国法制出版社 1995 年版,第 41 页。

定,抑或是裁决,都有'通知'(notice)及'听证'(hearing)之规定,于是通知及听证变成法律的正当程序。"①这一法治理念在美国联邦行政程序法制定之后,为许多国家所陆续接受,并成为行政程序立法的基本指导思想。

行政法就其知识而言是地方性的,不同于刑事法、民事法那样具有普适性。原因是行政权直接与国家权力的运作方式有关,而一个国家权力如何运用,又与该国的法律传统密不可分。因受外在各种条件差异性的影响,在世界各国中只有相似而没有相同的法律传统。因此,统一行政法定义是不可能有的,我们只能说"英国行政法"、"美国行政法"、"法国行政法"、"德国行政法"、"日本行政法"、"中国行政法"……因此,在许多国家行政程序法中,有关听证制度的内容的差异性是客观存在的。但是,我们也必须看到,由于听证所具有的法治思想也具有普适性,所以在许多国家确立的行政听证制度中,同样也存在着如下基本相同的内容:

1. 告知和通知。告知是行政机关在作出决定前将决定的事实和法律理由依法定形式告知利害关系人。通知是行政机关将有关听证的事项在法定期限内通告利害关系人,以使利害关系人有充分的时间准备参加听证。告知和通知在行政程序中发挥着行政机关与行政相对人之间的沟通作用,是行政听证中不可缺少的程序,对行政相对人的听证权利起着重要的程序保障作用。

2. 公开听证。依行政公开原则,行政听证必须公开举行,即公开时间、公开场所,让社会民众有机会了解行政机关的行政决定作出的过程,从而实现监督行政机关依法行政。但听证如涉及国家秘密、商业秘密和个人隐私的,听证可以不公开进行。不公开听证的理由,行政机关应当事先说明。

3. 委托代理。行政相对人因法律知识的局限性,他们并不一定都能自如地运用法律维护自己的合法权益。因此,应当允许其获得必要的法律帮助。在听证中,行政相对人可以委托律师或者经行政机关同意的公民代理人参加听证,以维护自己的合法权益。

4. 对抗辩论。对抗辩论是由行政机关提出决定的事实和法律依据,行政相对人及其代理人应当有机会对此提出质疑和反诘。听证主持人公正地主持辩论程序,给予双方平等的机会参与辩论。通过这种对抗式的辩论,可以使案件事实更趋真实可靠,行政决定更趋于公正、合理。

5. 制作笔录。听证过程必须由专门的记录员以书面记录的形式保存

① 张剑寒:《美国联邦行政程序法述要》,载台湾地区"行政院"研究发展考核委员会编印的《各国行政程序法比较研究》,第69页。

下来。听证结束之后应当交给参加听证的各方阅读,认为记录无误之后签名或者盖章。行政机关必须以笔录作为作出行政决定的唯一依据。

二、差异:因域而异的行政听证制度

目前,有 16 个国家和地区制定了行政程序法典或者相关立法,现均有中译本可供我们研究之用。① 通过检阅,我们可以发现这些国家和地区的行政程序法之间无论是形式上还是内容上都存在着很大的差别。学理上把行政听证形式分为正式听证和非正式听证。它是以是否采用举行听证会的形式进行听证为标准,正式听证程序类似于司法中的审理案件,非正式听证程序比较简单,只要给行政相对人一个陈述意见与为自己申辩的机会即可。

(一)美国的行政听证制度

1946 年美国联邦《行政程序法》中的听证制度,其确立的依据除普通法中自然公正原则外,还包括美国宪法中的正当法律程序的宪法原则。美国宪法修正案第 5 条规定:"未经正当的法律程序不得剥夺任何人的生命、自由或财产。"该宪法修正案第 14 条又规定:"任何州不得未经正当的法律程序而剥夺任何人的生命、自由或财产。"1946 年美国联邦《行政程序法》以设立听证制度作为贯彻这一宪法原则的具体措施,从而创设了颇有影响的美国式的听证制度。

1.不适用听证的范围。从法理上说,凡是行政机关的决定对利害关系人的合法权益可能产生不利影响的,利害关系人均可要求以听证来表达自己的利益要求。人们不否认"行政机关的正当法律程序听证,正是来源于法院的司法听证,但司法听证的规定严格、内容复杂,而行政程序贵在迅速,行政听证不能完全模仿法院模式"②。因此,从行政决定的性质和行政机关的效率要求等因素分析,必然会存在不能、不宜进行听证而作出行政决定的情况。在美国联邦行政程序法中,不适用听证的范围是:(1)合众国的军事或外交职能;(2)机关内务管理和人事、公共财产、信贷、拨款、福利和合同事务;(3)以后必须由法院重新进行法律审和事实审的事项;(4)职员的录用和任期,但任命行政法官除外;(5)仅可根据审查、测验或选举就

---

① 此数据来自应松年主编的《外国行政程序法汇编》统计,中国法制出版社 2004 年版。
② 王名扬:《美国行政法》(上),中国法制出版社 1995 年版,第 384 页。

能得到结论的诉讼；(6)行政机关代表法院参加的诉讼；(7)劳工代表的资格证明。[①]

后来，随着社会的不断变迁，法院在审理涉及联邦行政程序法的案件中通过判例发展了以下不适用听证的情形：

(1)当事人放弃听证权利的。听证是当事人的一项权利，所以，当事人在法定的或合理的期间内不主张听证时，视为放弃听证权利，行政机关可以自行作出决定。

(2)立法性事实。立法性事实是指不局限于特定人或少数人而带有普遍性的事实。行政机关在制定法规、政策和行使自由裁量权时所考虑的是立法性事实，而不是针对特定人的情况或特定案件的事实。这些事实可以不经听证而由行政机关决定。

(3)可用计算、视察、考试、测验或选择代替听证的。行政机关有时决定所依据的事实可以按客观标准进行判断，完全可以确定其真实性，因而听证就显得不必要了。

(4)迟延听证。一般来说，听证应当在作出决定以前，但是，在一定条件下，只要不损害当事人的利益，听证也完全可以在事后进行。

(5)紧急行为。行政机关为了保护公共利益的需要，有时可以不经过听证而直接作出行政决定。这并不违反宪法所规定的正当法律程序。

(6)由于特权所享受的利益。正当法律程序在传统上只适用于行政决定影响公民的权利。当事人如因特权如福利津贴等，不受宪法正当法律程序的保护。[②]

2.听证主持人。美国法律史显示，听证作为正当法律程序的一项重要法律制度，在 1946 年联邦《行政程序法》以前就已经存在。当时主持听证的主要是行政机关的官员，称之为讯问审查官(trial examiner)。行政机关的长官当然有主持听证的资格，但因为"这些行政机关有那么多工作……以至他们的首长——局或委员会成员——很少能主持需要证据的审讯"[③]。解决这个问题的办法是，由行政机关的长官随案指定其下属官员主持听证。但是，由于长官指定听证主持人的随意性和听证主持人法律地位的不独立性，因而其主持听证的公正性经常受到当事人的怀疑而引发不满。

1946 年美国联邦《行政程序法》为了克服这一缺陷，对听证主持人作了

---

① 美国联邦《行政程序法》第 553 条第 1 款和第 554 条第 1 款。
② 王名扬：《美国行政法》(上)，中国法制出版社 1995 年版，第 385—396 页。
③ [美]伯纳德·施瓦茨：《行政法》，徐炳译，群众出版社 1986 年版，第 137—138 页。

明确的规定。该法第 556 条第 2 款规定:"主持听证的官员应是:(1)机关; (2)构成机关的一个或几个成员;(3)根据本编第 3105 条规定任命的一个或几个听证审查官(hearing examiner)。"与讯问审查官不同的是,听证审查官是由联邦文官事务委员会对具有律师资格和行政经验的人员,通过考试合格后,列入听证审查官名单,每个行政机关根据工作需要,从文官事务委员会所认可的名单中任命若干听证主持人。1972 年文官事务委员会将听证审查官改称为行政法官,表明了听证审查官的工作基本上与法院的法官相同。联邦国会在 1978 年的一部法律中,也承认了行政法官的名称,从而大大地提高了行政法官的法律地位。①

行政法官在法律上具有相对独立性,不受行政机关长官的直接控制,没有试用期,每个行政法官轮流主持听证,他们不能执行与主持听证工作不相容的职务。行政法官在编制上是所在的行政机关的工作人员,但在任免、工资、待遇上都受文官委员会的控制。行政机关长官不能撤换行政法官。如果行政法官有法定免职的情形,或者文官委员会认为有正当理由的,也必须通过听证程序才能罢免行政法官。

根据 1946 年联邦《行政程序法》第 556 条第 2 款规定:"本法并不取代由法律指定或由法律特别规定设置的委员会或其他职员主持的特种类型的程序的全部或部分。"这一法律规定表明,如有法律作出特别规定,适用该程序所处理的案件可以不经过行政法官主持听证,而由其他行政官员主持听证后作出决定。如在 1957 年的一个法律中,它规定移民和归化局在驱逐外国人的裁决中,可以由特别调查官主持听证。

行政法官在主持听证过程中,具有下列权力:(1)主持宣誓。(2)依据法律的授权签发传票。(3)就证据的提供作出裁决,接收有关证据。(4)为司法的目的,接受证据或主持证人作证。(5)掌握听证的进程。(6)经当事人同意,主持召开解决或简化争端的会议。(7)处理程序上的请求或类似问题。(8)依据本法第 557 条规定作出裁决或提出建议性的裁决。(9)采取符合本法要求的机关规章授权的其他行动。

由此可见,美国的行政法官与诉讼法中的法官相差甚远,因为在诉讼程序中,法官处于仲裁人的法律地位,不能主动询问当事人及证人。美国的行政法官的地位与法国行政诉讼中的预审法官相近,法国预审法官在正式开庭前,要认真阅读诉讼材料,进行调查研究,查明案件的事实情况和法律问题等。

---

① 王名扬:《美国行政法》(上),中国法制出版社 1995 年版,第 451 页。

3.制定规章的听证制度。"当20世纪行政国家来到时,行政立法的胃口之大无论是边沁还是建国元老们都梦想不到。立法机关自身不能直接完成制定大量的新规章和监察任务。制定规章犹如行政武库中的潜在武器,充分发挥了它的作用。"①为此,1946年美国联邦《行政程序法》对制定规章程序作了基本规定。根据该法第553条规定,制定规章是否应当以听证记录为依据分为两种程序,即非正式程序和正式程序。以这两种程序为基础又分别创设了两种听证形式,即非正式听证和正式听证。

(1)非正式听证。又可称之为评论程序(common process),它是社会公众或利害关系人对已经公布在《联邦登记》上的拟定的规章草案表达自己意见的各种方法的总称。

为保证公众有效地对规章提出意见,除规章已注明了将受此规章管辖的人的姓名并且将通知送达本人或他们事实上已依法得到了通知外,行政机关应将拟定的规章以通告形式公布在《联邦登记》上。行政机关不得用自己创造的制定规章程序代替联邦行政程序法的规定,否则会导致规章制定无效。通告应当包括如下基本内容:第一,说明制定规章的会议时间、地点和性质。第二,指出拟定规章的法律依据。第三,拟定规章的条款,或者说明拟定规章的主要内容及其所涉及的主题和问题。"通告的内容虽然不必公布全部建议的条款,但如果不包括建议中法规的主要内容时,必须补充通告,否则这种通告无效,由此而制定的法规也无效。"②

除非有法律规定必须发布通告或举行听证会外,下列情况可以不适用于通告:第一,解释性规章。第二,关于政策的一般声明、机关组织、程序和工作制度方面的规章。第三,机关有正当理由认定(应将此认定和简要的理由说明载入所发布的规章之内)关于此事的通告和公共程序是不切合实际,没有必要或有悖于公共利益的。

评论时间自拟定规章在《联邦登记》公布之日起30天。公众评论规章的具体方式可以采取提供书面意见或资料的方式,也可以通过口头提供意见,还可以在行政机关主持下通过非正式的磋商、会谈等方式表达自己的意见。因为法律并不要求行政机关在非正式程序中采取口头听证的方式取得证据,而提供书面意见是非正式程序中公众参与听证的一个主要方式。行政机关在制定规章时可以考虑,也可以不考虑公众所提出的意见。"既然联邦行政程序法没有规定规章只能根据有利害关系的人所提交的资

---

① [美]伯纳德·施瓦茨:《行政法》,徐炳译,群众出版社1986年版,第137—138页。
② 王名扬:《美国行政法》,中国法制出版社1995年版,第360页。

料档案制定,'考虑'这一法定要求便不是在法律上可以强制执行的规定。对利害关系人所提交的材料赋予(如果赋予的话)何种效力,完全由该行政机关决定。"①

作为行政公开的一项法律制度,非正式听证一方面可以增进行政机关吸收各种不同的意见,使制定规章更加科学、可行;另一方面因行政机关的规章制定不受公众意见的约束,从而保证了行政机关制定规章的工作效率。美国联邦绝大多数的规章都是通过非正式听证制定的。因为非正式听证效率较高,符合现代行政的需求,所以被行政机关所广泛采用。因此,非正式的听证被称之为美国当代行政法上的一个创举。②

(2)正式听证。即审判型的口头听证,它具有明显的司法化性质。美国1946年联邦《行政程序法》第553条规定:"法律规定必须根据行政听证的记录制定的规章,则不适用本款规定,而适用本法的第556条和第557条规定。"该法第556条和第557条主要规定了一种行政机关接受口头听证的程序规则。行政机关在制定规章时究竟采用何种听证方式,取决于国会授权法的规定,并把听证所认定的事实作为制定规章的唯一依据。由于正式听证本身程序繁琐,损耗人力与物力,所以国会很少通过法律对行政机关提出这种要求。美国行政法学家戴维斯教授因此指出,法官、立法者和行政官员都同意这样的看法:正式听证程序对于制定普遍适用的规章并不适宜,由于这种原因,使用正式听证程序的情形是少之又少,可能几乎没有,在将来可能会没有。③

与非正式听证相比,正式听证具有如下特点:第一,通过口头表达意见。在正式听证中,法律要求行政机关接受当事人通过口头提出的证据,但是,如果在不影响当事人合法权益的前提下,行政机关也可以接受当事人书面提出的证据。第二,辩论。在正式听证中,双方当事人可以就听证的某一方面的问题进行互相辩论。行政机关在听证会上也可以提出自己的观点和材料,让当事人进行辩论,否则,这一观点和材料就不能在规章制定时作为依据。第三,听证记录。正式听证中的记录是行政机关制定规章的唯一依据,行政机关不能运用听证以外的材料制定规章。否则,该规章将在司法审中被宣告无效。第四,行政法官主持听证。

(3)混合听证。混合听证是指行政机关在制定规章进行听证时,交叉

---

① [美]伯纳德·施瓦茨:《行政法》,徐炳译,群众出版社1986年版,第153页。
② 王名扬:《美国行政法》,中国法制出版社1995年版,第362页。
③ 罗豪才、应松年主编:《行政程序法研究》,中国政法大学出版社1992年版,第119页。

或混合使用书面和口头听证的一种听证方式。它是 20 世纪 70 年代以来美国对联邦行政程序进行改革的一种产物。推动行政程序改革的主要原因是，正式听证尽管扩大了行政民主化，但它是以行政机关牺牲行政效率为代价的。美国联邦行政程序法发展史记载，联邦食品药品管理局的一个关于花生酱的规章制定工作（加上司法审查）从开始到结束前后长达 11 年之多。① 为此，经过立法者、法官和行政官员的共同努力，在行政实践中终于创造出一种新的听证形式——混合听证。

混合听证在具体操作方式上，与其他两种听证方式并不相同。混合听证可以由行政机关主动召集，也可以由当事人申请开始。在听证过程中，当事人可用书面提出意见，也可以用口头表达意见。听证主持官员可以向当事人提出问题，当事人也可向主持听证的官员了解有关情况。如果条件允许，主持听证的官员还可以给当事人互相辩论的机会。这种灵活的听证方式虽然没有联邦《行政程序法》的依据，但它符合现代行政管理的客观需要，从某种意义上说，它是行政机关裁量权扩张的结果。在一般情况下，只要国会在授权法中没有明确要求行政机关必须依据正式听证记录为制定规章的唯一依据，行政机关尽可能使用混合听证来制定规章。由于混合听证的方式得到了法院的认同，因此，在没有法律具体规定行政机关制定规章采用何种听证方式时，行政机关尽可能运用混合听证来制定规章。

4. 作出裁决的听证。裁决是指"机关对某一问题（除制定规章以外的问题，但包括核批许可证的问题）所作的最终处理决定的全部或一部分，裁决令可以采用肯定性的、否定性的、禁止性的或宣告性的形式"②。作出裁决与制定规章的最大不同在于，作出裁决的结果是一个裁决令（order），而制定规章的结果则是一个规则（rule）。美国联邦《行政程序法》对行政机关作出裁决的行政行为，只规定了正式听证制度，而没有涉及非正式听证制度，但这并不能说明非正式听证制度的地位的次要性。相反，依据"法律正当程序"这一宪法原则所发展起来的非正式听证制度在美国联邦政府作出裁决过程中有着非常广泛的适用性。

（1）正式听证。正式听证仅仅适用于"法律规定的必须根据行政机关听证记录作出的裁决"，是一种审判型的听证方式。行政机关在作出裁决时，如果没有法律规定裁决必须依据听证记录作出的，那么行政机关可以在不受联邦《行政程序法》的约束的前提下，依照裁量权选择具体的听证方

---

① 罗豪才、应松年主编：《行政程序法研究》，中国政法大学出版社 1992 年版，第 110 页。

② 美国 1946 年联邦《行政程序法》第 551 条。

式。正式听证由以下几部分内容构成:

第一,通知。通知是指行政机关在举行听证会前将有关听证的事项通知到有关当事人的一种行政行为。通知与得到通知构成了行政程序法上的行政机关职责与当事人的权利关系。美国联邦《行政程序法》第 554 条第 2 款规定:"有权得到行政机关听证通知的人,必须就下列事项及时得到通知:a. 听证的时间、地点和性质;b. 举行听证的法律依据和管辖权限;c. 听证所要涉及的事实和法律问题。"这一规定引出了有关"通知"的三个实质性问题:

——谁有权可以得到通知? 最初的法律理论认为利害关系人(party in interest)是得到听证通知的主体,但美国联邦《行政程序法》却并没有明确规定利害关系人的概念和范围。美国联邦《贸易委员会法》第 45 条第 2 款把"基于明示的适当理由"作为认定利害关系人的一个法律标准。这实际上是用了一个模糊的标准赋予了行政机关确定利害关系人的自由裁量权。以权利和义务是否受行政行为直接影响为标准,从而形成了一个"明显当事人"(obvious party)的概念。所谓"明显当事人"是指其权利和义务受行政行为直接影响的人。①

但是,随着现代社会的不断变化和发展,在受行政行为直接影响的明显当事人外,还存在着为数不少的受行政行为间接影响的利害关系人。如果不给这些利害关系人通知使其能参加听证,显然是不公平的。但是,让这些人得到通知在美国联邦《行政程序法》中却又是没有法律依据。尽管美国行政机关和法院通过适用各机关的组织法、机关制定的规章以及国会通过的法律中的特别规定来解决这一矛盾,但成文法的标准模糊性却仍然阻碍了解决这一矛盾的彻底性。美国行政法学家施瓦茨教授认为,谁有权利得到行政机关受审讯的问题与谁有资格请求对行政行为进行司法审查的问题密切有关。作为一般原则,谁有权利到行政机关受审讯,谁就应当有资格诉诸司法复审,反之亦然。这两种情形的标准都是不利影响,谁受了不太间接的影响,谁就有权到行政机关和司法机关受审讯。② 施瓦茨教授的观点对美国法院的判决产生了很大的影响,一些法院在其判决中多次强调应当让更多的人参加听证,从而使更多的人能有机会通过法律途径保护自己的合法权益。美国联邦第二上诉法院在一个判例中称:"现在,只要

---

① 王名扬:《美国行政法》(上),中国法制出版社 1995 年版,第 422—423 页。
② [美]伯纳德·施瓦茨:《行政法》,群众出版社 1986 年版,第 243 页。

不影响公共事务有条不紊地进行,任何有利害关系的人都有权参加听证。"①参加听证人数的增加可能会影响行政效率,但行政机关不得以效率为由排除应当有权参加听证的人参加听证。为此,哥伦比亚特区上诉法院曾在一个判决中提出如下指导原则:"为了保证听证能有效率而又迅速地进行,方法不在于排斥有权参与听证的利害关系人,而是控制听证程序的进程,要求所有的参加听证的人不偏离所争论的问题,不提出重复的或无关的证据。"②因此,在美国目前情况下,只要是利害关系人都有权得到通知。

——何时得到通知?美国联邦《行政程序法》要求行政机关应当及时给予当事人通知,以便使当事人有充分的时间准备听证材料。但这个准备时间究竟应限定在几天,美国联邦《行政程序法》并没有作出具体规定,而是由行政机关依据具体案件自由决定。行政机关就通知时间是否公正合理,往往由法院来裁决。法院认为,在听证前几小时给予通知显然是不够的。在终止福利补助前3天给予通知或终止国家住宅租赁的听证前4天给予通知也显然是不够。联邦最高法院指出,在有关终止福利的听证前7天给予通知一般来说就够了。当然,有些案件的通知期限如能延长可能更合理。一旦法律规定了期限,法院通常会依据立法机关所确定的标准。在美国,有些州的法律规定了明确的通知期限,如加利福尼亚州《行政程序法》规定,通知书至少应在10天以前送达到当事人。这是行政机关必须遵循的时间。③

——以何种方式送达通知?这个问题在美国联邦《行政程序法》中也没有具体规定。一般来说,如果国会的授权法中没有明确规定行政机关听证通知的具体送达方式,那么,听证通知送达的具体方式就由行政机关自主决定。它可以直接送达当事人,也可以通过挂号邮寄方式送达当事人。以普通邮件送达方式只能在当事人不能证明受到损害时才能适用。

听证通知书对于当事人来说,具有十分重要的法律意义。首先,听证通知书意味着听证程序已经启动。如果是行政机关发动的听证程序,那么,接到通知的当事人就有义务提出答辩书,否则,将视为承认通知书中所记载的主张;如果是私人发动的听证程序,那么接到通知的当事人有权对通知内容——法律问题或事实问题——提出异议。其次,听证通知书是当

---

① 王名扬:《美国行政法》(上),中国法制出版社1995年版,第425页。
② 王名扬:《美国行政法》(上),中国法制出版社1995年版,第425页。
③ [美]伯纳德·施瓦茨:《行政法》,徐炳译,群众出版社1986年版,第251—252页。

事人参加听证的权利的法律依据,没有听证通知书,就意味着其没有听证的权利。第三,听证通知书是当事人有充分时间进行听证准备的时间保证。因为,一张合法的听证通知书在到达当事人之后,应当给予当事人有充分的听证前的准备时间,否则,听证通知书就没有任何法律意义。这张听证通知书因此也可能被法院宣告无效。

第二,听证前的协商。美国联邦《行政程序法》第 554 条第 2 款规定:"机关应当为所有利害关系当事人提供机会,使他们能够提出和研究各种事实、论据、解决办法。如果听证时间、性质和公共利益允许,使他们能提出和研究变通建议。只有在当事人之间不能以协商方法解决争议的情况下,依本法第 556 条和第 557 条规定得到听证和裁决书。"这就是说,在正式听证以前,行政机关应当为利害关系当事人安排一个协商的机会,并尽可能促成利害关系当事人之间协商成功。它的法律意义在于,如果利害关系当事人之间协商成功,那么行政机关可以避免举行正式听证,节约开支,提高行政效率。

第三,职能分工。职能分工在这里是指在一个行政机关内实现调查、起诉人员与听证、裁决人员相互分开。正如美国大法官布伦南所说的:"该法(即美国联邦《行政程序法》——引者注)体现了内部分工理论,把职能留在行政机关内,但保障这些职能互相隔绝,加强审讯人员的独立性。"①根据美国联邦《行政程序法》规定,听证由具有独立法律地位的行政法官主持,他不得:"a. 向某人或某当事人就争议的事实征询意见,除非已经发出通知,使所有当事人都有机会参加。b. 对为某具体机关履行调查或起诉职责的职员或其代表负责,或受其监督或受其指示。"这一规定显然要求行政法官与司法法官一样保持一种超然的法律地位。例如,在一个案件中,行政法官与该案的公诉人同乘一架飞机由华盛顿去达拉斯,因为听证将在那里举行。但在途中他们讨论了案件,他们同住一家旅馆,又在往返的机场途中讨论了案件。② 这一做法受到了审理此案的法院否定。

为了保证行政法官的独立性,美国联邦《行政程序法》对从事调查和起诉职责的官员继续作进一步限制:"为机关履行调查和起诉职责的官员或代表不得参与该案事实上相互联系的案件裁决;对这类案件的裁决也不得提咨询性意见或建议性裁决。除非他们作为证人或律师参加公开诉讼,否

---

① ［美］伯纳德·施瓦茨:《行政法》,徐炳译,群众出版社 1986 年版,第 299 页。
② ［美］伯纳德·施瓦茨:《行政法》,徐炳译,群众出版社 1986 年版,第 300 页。

则也不得参加机关根据本法第 557 条之规定对此类案件进行的复议。"①这一规定可以说是浸透着分权制衡的法律精神,充分体现了美国法律的传统思想,是美国宪政活动的具体表征之一。然而,美国法律的另一方面的精神——实用主义——也在这里得到充分体现。在行政听证过程中,绝对的职能分工有时是无法实现的,即使实现了,不仅会无助反而有害于实现行政活动的目的。从实用主义角度看,必须允许在职能分工中存在若干例外:"a. 对申请原始许可证的决定;b. 涉及价格的正当性与适用的程序;或涉及公用事业、公共运输的设施和经营活动的程序;c. 机关或构成机关的一个或几个成员。"②因此,职能分工的适用在一个行政机关内部要完全实现是做不到的。正如勒尼德·汉德法官所说:"只要职能没有彻底分开,那么不论在什么行政制度下,最终都会形成起诉人与法官融合……但是,这种职能的融合是否仅允许存在于行政机关的最高层,例如机关本身,那倒是大不一样的。"③

第四,听证记录。听证记录是行政机关对当事人所陈述的意见和提供的证据所作的一种记载。听证记录在内容上应当全面、真实、客观地反映听证的全过程,是行政机关作出裁决的依据,在正式听证中,行政机关必须依据听证记录作出裁决。这就是被称之为"案卷排他性原则"。联邦最高法院首席法官范德比尔在马扎诉坎维奇亚一案中对这一原则作了精辟的阐述:"在依法举行的听证中,行政法庭作裁决时,不得考虑听证记录以外的任何材料……若不遵守这一原则,要求听证的权利就毫无价值了。如果作裁决的人在裁决时可以随意抛开记录不顾,如果听从了他人对事实和法律的裁决结论和建议……那在听证中提交的证据,论证其意义的权利又有什么实际价值呢?"④因此,听证过程中形成的听证记录是一份具有法律意义的文件,是对行政机关裁决权的一种制约力量。

(2)非正式听证。美国联邦《行政程序法》并没有规定非正式的听证制度,但以后的几十年中,联邦行政机关依据联邦宪法中的正当法律程序条款发展出一个灵活、高效的非正式听证制度。根据美国联邦《行政程序法》的规定,只有法律规定要求依据行政机关听证记录作出裁决的,才适用正式听证制度。但实际上,国会在其立法中对行政机关提出的这一要求并不

---

① 美国联邦《行政程序法》第 554 条。
② 美国联邦《行政程序法》第 554 条。
③ 〔美〕伯纳德·施瓦茨:《行政法》,徐炳译,群众出版社 1986 年版,第 303 页。
④ 罗豪才、应松年主编:《行政程序法研究》,中国政法大学出版社 1992 年版,第 134 页。

多。"美国司法部长行政委员会 1941 年的最后报告中声称:'非正式程序构成行政裁决的绝对多数,它们是行政程序的真正生命线。'"① 因此,行政机关的许多裁决采用何种方式听证,取决行政机关的裁量权。

然而,行政机关的裁量权并不是一个可以不受外界正当干涉的封闭堡垒,它必须受正当程序的限制。正当法律程序最低的要求是应给予对方一个机会,让其陈述自己的意见和出示证据,抗辩来自他方的不法侵害。而当事人陈述意见,提供证据的时间、方式、进程则由行政机关依自由裁量权决定。

与正式听证相比,非正式听证具有如下特点:(1)灵活性。由于法律没有对非正式听证具体内容上作出详尽规定,因此,听证具体的活动由行政机关依据其自由裁量权灵活确定。(2)效率性。行政机关可依据每个案件的具体情况,但又在不违反正当法律程序的最低要求下,举行听证活动,以保证听证的行政效率,以适应社会发展的需要。(3)广泛的适用性。非正式听证具有广泛的适用性,这是因为,正式程序司法味道太浓厚,程序僵硬、固板,尽管它比较公正,但并不完全适应行政管理的客观需要。在一般情况下,当行政裁决涉及公民的生命、自由和重大财产利益时,给予正式听证,以体现宪法正当法律程序原则的基本要求;而大量其他的行政案件通过非正式听证作出裁决,更能符合现代社会的发展需要。

因此,我们可以看到,美国在发展其行政听证制度过程中,对并不适用现代社会发展的法律制度,不是以一种墨守成规的消极态度对待之;相反,联邦法院那种司法能动性,具有创造性地将国会制定的成文法灵活地运用于日趋复杂的行政管理活动。应该说,它代表了现代社会法律发展的一种方向。

(二)奥地利的行政听证制度

19 世纪末 20 世纪初,奥地利在是否需要制定统一的行政程序法典的争论过程中,已有法学家提出:"当事人之听证与行政官署对行政措施应有说明理由之义务,应为法治国家行政手续之最主要原则。"② 在当时的奥地利国会中也有议员指出:"应着手从事行政法法典化工作,俾能使行政实体法建立在明确而又积极有效的基础上。我们奥国并无行政程序之规定或

---

① 王名扬:《美国行政法》,中国法制出版社 1995 年版,第 537 页。
② 翁岳生:《奥国行政手续法》,载台湾地区"行政院"研究发展考核委员会编的《各国行政程序法比较研究》,第 183 页。

法规。此项程序沦于毫无规律之状态中,而任由官署恣意决定。故如欲将司法之观念引进行政之领域,务必将有关保障人民权益之规范,明确规定,以便官署适用。"①在这样的法理背景作用下,奥地利制定了《行政程序法》,并于 1926 年 1 月 1 日生效。之后又经过若干次修改,实施至今。

奥地利《行政程序法》设有行政听证制度,但它的内容远远没有美国那么丰富。其原因我认为主要是作为大陆法系国家之一的奥地利没有美国那种深厚的重法律程序的文化传统。奥地利《行政程序法》第 37 条规定:"调查程序的目的,在于确定解决行政案件所依据的事实,并给予当事人主张其权利和利益的机会。"这是奥地利《行政程序法》的听证制度的法律依据和总的原则。与美国相比,两国之间的差距是显著的。奥地利《行政程序法》规定的听证是一种正式听证,其基本内容是:

1. 听证范围。奥地利《行政程序法》第 37 条规定:"调查程序之目的在于认定处理行政事件所依据之事实,并给予当事人主张权利与法律上之利益之机会。"由此可见,(1)听证的目的在于确定行政案件所依据的事实,而不涉及到法律适用。"至于已确定之事实应适用如何的法律之问题,属于行政官署之权限,对此无当事人听证之必要,此也即行政手续与诉讼程序差异之所在。"②(2)听证的适用范围仅限于具体行政案件,而不涉及到行政机关所进行的行政立法活动。

2. 听证开始。根据奥地利《行政程序法》第 39 条规定,听证程序可以由行政机关依据职权开始,也可以由当事人依据申请开始,但行政机关也可以拒绝当事人要求听证的申请;而且对行政机关拒绝要求听证申请的,当事人不得请求法律救济。如果行政机关是依据法律、章程或团体协约所规定的标准决定金钱给付,或紧急情况下,可以不举行听证而直接作出裁决。在听证开始后,如发生应当由其他机关或法院作决定或判决的先决问题时,除有法律作特别规定外,行政机关应当依其自己的观点和判断作为裁决的基础,以便不影响听证程序的"迅速、简单及省费"地进行。如果法院或其他行政机关对先决问题作出不同的决定时,一方当事人可依据奥地利《行政程序法》第 69 条第 2 项的规定申请重新审理。但如果这一先决问题已经或同时由主持听证机关受理,在行政机关有明确的裁决前,应当中止先决问题的解决程序,以免使听证程序产生不必要的耽搁。

---

① 翁岳生:《奥国行政手续法》,载台湾地区"行政院"研究发展考核委员会编的《各国行政程序法比较研究》,第 183 页。

② 翁岳生:《奥国行政手续法》,载台湾地区"行政院"研究发展考核委员会编的《各国行政程序法比较研究》,第 191 页。

从这里我们可以看出,尽管奥地利《行政程序法》规定了听证程序,但它并没有如美国那样,将听证程序看成是公民基本权利的宪法性保障,尤其以当事人不得对行政机关拒绝听证申请进行法律救济最为明显。

3.听证通知。有关听证的通知应当及时送达给利害关系人,以保证其能及时、有效地参加听证。其内容主要是:

(1)送达方式。法律文书的送达方式主要通过邮递、行政机关人员或乡镇公所送达。

(2)送达地点。在一般情况下,受送达人的住宅、营业所在地、商店或工作场所都可作为法律文书送达的地点,如受送达人是律师或公证人,应将有关法律文书送达其事务所。在上述地点以外,如果受送达人自愿接收,行政机关的送达也具有相同的法律效力。如果受送达人不具备上述送达地点的,那么行政机关可将法律文书送达收件人所在地即可。

(3)代收送达。如果还不能在上述地点将有关法律文书送达受送达人,那么行政机关可将法律文书送达该地点中与受送达人相识而且已成年的职员或其家属。如果行政机关的工作人员没有找到上述人员,法律文书也可向该住房的出租人或经出租人指定的房屋管理人员送达,但他们可以拒绝接收。行政机关如不能依据上述方法送达法律文书时,则可以用邮寄送达方式,并将该法律文书提存在该管理区的邮局;不通过邮局送达的,则可提存在送达地点的乡镇公所。提存应当以书面形式说明,可能时应当以口头形式通知受送达人的邻居。提存说明书应当投入受送达人的住宅、营业处、工厂或事务所所设的信箱,如无信箱,可以张贴在大门上。向营业处、工厂或事务所送达时,应当在其工作日进行,依上述规定留存的法律文书,将产生法律效力,如提存说明书被损坏、毁坏或丢失,不影响送达的法律效力。如受送达人因暂时离开其通常住所地,导致法律文书不能及时送达的,应将其送回行政机关。

(4)亲收送达。行政机关如有特别重要的理由,可以命令受送达人亲自接收法律文书。如不能以此规定送达,应当用书面通知催促其在指定的时间和地点接收法律文书。该催促通知书应当依据代收送达的有关规定进行。

(5)特别规定。在下列情况下,行政机关的送达可适用特别规定:其一,在国内居住的人,如已授权他人代收法律文书的,法律文书应向被授权人送达。其二,关系人自愿或应行政机关的要求指定共同代理人或授权代理人的,可向其代理人送达法律文书。关系人为多数而且未指定共同代理人的或授权代理人的,应向第一位签字人送达法律文书;关系人有数个代理人的,可向其中一人送达即可。

(6)公告送达。对住所不明或不知的多数关系人,如未选定代理人时,行政机关可以公告送达。公告在行政机关的公告牌上张贴两周后视为送达,除非法律有特别规定。

(7)其他规定。其一,对一人送达的法律文书,如该人在法律文书交付邮局或其他送达方式以前来领取的,应当由其出具收据后接收。其二,送达方式如有瑕疵,应从该法律文书实际到达收件人时起,视为送达。

对已知的个人的听证通知,可依据上述规定的方式进行送达。对其他人如需要送达听证通知,行政机关可以在乡镇内或指定的该邦的报纸上公告有关听证通知的内容。

为保证参加听证的人有一定的准备时间,听证通知应当适当提前送达听证参加人,但究竟应当提前几天,奥地利《行政程序法》没有作具体规定。与美国一样,这个问题由行政机关依其裁量权决定。在确定听证日期的通知中还应当注明参加听证人员注意的有关事项,如有图表或其他附件用于听证目的而应公开并让听证参加人阅览时,应同时注明阅览的时间和地点。

听证通知如已在乡镇内公告,或在邦指定为公务公告的报纸上公告的,参加听证的人如有异议,应在听证开始前一天或听证中提出,在其他时间提出的,行政机关可以拒绝受理。请求进行听证程序的当事人迟误听证的,行政机关仍然可以在其缺席下进行听证,也可以由其支付有关费用后由行政机关另行选定听证时间。

从奥地利有关听证通知的送达方式规定的内容看,送达方式制度的完善性远甚于美国。因为在美国联邦《行政程序法》中有关听证通知的内容、送达仅见于该法第 554 条第 2 款的规定,不如奥地利规定的详尽程度。但是,美国人并不因此感到在具体操作上有什么不便之处,因为它有法院不断制造的一个个判例弥补了成文法的局限性。

4.听证过程。奥地利《行政程序法》对听证的具体过程作了比较详尽的规定:

(1)听证开始后,听证主持人应当询问到场的当事人和其他关系人的姓名、年龄和籍贯等身份事项,审查当事人和其他关系人的地位以及有否代理人及其代理权限,并简要说明相关理由。

(2)在听证过程中,听证主持人应当控制听证向有利于查清听证事实方向发展,不让听证偏离听证主题或不必要的延误。应当保证听证人充分行使听证权,尽可能给关系人有协助认定事实的机会,但与案件无关的人员在听证过程中不得发言。

（3）听证当事人有权提出一切与本案有关的观点，并提供证据；对其他关系人、证人、鉴定人所提出的观点，被认为是属于众所周知的事实，或者他人提出的申请以及行政机关调查所得的事实，发表自己的观点。

（4）听证主持人有权决定听取当事人、关系人的陈述，调查证人陈述，或者讨论以前调查证据的结果等事项。听证主持人有权决定要求调查证据的申请，驳回并不重要的申请。

（5）听证主持人有权决定听证程序的中止或者改期进行，并以口头方式决定继续听证的具体时间。

（6）如有两个以上的当事人的请求相对立时，主持人应当尽可能促成这一请求与公共利益及其他关系人所主张的利益协调一致。

5.听证记录。听证记录是听证过程的一个书面记录，也是行政机关作出决定的依据，因此，听证记录是听证程序发展的必然结果。奥地利《行政程序法》对听证记录作了以下若干规定：

（1）每次听证内容及其过程应当正确明白地作成书面笔录。笔录应当包括：其一，听证的时间、地点和标的；如果不是首次听证，必要时应简要记载前次听证的情况。其二，听证的机关和听证主持人及协办人的姓名，在场关系人及其代理人、所讯问的证人与鉴定人的姓名。其三，听证主持人的亲笔签名。

（2）听证笔录都应向当事人宣读，并由当事人以亲笔签名证实，除当事人自愿放弃以外。如不能签名或仅能以署押代签名，或拒绝签名，或在全部记录或记载其个人陈述部分作成笔录以前离开时，行政机关应当注明有关人员未签名的原因，并由主持人用明示的方式在笔录上证明其真实性。

（3）对已经作成的笔录，任何人都不得将其重要部分涂改、附加，或者改变词义。如有删除的文字，仍应当保留其字迹以供辨认。附加重要的文字，或者当事人对笔录认为记录不完整或不正确提出异议时，应当给予补充并应特别加以确认。

（4）依据上述规定所制成的笔录，对听证过程和事项具有充分的证明力。但如有反证证明笔录的不正确性，当事人仍然可以在一定情形下提出，如行政诉讼过程中，当事人可以作为一个诉讼请求的理由。

（5）结束听证。在所有当事人的陈述已制成笔录，且所有证据也已调查完毕时，除当事人放弃外，听证主持人应当宣读听证笔录，如无法律特别规定时，可作出口头宣告性裁决后，宣布听证终结。

(三)德国的行政听证制度

德国联邦《行政程序法》所确立的听证制度并不像美国那样具有直接的宪法依据。对德国联邦《基本法》第103条第1项规定，即"任何人在法院有请求依法审问的权利"是否可以解释为包括行政程序中当事人的听证权，在学术界还是有争议的。有肯定说认为，"在法院"从实质意义上理解，应当包括行政机关在内。但一般认为，德国联邦《基本法》第103条既然已经规定了"在法院"，则不得类推解释为包括行政机关在内。但行政程序上的听证权，即使宪法上没有明文规定，依据德国联邦《基本法》第1条规定："人类之尊严不可侵犯"之规定，也可以推出行政机关在作出不利于当事人的行政决定前，应给当事人有表达自己意见的机会。这可以看成是法治国家不成文法的重要原则。① 这一宪政思想在德国1963年和1973年两部行政程序法草案中都有相当的体现。

德国可能因经历了两次世界大战的重重磨难，对人的价值、尊严的认识比其他国家更为深刻。在德国，作为保障公民权的重要的法律制度之一的——行政程序听证制度，联邦《行政程序法》也备受重视。德国联邦《行政程序法》的听证制度由以下内容组成：

1. 通知。德国联邦《行政程序法》没有为听证通知作出专门规定，而是以"行政行为的通知"概括之。它包括：(1)行政行为应当通知相对人或者关系人。如果相对人指定全权代理人的，应当通知其全权代理人。(2)经邮寄至本法效力范围内的书面行政行为通知在交邮寄后的第三天视为已经通知。但未收到或受领迟延的不在此限。如对此有争议的，应当由行政机关举证说明。(3)依法通过的行政行为应当给予公告。一般命令也可以公告，但应当以向当事人通知不适当为限。(4)书面行政行为的公告，应当以其命令部分按当地习惯的方式公告而生效。在按当地习惯的方式公告行政行为时，应当载明可以在何处查阅该行政行为及其理由。在行政行为按当地习惯的方式公告两周后视为已经通知。如在一般命令中，应当指定与上述规定不同的日期，但最早为公告后的次日。从这些规定的内容看，德国联邦《行政程序法》中"行政行为的通知"还包括"公告"内容，如公告一般命令的行政行为，可以理解为如我国行政法学中所说的公告抽象行政行为。因此，德国联邦《行政程序法》中的"行政行为的通知"具有广泛的适用

---

① 翁岳生：《论西德1963年行政手续法草案》，载台湾地区"行政院"研究发展考核委员会编的《各国行政程序法比较研究》，第168页。

范围。

2.听证适用。在一般情况下,对涉及当事人权利的行政行为公布以前,应当给予当事人陈述自己观点和提供对自己有利证据的机会。但是,根据具体情况,如行政机关认为案件无听证的必要,依其裁量权可以决定不给予听证。在下列情形下,行政机关可以不举行听证:(1)在紧急情况下,或因公共利益需要,应当立即作出行政决定的。(2)如举行听证会产生不能遵守对行政决定具有决定意义的期限的。(3)行政机关拒绝当事人的请求,而且当事人在请求或申请中所为的事实陈述,作出不相同认定的。(4)行政机关将为一般决定或作大量相似的行政行为,或借助于自动化设备公布的行政行为的。(5)在行政执行中所涉及的行政决定的。(6)听证事实如与公共利益相抵触的,行政机关也可以不举行听证。

3.听证步骤。德国联邦《行政程序法》对听证的具体步骤作了详尽的规定,不逊于奥地利《行政程序法》。这样的规定对保护当事人的合法权益比较有利。

(1)听证提出的方式。听证以当事人提出申请为起始,行政机关不能主动开启听证程序。听证申请应当以书面形式提出,如有困难的,当事人也可以口头形式提出后由行政机关工作人员制成笔录,也可视为当事人已经提出听证申请。

(2)听证参与人。证人和鉴定人是听证程序中不可缺少的参与人。他们介入听证程序的目的在于协助听证机关弄清案件的事实真相,因此,他们的法律地位应当是独立于当事人和其他利害关系人,保持客观公正。

在听证程序中,证人有陈述证言的义务,鉴定人有鉴定的义务。有关证人作证的义务和鉴定人鉴定义务以及鉴定人拒绝鉴定、允许公务人员作为证人或鉴定人的规定,适用民事诉讼法的规定。行政程序法作这样的规定,在不少国家的行政程序法中也是存在的。

证人和鉴定人应当履行作证和鉴定的义务。但是,在某些条件下,证人和鉴定人有权拒绝作证或鉴定,但他们应当说明这样做的理由。他们所提出的理由即使不符合法律规定,行政机关也不能强制其作证或鉴定。行政机关可以向证人或鉴定人住所或居所所在地的行政法院请求代为询问。如果证人或鉴定人的住所或居所不在行政法院或特别设立的法庭所在地的,行政机关也可请求有管辖权的基层法院代为询问。在申请中,行政机关应当向法院说明需要询问的具体内容,注明当事人的姓名和住址。法院应当告知当事人已确定的调查时间。在考虑证人所作的陈述或鉴定人所作的鉴定或进行忠实于事实的陈述后,行政机关认为需要宣誓的,可请求上述的法院代为作宣誓的询问。法院有权对拒绝作证、鉴定或宣誓的合法性进行审查并作出裁定。向法院行使上述请求权,只能由行政机关负责人、该负责人的一般代理人或具备法官资格或具备德国联邦《法官法》第110条所规定的先决条件的公务员行使。

(3)当事人听证。当事人要求听证的目的在于抗辩对自己不利的指控,从而维护自己的合法权益。因此,给予当事人切实可行的听证权利应是行政机关的一项法定义务。为了切实有效地参加听证,当事人在听证前应当享有阅卷权。行政机关应当在有效或保护其合法权益所必需的范围内,允许当事人查阅涉及行政程序的案件材料,但涉及行政决定起草以及为决定所作的直接准备工作的材料除外。当事人查阅案卷对行政机关正常执行公务可能产生不利影响,或者公开案卷内容有损于联邦或州的利益,或依法律或依其性质,特别对是由于当事人或第三人的合法权益而必须加以保密的,行政机关有权拒绝当事人查阅卷宗。当事人应当在保管案卷的行政机关内进行阅卷。如经过批准,当事人也可以在其他行政机关或在国外的代表联邦德国的外交或领事机构内进行。

在听证过程中,行政机关应当给予当事人在裁决作出前表达其意见的机会,让他在行政机关询问证人或鉴定人时也在场,并提出对弄清案件事实真相有利的相关问题。书面鉴定应当送达当事人。

(4)言词辩论。言词辩论,或称之为口头辩论,它类似于司法程序中的法庭辩论。在这个程序中,参加听证的各方当事人的意见在这里获得交合和碰撞的机会,行政机关在听取各方当事人意见后依此作出裁决。德国联邦《行政程序法》所规定的听证制度类似于美国的正式听证程序,具有很强的公正性。

根据德国联邦《行政程序法》规定,行政机关根据言词辩论作出行政决定的,应当在一定的期限内用书面形式通知当事人参加听证。在所发出的通知中应当注明,在当事人一方缺席时,行政机关也可以进行言词辩论和作出裁决。听证通知书如超过300张的,行政机关可以用公告形式代替。言词辩论的日期至少应当在两周前在行政机关的官方公报中和在行政决定可能影响的范围内的地方日报上公告。

在下列情形下,行政机关可以不经过言词辩论而直接作出决定:a.所有当事人一致请求不必进行言词辩论,且请求为行政机关所批准的;b.当事人在规定期限内没有对预定的决定提出异议的;c.行政机关将不进行言词辩论而直接决定的打算告知当事人后,当事人在规定的时间内未提出异议的;d.所有当事人都放弃言词辩论的;e.行政机关在紧急情况下需要立即作出决定的。

言词辩论采用不公开原则。这与其他国家的行政程序法的规定相反，这说明行政公开化的观念在德国远远还未为人们所接受。在言词辩论中，上级监督机关的代理人或在行政机关从事职业教育的人员，可以参加言词辩论。在当事人不提出异议的前提下，听证主持人可以准许其他人员参加。

听证主持人应当就案件与当事人进行讨论。他应尽可能地将不详细的申请向当事人作出解释，提出有利于案件解决的意见，补充不完善的陈述以及作出对认定案件事实具有重要意义的声明。听证主持人应当对法庭秩序负责。对扰乱法庭秩序的人员可以命令其退出法庭。

言词辩论的过程应当制成笔录，笔录应当包括如下内容：a.时间与地点；b.听证主持人、出席当事人、证人和鉴定人的姓名；c.讨论的主题和所提出的申请；d.证人和鉴定人陈述的主要内容；e.勘验结果。笔录应当由主持人签名。将文书证明列为附件而附入言词辩论的，视同笔录的一部分，并在笔录中加以注明。听证笔录是行政机关作出决定的依据。

（四）日本的行政听证制度

日本《行政程序法》或许是受美国行政程序法理论的影响太重，因此，听证制度在日本《行政程序法》里占据了相当重要的地位。根据日本《行政程序法》规定，听证、公听会之外还有辩明机会，但适用对象有所不同。"概括地说，许可的停止、设施的改善命令等，与成为听证程序对象的处分相比，对相对人的利益侵害程度轻微的即属于此类。"①辩明机会的程序可以准用听证程序。日本《行政程序法》的听证制度分述如下：

1. 听证。在日本《行政程序法》中，口头听证是指行政机关在作出决定前，对受决定影响的相对人或其他利害关系人，就与该决定有关的事实及基此产生的法律适用问题，有提供证据和意见的机会的程序。行政机关举行听证前，应当在听证前的一定期间内，将下列事项书面通知受行政行为不利影响的相对人：(1)作出的行政决定的内容以及有关法律的依据；(2)作出行政决定的事实；(3)举行听证的时间和地点；(4)管辖听证事务的组织名称和所在地。②

在听证通知书中，行政机关还必须说明以下若干问题：(1)相对人可以

---

① ［日］盐野宏：《行政法》，杨建顺译，法律出版社1999年版，第221页。
② 日本《行政程序法》第15条。

在听证日到行政机关去陈述意见,并提交有关证据材料,或者提交书面陈述意见及有关证据材料等代替自己到行政机关陈述意见。(2)在听证结束前,相对人可以要求阅览成为行政机关作出行政决定的事实及有关证据材料等。(3)在行政机关难于确定相对人的所在地时,可以将相对人的姓名以及上述通知的有关内容公布在行政机关指定的地方。自公布之日起两周后,视为该通知已送达相对人。

听证主持人在首次听证开始时,应当要求行政机关的官员对听证出席者说明准备实施的行政机关的决定以及该决定的法律和事实依据。当事人和其他利害关系人在听证期间可以出席听证,陈述意见以及提出证据材料;经主持人许可,可以向行政机关官员提出质问。当事人和其他利害关系人也可与助理人同时出席听证。在听证过程中,听证主持人认为有必要时,可以向当事人和其他利害关系人提问,要求他们提出意见或有关证据材料等,也可以要求参加听证的行政机关官员就与听证有关的若干问题作出说明。如果已通知的当事人或其他利害关系人没有全部出席听证,则不影响听证主持人在规定期间内进行听证。听证一般应当不公开进行,但听证主持人认为公开听证也不会对社会公共利益或者他人的合法权益产生不利影响的,听证也可以公开进行。

当事人和其他利害关系人在听证前,可用提交书面意见和证据材料给主持人以代替出席听证。在听证过程中,如其他听证出席人员请求,听证主持人应当出示上述书面意见和证据材料。

听证主持人根据听证的具体情况,如认为需要继续听证的,可以指定新的听证日期,并当场告知出席听证的当事人和其他利害关系人。对于未参加听证的当事人和其他利害关系的当事人,行政机关应当以书面形式通知下次听证的日期、地点。本通知适用第一次通知程序。

听证程序开始后,发现全部或部分当事人在规定的时间内没有正当理由不出席听证的,也不交有关陈述意见和证据材料文本的,或者是全部或部分利害关系人不出席听证的,听证主持人有权决定在不再给予未参加听证的当事人和利害关系人的听证机会而宣布终结听证。当事人和利害关系人不参加听证,视为放弃听证权,由此引起的法律后果将随之产生并为法律所确认。但是,如果当事人的全部或相当一部分不参加听证,且也没有提出有关听证的陈述意见和相关的证据材料时,且估计当事人在近期也难以参加听证的,那么听证主持人可以确定一个时间,要求他在规定的时间内提出陈述意见和相关的证据,逾期不提出的,视为放弃听证权,听证主持人可以宣布终结听证。

听证主持人应当将听证的过程制成笔录。笔录应当记有当事人和利害关系人的陈述意见要点以及有关证据不完全统计的情况。听证记录应当在听证过程中制成;如果听证无法举行时,应当宣布听证结束后立刻制成。听证主持人在听证终结后应当立刻起草听证报告书,并将报告书与听证记录一并交给行政机关。听证报告应当对当事人和利害关系人所提出的陈述意见是否有理由提出看法,供行政机关参考。当事人和利害关系人有权要求查阅听证记录的报告书。

行政机关在查阅听证记录和报告书后,如认为有必要,可以将报告退还给听证主持人,要求其重新主持听证。否则,行政机关应当在充分考虑听证记录和报告书的基础上作出决定。

2.公听会。日本《行政程序法》中的公听会是指行政机关在制定、修改或废除命令,或作出影响多数人利益的决定时,法律要求行政机关广泛听取一般意见的程序。公听会不同于听证会,它不需要遵循行政听证的程序。有关公听会的程序,日本《行政程序法》第 10 条仅作了原则规定,在日本《行政程序法》颁布以前,有关单行的行政法律已对公听会程序作出了规定,如《电气事业法》规定的公听会程序是:(1)通商产业大臣或通商产业局应当在召开公听会前 20 天将案件名称、公听会日期、地点及内容进行公告。(2)要参加公听会的人应当在公听会召开前的 15 天,用书面形式将陈述概要报告给通商产业部大臣或通商产业局局长。(3)通商产业大臣或通商产业局局长在收到的报告中可指定若干人出席听证会陈述意见,如有必要,也可要求有这方面经验的或可提供参考意见的人出席公听会。其他任何人都不得在公听会陈述意见。(4)公听会由通商产业大臣或通商产业局局长或他们指定的职员主持会议。

公听会虽然给公民提供了陈述意见的机会,但听证意见对行政机关的决策并无多大的影响。因此,日本行政法学界认为,要使公听会确实有实质意义,确保公听会的公正性,至少应在公听会开始前,行政机关应当公布有关公听资料、文件,并为公民提供查阅的机会。另外,行政机关应当公布听证的结果如何在行政决定中得到体现。[①]

(五)英国的行政听证制度

英国没有统一的行政程序法典,这是众所周知的事实。但英国对法律

---

① [日]室井力主编:《日本现代行政法》,吴微译,中国政法大学出版社 1995 年版,第 180—181 页。

程序重视的程度并不亚于已经颁布行政程序法典的国家。① 英国人对法律程序的关注起源于普通法中自然公正原则。自然公正原则是普通法的一个非常古老的法原则，它是一个程序规则。在成文法中我们难以找到它的具体适用范围。它最初是一个司法程序规则，后来由于法官们的努力，将自然公正原则推广适用于行政程序中。自然公正两条基本的规则，其中有一条就是"听取对方意见"。它是指任何人或团体在行使权力可能使别人受到不利影响时，必须听取对方的意见，每个人都有为自己辩护和防卫的权利。这条程序规则构成了英国行政程序法中听证制度的核心。它包括：(1)当事人有在合理时间内得到通知的权利；(2)了解行政机关的论点和作出决定依据的权利；(3)为自己申辩的权利。英国行政程序法中的听证制度主要体现在：

1.公开调查。公开调查是指对调查事项有兴趣的人都可以陈述意见、提出证据和参加听证调查。参加公开调查的人员范围并不限于权利和义务直接与调查事项有关的人，它由行政机关根据具体情况加以确定。但参加调查的人员与所调查的事实没有直接的关系，则他在程序中的权利就不一样，如他无权要求调查人员提供全部的调查文件等。

2.听证程序。听证在方法上与公开调查相同，但在参加人员的范围上限制较大，且听证形式可以不公开。作为一种调查事实的方法，听证还可以被运用到立法和司法程序中。

以前英国的调查并无统一的程序规则，1971 年颁布的《行政裁判所与调查法》授权大法官在咨询行政裁判所委员会后可以用法定条规形式制定有关法定调查程序规则，这些程序规则内容主要是与听证有关。它包括：(1)有权参加调查的人；(2)上述人员是否可以使用代理人；(3)调查程序的各个步骤和时间，如有些程序规则规定最低限度应当在 42 天以前将进行调查的事项通知有权出席调查的各方当事人；(4)各方当事人陈述意见和答辩的时间表；(5)证据和证人问题；(6)实地调查程序；(7)调查事项结束后，部长的决定应当说明理由；(8)认为其他需要规定的事项。

从上述内容看，英国行政程序法中的听证制度虽然没有统一的法律规定，而是由法官制定的规则所确认，但由于英国在传统上相当重视法律程序和司法能动的作用，所以英国的听证制度在功能上并不逊色于其他已制定行政程序法典的国家。

---

①　王名扬：《英国行政法》，中国政法大学出版社 1987 年版，第 7 章。

（六）法国的行政听证制度

与英国相似,法国的行政程序法内容主要是由法院的判例所构成的,但这并不意味着法国行政程序法中成文法没有地位。[①] 1978 年 7 月 17 日的《行政和公众关系法》、1983 年 11 月 23 日的《行政机关和使用者关系条例》以及 1979 年的《行政行为说明理由法》等都是重要的行政程序单行法律,起着补充法院判例的作用。有关听证制度的内容主要体现在防卫原则和对质程序上。现分述如下:

1.防卫权原则。防卫权原则是指行政相对人对行政机关带有制裁性质的行政决定,或根据其个人的情况而作出的决定,为了维护自己的合法权益,有权提出反对意见。这个原则类似于其他国家行政程序法中的听证制度。在法国,这个原则来源于司法诉讼程序。尽管这个原则并不能完全移植到行政领域,但它最低限度必须为行政相对人提供了解对方观点和提出自己观点的可能性。在法国行政法中,防卫原则最初适用于对公务员的纪律处分程序,后来又扩大其他行政领域,但这并不意味着它对所有行政程序都适用。

（1）适用范围。防卫权原则可适用于纪律处分、调查程序以及行政法院判例所确定的事项,如拒绝申请、撤销许可等。采取一般的治安警察措施和紧急情况不适用这一原则。

（2）基本内容。在法律没有明文规定的情况下,防卫权原则包括行政相对人必须在合理的时间以前了解行政机关准备对他采取的措施及其理由,以及有权提出自己的观点等。如果法律没有明文禁止行政相对人委托律师代理程序权利,则在不妨碍行政机关正常活动的前提下,允许律师参与行政程序。

2.对质程序。对质程序是指行政机关只有在听取行政相对人的答辩后,才能作出对行政相对人不利的决定。根据 1983 年 11 月 23 日《行政机关和使用者条例》的规定,对质程序的主要内容是:

（1）如果行政机关不是根据行政相对人的申请而作出决定的,必须要求行政相对人以书面形式提出有利于自己的申辩。行政机关必须依据行政相对人的要求听取全部有关人员的意见,不限于作为行政机关所作出的决定的当事人的意见。

（2）行政机关根据相对人的申请作出决定时,必须在收到申请时给予

---

① 王名扬:《法国行政法》,中国政法大学出版社 1989 年版,第 3 章。

收据,给申请人指出承办该案件的公务员或机关,告知如在一定时间内行政机关不作答复,可以视为行政机关对其申请拒绝或接收。对于拒绝的决定应指出行政相对人的请求是否缺乏必要条件或有何申诉途径等。如果没有给予收据,或没有行使告知义务,那么行政机关的决定无效。当接受请求的行政机关无管辖权时,应当将行政相对人的请求移转到有管辖权的机关。

这个程序不适用于地方团体的行政机关和司法部领导下的机构,不适用于国家和公务员的关系,也不适用于紧急情况、外交关系以及当事人滥用申请权利的情况。

(七)我国台湾地区的行政听证制度

我国台湾地区经过了多年的立法研究和立法程序,于1999年通过了"行政程序法",并于2001年正式实施。台湾地区"行政程序法"是一个兼容两大法系的行政程序法典。在这里,我们可以看到英美法系和大陆法系交织影响所形成一种东方式的法律制度,它对我们制定行政程序法应该说具有特别重要的借鉴意义。

1.听证适用。台湾地区"行政程序法"第107条规定:"行政机关遇有下列各款情形之一者,举行听证:(1)法规明文规定应举行听证者。(2)行政机关认为有举行听证之必要者。"该法第108条至109条规定了行政处分的听证,第155条规定了法规听证,第164条规定了计划听证。对于行政听证范围的确定,本质上是维持行政效率和保护公民合法权益之间的利益平衡。如果行政行为与公民合法权益关系并不密切,则可以不经听证程序而直接作出决定;反之,应当给予利害关系人听证权。由于行政管理领域范围十分广泛,任何一部法典都无法将其完全纳入调控范围。因此,何种行政行为应当给予听证,除应当由行政程序法设定外,其他单行的法律也可以作出适用规定。听证适用范围的大小,可以看做是衡量法律保护公民合法权益范围上的广度和深度的一个重要指标。比如美国将行政机关制定规章和作出裁决的行政行为都纳入可以听证的范围,而日本则将对特定人所作出的决定列入听证范围。我国台湾地区的"行政程序法"的规定具有相当的灵活性,其适用听证的范围可以随着立法的进展而不断地变化,具有很强的适应性。

2.听证通知。"在法治国家,任何人皆不应由于不知而丧失其权利,故若使人民在丧失权利之前,未给予通知,将是'权限之错误'(jurisdictional error)。"①行政机关依法举行听证的,应当在听证前将下列事项以书面形式通知给当事人和已知的利害关系人,必要时并进行公告:(1)听证之事由与依据。(2)当事人之姓名或名称及其住所、事务所或营业所。(3)听证之日期及场所。(4)听证之主要程序。(5)当事人得选任代理人。(6)当事人依第61条所得享有之权利。(7)拟进行预备程序者,预备听证之期日及场所。(8)缺席听证之处理。(9)听证之机关。

依法规之规定,举行听证应预先公告者,行政机关应将前项所列各款事项,登载于政府公报或以其他适当方法公告之。听证期日及场所的决定,应视事件的性质,预留适当的期间,便利当事人或其代理人参与。

3.听证主持人。听证应当由行政机关首长主持。行政机关为首长负责制的,其首长为听证主持人;是委员会制的,其委员为主持人。但是,由于行政机关首长不可能亲自主持每一个案件的听证工作,所以法律允许行政机关首长有权指定熟悉法律的工作人员主持听证,以保证听证能及时举行,确保听证的质量。

4.预备听证程序。预备听证程序类似于我国澳门地区行政程序法中的预审,其功能主要是尽可能促进听证程序得以顺利地进行。但预备听证并不是必经程序,是否采用预备程序,完全由行政机关自由裁量。在预备听证程序中,行政机关主要应当完成下列事项:(1)议定听证程序之进行。(2)厘清争点。(3)提出有关文书及证据。(4)变更听证之期日、场所与主持人。预备听证之进行,应作成纪录。

5.听证公开原则。听证应当以言词、公开的方式进行。这一点可能是受美国行政公开化运动的影响,不同于德国采用的听证不公开原则。但任何原则都有例外情形存在,我国台湾地区"行政程序法"规定,除法律另有规定外,听证应公开以言词为之。有下列各款情形之一者,主持人得依职权或当事人之申请,决定全部或一部不公开:(1)公开显然有违背公益之嫌的。(2)公开对当事人利益有造成重大损害之可能的。

6.听证过程。听证以听证主持人说明听证案件的案由起始。听证主持人应当保持一种超然、公正的立场。在听证过程中,听证主持人应本中立公正之立场,主持听证。主持人在主持听证时,可以行使下列职权:(1)就事实或法律问题,询问当事人、其他到场人,或促其提出证据。(2)依职权或当事人的申请,委托相关机关作必要的调查。(3)通知证人或鉴定人

---

① 罗传贤:《行政程序法论》(增订三版),台湾五南图书出版股份有限公司2002年版,第158页。

到场。(4)依职权或申请,通知或允许利害关系人参加听证。(5)许可当事人及其他到场人的发问或发言。(6)为避免延滞程序的进行,禁止当事人或其他到场的人发言;有妨碍听证程序而情节重大者,并得命其退场。(7)当事人一部或全部无故缺席者,径行开始、延期或终结听证。(8)当事人曾于预备听证提出有关文书者,得以其所载内容视为陈述。(9)认为有必要时,在听证期日结束前,决定继续听证的期日及场所。主持人根据这一规定决定继续听证之期日及场所者,应通知未到场之当事人及已知之利害关系人。(10)如遇天灾或其他事故不能听证时,得依职权或当事人之申请,中止听证。(11)采取其他为顺利进行听证所必要之措施。

当事人在听证过程序中,有权陈述意见,提出证据,在听证主持人同意后,可以质问行政机关指定的人员、证人、鉴定人和其他当事人及其代理人。保障当事人在听证过程序中的上述权利,是实现听证目的不可缺少的手段。美国1946年《联邦行政程序法》也有此类规定。该法第556条规定:"当事人有权用证言或文书证据提起诉讼或抗辩;也有权提出反证,进行反询问,以弄清全部事实之真相。"两个法律的规定颇为相近。

7. 听证笔录。听证应制成听证笔录。听证笔录应当载明到场人所为陈述或发问的主要内容及其提出的文书、证据,并记明当事人于听证程序进行中声明异议的事由及主持人对异议的处理。听证记录,可以录音、录影作为辅助。听证记录当场制作完成的,由陈述或发问人签名或盖章;未当场制作完成的,由主持人指定日期、场所供陈述或发问人阅览,并由其签名或盖章。前期情形,陈述或发问人拒绝签名、盖章或未于指定日期、场所阅览的,应记明其事由。陈述或发问人对听证记录之记载有异议的,得即时提出。主持人认为异议有理由的,应予更正或补充;无理由的,应记明其异议。

8. 听证终结。听证主持人认为有必要的,可以听证日期结束前,决定继续听证的日期和地点,如认为当事人的意见已经充分发表,且已达到可以作出决定的程度,主持人应当终结听证,但在作出决定前,行政机关认为有必要的话,还可以再进行听证。

(八)我国澳门地区的行政听证制度

我国澳门地区《行政程序法》中设有预审一节,从其内容看与其他国家行政程序中的调查相似。"它的任务是调查一切与作出最终决定有关的事实,并且收集必要的证据。"① 预审是否就是我们所说的听证,从澳门地区《行政程序法》的规定看,听证是在预审程序结束后利害关系人才有权要求听证。② 这表明,预审与听证并不是同一行政程序法律制度,但我们可以将听证看成调查的一种手段。

尽管在目前可能是世界法条数量最多的行政程序法典,但它对被视为行政程序核心的听证制度却并没有用更多的法条去规定。然而,正如有学者所指出的那样,澳门地区《行政程序法》的立法者在听证方面采取了较为保守的态度。这主要表现在两个方面:首先,澳门地区《行政程序法》没有其所参照的葡萄牙《行政程序法》第 59 条规定的内容:"行政机关得在程序任何阶段通知利害关系人,就其宣布的有关问题在所定期间内听取利害关系人的意见。"其次,澳门立法将葡萄牙立法中一般情况下行政机关均有义务安排听证缩限为由利害关系人选择是否安排听证。表面上看,这样有利于减少程序中不必要环节,加快行政效率。然而,是否可以"确保在形成与公民有关之决定或决议时有公民参与",却令人怀疑。因为听证的真正作用在于为利害关系人提供一个自辩机会。正如在刑事诉讼程序中,不可能因诉讼开始时被告未表示打算自辩而在程序中剥夺其辩护权利一样,在行政程序中以利害关系人最初未打算行使听证权利为由,而在最终决定形成以前不允许利害关系人行使这一权利同样在法理上难以成立。利害关系人只有在知悉行政机关拟作出决定的内容、法律与事实依据之后,才可能真实了解自身权益是否受到了不法损害,行政机关采用的事实是否无懈可击,此刻才是利害关系人决定是否应该申诉、自我防卫的时刻。这一时刻不可能也不应该提前到行政程序的开始。③ 澳门地区《行政程序法》中的听证制度内容主要是:

1. 不予听证的范围。行政机关对行政案件进行预审完毕之后,在最终作出决定以前,利害关系人有权要求进行听证。但是,在下列情况下,行政机关可以拒绝利害关系人听证的要求:(1)客观情况紧急需要立刻作出决定的;(2)已有正当理由可以判定如举行听证可能会影响决定的执行和社会效果的。

在下列情况下,行政机关可以免除举行听证:(1)利害关系人对行政决

---

① 朱林:《澳门行政程序法典——释义、比较与分析》,澳门基金会出版社 1996 年版,第 100 页。

② 澳门《行政程序法》第 89 条。

③ 朱林:《澳门行政程序法典——释义、比较与分析》,澳门基金会出版社 1996 年版,第 110 页。

定的重要问题及所提出的证据,已经在程序中作过陈述的;(2)根据在行政程序中得到的资料,将会作出对利害关系人有利的决定的。

澳门地区《行政程序法》对不予听证的规定,显然受到了德国《行政程序法》相关规定的影响。德国《行政程序法》第 28 条第 2 款对不予听证的范围作了如下规定:(1)在紧急情况下,或因公共利益需要,应当立即作出行政决定的;(2)如举行听证会产生不能遵守对行政决定具有决定意义的期限的;(3)行政机关拒绝当事人的请求,而且当事人在请求或申请中所为的事实陈述,作不相同认定的;(4)行政机关将为一般决定或作大量相似的行政行为,或借助于自动化设备公布的行政行为的;(5)在行政执行中所涉及的行政决定的;(6)听证事实如与公共利益相抵触的,行政机关也可以不举行听证。

与美国相比,澳门地区《行政程序法》规定不给予听证的范围要小得多。在一般情况下,除法定不能听证的情形外,只要行政决定对利害关系人产生不利影响,利害关系人都有权要求举行听证。

2.听证申请。行政机关在执行程序过程中,如认为将要作出的决定可能会损害某人的合法权益,则应当告知其听证的权利。利害关系人应当在接到告知后的 10 天内向行政机关提出听证申请。利害关系人也可以在启动行政程序最初时的申请中表达听证的要求。由此可见,澳门地区《行政程序法》中的听证程序是否进行,完全取决于利害关系人是否提出听证的申请,行政机关无权主动启用听证程序。这与日本、德国、西班牙等国的规定不同,这些国家行政程序中的听证是否举行,其决定权在于行政机关,唯独奥地利同时也给予相对人有听证的申请权。

3.听证方式。行政机关根据当事人的申请和案件的具体情况决定听证的方式。根据澳门地区《行政程序法》规定,听证方式有:

(1)书面听证。书面听证类似于法院的书面审理。它不要求利害关系人同时到场质证反诘,而是通过向行政机关提供书面材料表达自己的观点。行政机关如选择书面听证的,应当在不少于 10 天的期间通知利害关系人,使其有一个表达自己观点的机会。在通知利害关系人参加听证的同时,应当为其提供必要的资料,使其了解对行政决定具有决定意义的事实依据和法律规定,并告知查阅案卷材料的时间和地点。利害关系人在书面表达意见中,应当对构成该程序的标的问题表明自己的态度,如申请采取有关补充措施,应当附相关的文件。

(2)口头听证。口头听证则要求各方当事人都应当到场,在行政机关官员的主持下,对案件的有关事实和法律适用问题进行辩论。行政机关在选择口头听证后,应当至少提前 8 天通知召集利害关系人。口头听证的主要内容是审查所有有助于作出决定而属于事实和法律上的问题。在口头听证中,如利害关系人不到场,则不能成为推迟听证的理由,但利害关系人在听证所定的时间届满前作出合理解释的,应当推迟听证。行政机关应当将听证过程制成笔录,记载利害关系人的陈述意见;在听证进行时或结束后,利害关系人可提附任何书面的陈述,以补充听证记录的完整性。

澳门地区《行政程序法》对口头听证的规定应当说是比较完整的,但也有学者明确指出了口头听证规定的缺陷:首先,"审查所有有利于作出决定而属事实上及法律上事宜之问题"应该是口头听证之前由预审机关独立完成,而不应成为口头听证的内容。口头听证只应集中在那些无法或者较难通过书面听证解决的问题上,不可能包罗万象。其次,没有规定在民众程序(massenverfahren 又称"集中程序")中的听证与代理问题。在程序涉及较多利害关系人而无法按一般听证方式进行口头听证时,必然导致代理人参与口头听证的问题。[①]

主持听证的机关如果不是有权限作出最终决定的机关,应当制成听证意见报告书。在该报告中,应当写明利害关系人的请求和听证程序中的主要内容,并可提出决定的建议和这一建议的事实和法律上的理由。这一规定相当于美国听证制度中的"初步决定",但美国、德国是由法律地位相对独立的行政法官作出的,而澳门地区《行政程序法》中则没有这样的政府官员。主持听证的机关及其官员有时可能就是本案的一方当事人。这种由非独立地位的机关及其官员主持听证,在大陆法系国家中比较普遍。

---

① 朱林:《澳门行政程序法典——释义、比较与分析》,澳门基金会出版社 1996 年版,第 110 页。

第四章

行政听证的简易程序

行政听证的简易程序，又称非正式听证程序，适用于相对比较简单的案件。给予受行政行为不利影响的行政相对人一个陈述、申辩的机会，是正当法律程序题中应有之义，所以，不论行政相对人受行政行为不利影响多大，在行政效率允许的前提下，通过一个简易的听证程序让行政相对人充分享受行政听证权利，应当是法治行政所应当遵守一项基本原则。所以，作为一种独立的行政程序，行政听证的简易程序仍是需要我们关注的一种程序性制度。

一、行政听证简易程序概说

行政听证程序可以分为一般听证与简易听证，从而形成了行政听证一般程序和行政听证简易程序。这一行政听证程序的分类可以使行政听证适应行政实践的多种需要。基于程序法理的认识，法律程序在公法上的功能更多的是体现在对公权力的控制上，但是我们也必须兼顾公权力的效率。所以，在行政程序法上设置行政听证的一般程序和简易程序正是这种法理指引的立法结果。

从许多国家的立法实践看，行政听证一般程序具有法律的严格规定。它是借助于司法审判程序而发展起来的一种听证形式，其内部结构为三角形程序模式。在这种行政听证程序模式中，听证主持人居中主持程序的进展，行政机关调查人员和行政相对人各执一方，指控与抗辩互相交涉。这种行政听证程序模式讲究方式，按部就班，但它要消费大量的人力、物力和财力。虽然这种程序有利于保护行政相对人的合法权益，但也不太适应现代行政效率的需求。虽然经过这样的法律程序之后，行政机关作出的行政决定可能更容易为行政相对人所接受，但是它减损了不少行政效率，有时因此也会损害公共利益。所以行政机关对这种方式的行政听证程序多少有所抱怨。有鉴于此，为了求得公平与效率的均衡，确保行政听证程序的效益最大化,行政听证简易程序也应运而生。

之所以要在行政听证程序中确立简易程序,是因为现代社会的变迁以及法律对社会发展日益加重的影响,引发了人们对传统法理学评判法律价值标准的不满情绪。于是,人们开始寻找某种新的评判法律价值的标准,以适应现代社会发展的需要。将效益这一经济学概念导入法理学作为衡定法律价值的一个新标准,是美国以理查德·A.波斯纳(Richard A. Posner)为代表的经济分析法学派的贡献。① 法律程序为人们寻求公正地处理纠纷提供了一个重要的制度性保障,但是它在很大程度上减损了纠纷解决的效率。公正与效率的矛盾冲突引发了人们对解决纠纷的法律程序作出必要的权衡。所以,在行政程序法理论上,这样的一个理论可以说已为绝大多数人所共识:即行政机关的行政行为如涉及行政相对人的人身、重大财产权益的,应当经过行政听证的一般程序之后才能作出,其他行政行为可以适用行政听证的简易程序。

行政听证简易程序是指听证不采用司法型审判程序听取意见,且不依笔录作为裁决唯一依据的一种程序模式。在行政听证简易程序中,行政机关对如何进行听证具有较大的自由裁量权,它可以根据案件审理的需要决定程序的进展,或者中止、终结程序。它不太强调听证的形式,只要使当事人得到一个表达意见的机会,也就满足了给予当事人听证的要求。"非正式程序(包括非正式的规则订定与非正式的行政裁决)仅须给予行政程序之当事人以书面表示意见之机会,而且行政机关作成决定时,仅须斟酌程序当事人所表示之意见。"②因此,许多国家的行政程序法一般对行政听证简易程序仅仅做一些原则性规定。简易听证的具体步骤往往由行政机关根据法律的原则规定裁量选择。

在美国,"非正式程序裁决是指行政机关作出的具体决定时,在程序上有较大的自由,不适用审判型的正式听证程序。行政机关大部分裁决属于非正式裁决,这种裁决没有一致的程序,随机关的任务和事件的性质而采取不同的程序"③。然而,尽管非正式听证是行政机关作出的绝大多数行政裁决所适用的程序,但是,在美国联邦《行政程序法》中却没有它的位置。美国联邦行政机关制定的规章绝大多数也是通过非正式听证制定的。制定规章的非正式听证源于联邦《行政程序法》中的规定,而行政裁决中非正

① 沈宗灵:《现代西方法理学》,北京大学出版社1992年版,第396—416页。
② 蔡茂寅等:《行政程序法实用》,台湾学林文化事业有限公司2000年版,第120页。
③ 王名扬:《美国行政法》(上),中国法制出版社1995年版,第418页。

式听证的依据主要来自于：（1）宪法中正当法律程序的条款；（2）法院的司法判例；（3）国会在授权的组织法中及行政机关依授权法制定的行政规章中对非正式听证作出的规定。[①] 也就是说，联邦《行政程序法》并没有规定行政裁决的非正式听证。主要原因可能是行政裁决涉及的事项越来越多，如果都要经过正式听证就难以确保基本的行政效率。根据美国一位法学家的估计，90％以上的行政活动采取非正式程序。正式程序所占分量不到1％。[②] 这也足以说明非正式听证在现代行政领域中的重要性。

日本《行政程序法》既规定了一般听证程序，又规定了简易的听证程序，如辩明程序。适用辩明程序的"是成为听证程序对象的处分以外的不利处分。概括地说，许可的停止、设施改善命令等，与成为听证程序对象的处分相比较，对相对人的利益侵害程度轻微的即属于此类"，"与听证程序相比，辩明程序是更加简式的程序。在辩明程序中，处分基准的设定、公布、不利处分的说明理由均适用，也预定了相同宗旨的处分的告知。但是，没有参加人、辅佐人的观念，完全是作为不利处分名义人的当事人，通过提出辩明书、证据资料等来行使防御权。此外，也没有承认文书阅览权"[③]。日本《行政程序法》中的辩明程序是与正式听证程序相对的一种非正式听证，其在适用范围上限于那些对相对人利益侵害比较轻的不利处分，同时，在程序上也比听证简洁得多。

我国台湾地区"行政程序法"关于"陈述意见之机会"也是一种非正式听证。[④]"所谓'陈述意见之机会'即'书面答辩'的机会，系由当事人或利害关系人，以'陈述书'提出事实上及法律上之见解。"[⑤]在台湾地区"行政程序法"上，"陈述意见之机会"不如正式听证那么正规，其程序相对比较简约，是存在于行政听证一般程序之外的听证简易程序。之所以设置陈述意见之程序，是因为"行政程序法立法目的之一，既然在使人民得藉程序之参与，以保护其权益。则行政机关作成行政处分前，无论该处分之内容，系在授予相对人权利或利益，或在限制或剥夺相对人自由或权利，皆让相对人

---

①　马龙：《美国行政裁决程序基本构成》，载罗豪才、应松年主编：《行政程序法研究》（行政法学研究丛书），中国政法大学出版社1992年版，第139页。

②　王名扬：《美国行政法》（上），中国法制出版社1995年版，第418页。

③　［日］盐野宏：《行政法》，杨建顺译、姜明安校，法律出版社1999年版，第221页。

④　我国台湾地区"行政程序法"第102条规定："行政机关作成限制或剥夺人民自由或权利之行政处分前，除已依第三十九条规定，通知处分相对人陈述意见，或决定举行听证者外，应给予该处分相对人陈述意见之机会。但法规另有规定者，从其规定。"

⑤　汤德宗：《行政程序法论》（增订二版），台湾元照出版公司2003年版，第26页。

参与程序,至少使其得以表达意见,以维护其权益"①。

因行政专制传统悠久,而且民主法治理念不发达,所以现代行政法上的听证制度也无从生根。直到20世纪末,我们才接受了"行政机关作出不利于行政相对人的行政行为之前,要先听取该行政相对人的意见"之思想,并在1996年的《行政处罚法》中正式确立了行政处罚的听证制度,其中也包括了行政处罚听证的简易程序。《行政处罚法》第32条规定:"当事人有权进行陈述和申辩。行政机关必须充分听取当事人的意见,对当事人提出的事实、理由和证据,应当进行复核;当事人提出的事实、理由或者证据成立的,行政机关应当采纳。"2003年的《行政许可法》第36条规定:"行政机关对行政许可申请进行审查时,发现行政许可事项直接关系他人重大利益的,应当告知该利害关系人。申请人、利害关系人有权进行陈述和申辩。行政机关应当听取申请人、利害关系人的意见。"这两条规定要求行政机关在实施行政处罚或者行政许可时,除了需要依法举行听证会外,还应当采用较为简单的方式,听取行政相对人的意见。

除上述两部具有代表性的法律之外,我国的其他法律、法规和规章也规定了行政听证的简易程序。② 例如:

《中华人民共和国环境影响评价法》第11条规定:"专项规划的编制机关对可能造成不良环境影响并直接涉及公众环境权益的规划,应当在该规划草案报送审批前,举行论证会、听证会,或者采取其他形式,征求有关单位、专家和公众对环境影响报告书草案的意见。但是,国家规定需要保密的情形除外。

编制机关应当认真考虑有关单位、专家和公众对环境影响报告书草案的意见,并应当在报送审查的环境影响报告书中附具对意见采纳或者不采纳的说明。"

《中华人民共和国立法法》第58条规定:"行政法规在起草过程中,应当广泛听取有关机关、组织和公民的意见。听取意见可以采取座谈会、论证会、听证会等多种形式。"

---

① 罗传贤:《行政程序法论》(增订三版),台湾五南图书出版股份有限公司2002年版,第202页。

② 王万华主编:《中国行政程序法汇编》,中国法制出版社2004年版,第211-467页。

《规章制定程序条例》第 14 条规定："起草规章,应当深入调查研究,总结实践经验,广泛听取有关机关、组织和公民的意见。听取意见可以采取书面征求意见、座谈会、论证会、听证会等多种形式。"

《中华人民共和国电信条例》第 26 条第 1 款规定："制定政府定价和政府指导价的电信业务资费标准,应当采取举行听证会等形式,听取电信业务经营者、电信用户和其他有关方面的意见。"

以上所列举的法律、行政法规中规定的"论证会"、"座谈会"等,其实是一种行政听证的简易程序。这种听取意见的方式简单、方便,既给行政相对人提出自己意见的机会,又确保了必要的行政效率。

二、行政听证简易程序构成

法律、法规对行政听证简易程序的方法、步骤、时限等一般不作详尽的规定,而是在确立若干规定之后,由行政机关根据具体情况决定。因此,行政听证简易程序是一个具有较大裁量空间的行政程序。关于行政听证简易程序的构成,大致需要考虑以下几个要素:

(一)基本原则

行政听证简易程序的基本原则是指在行政程序立法目的的指导下,遵循行政程序的基本规律而设定的,对行政简易程序的适用具有高屋建瓴指导意义的基本行为准则。它有助于行政机关和行政相对人通过行政听证的互动行为,实现行政听证简易程序的价值目标。

就法源意义而言,行政听证简易程序的基本原则属于不成文法。其功能是"一般法律原则相对于其他法源,仅具有补充性,亦即一个法律问题首先是应依据其他法源,尤其是应依形式的法律或法规命令加以决定。只有在无法获得答复或者显然抵触在一般法律原则中所形成的基础规范的情形,才能援引一般法律原则"[1]。所以,在一般情况下,行政机关应当依照成文法的规定实施行政听证简易程序;在没有成文法规定的情形下,行政机关可以依照基本原则实施行政听证简易程序。

---

[1] 陈清秀:《行政法的法源》,载翁岳生编《行政法》(上),台湾翰芦图书出版有限公司 2000 版,第 124 页。

　　基于行政程序立法目的和行政听证程序的基本规律,行政听证简易程序的基本原则可以归纳为如下:

　　1.便民原则。便民原则是指行政机关在行政简易听证程序中应当尽可能为行政相对人提供实现陈述权和申辩权的各种便利条件,从而确保行政相对人实现自己的听证目的。现代行政程序的正当性要求国家设置的行政程序应当尽可能地方便行政相对人参与,与参与条件不相关的程序性规定只会阻止、妨碍行政相对人有效地参与行政程序,从而使行政程序失去应有的正当性。在行政听证简易程序中贯彻便民原则,有助于实现行政听证简易程序的立法目的。

　　这一原则内容主要体现在:(1)听证的步骤、方式尽可能明了,如尽可能允许行政相对人用口头的形式提出陈述与申辩,如果行政相对人愿意用书面形式提出意见的,那么应当允许行政相对人通过信函、传真、电子邮件等方式提交。行政机关也可以通过口头的形式作出通知,如电话。(2)行政机关应当尽可能就地听取行政相对人的陈述和申辩。这就要求行政机关主动为行政相对人陈述和申辩提供便利条件。对于行动不便的行政相对人,行政机关应当主动上门听取其陈述和申辩。对于不会书面表达意见的,应当依照法律规定作出笔录。

　　2.灵活原则。灵活原则是指行政机关在行政听证简易程序中可以简易、灵活的方式实施听证,从而确保行政相对人实现其陈述权和申辩权。行政实践有时情况复杂多变,而法律规定相对比较原则,所以,在行政机关实施行政听证简易程序时应当从客观实际情况出发,灵活地选择行政听证的步骤、方式,确定合理的期间。

　　这一原则内容主要体现在:(1)行政机关在完成行政听证简易程序的方式上具有较为充分的自由裁量权,它可以在不影响行政相对人实现陈述权和申辩权的前提下,选择适当的听证方式。所谓"适当的听证方式"是指在确保给予行政相对人一个陈述和申辩机会的前提下,采用具有较高行政效率的听证步骤与方式。(2)行政机关选择听证步骤与方式不能背离行政听证简易程序的价值目标和相关法律的规定。这就要求行政机关必须充分认识行政听证制度的法律价值,从思想认识上真诚地接受行政听证制度对其行为的约束。灵活原则并不是行政机关"随心所欲"地实施行政听证的法律理由。

　　3.低耗原则。低耗原则是指行政机关在操作行政听证简易程序时,不仅要尽可能减少行政成本,同时也要把行政相对人参与行政听证简易程序的人力、物力等消耗减少到最低限度。法律程序是一种"奢侈品",它一旦启动就会源源不断地消耗资源。虽然行政听证简易程序的成本远远低于其一般程序,但是低耗仍然是该法律程序所应当恪守的基本原则。

这一原则内容主要体现在:(1)行政机关在行政听证程序中必须注重行政效率,匹配能够激励行政人员积极、高效地从事行政活动的机制,充分发挥人的因素在行政听证简易程序中的作用。因为"现代行政法所提供的调整行政机关与相对方关系的行政法律规范,应该既具有制约行政法主体违法行政与行政违法的功能,又具有激励行政法主体积极行政与积极实践权利的功能"[①]。(2)行政机关应当科学地设计行政听证简易程序的具体步骤与方式,尽可能简化听证环节,确定合理的期间,使行政相对人在投入较少的人力、物力等前提下参与行政听证的简易程序。

(二)适用类别

行政听证简易程序的出现很大程度上是因为现代行政机关面临大量需要处理的行政事务和由此带来的巨大的行政成本以及确保公民基本人权实现的法治理念。行政听证简易程序是公正与效率权衡的产物,为此,确立行政听证简易程序的范围非常必要。根据行政法理以及有关法律、法规的规定,行政听证简易程序的适用范围:

1.制定行政规范。现代社会因行政事务复杂多变而引发的行政权扩张,导致了行政机关的行政权扩大到立法和司法领域,从而获得了行政立法权和行政司法权。行政立法权是行政机关制定行政规范的权力。其实,在我国,行政机关除了制定行政法规和行政规章外,还可以制定数量巨大、且经常成为行政机关作出行政决定依据的行政规定(或称之为"规章以外的规范性文件")。将制定行政规定纳入行政法研究的范围,并通过法律程序加以规范,对于保护行政相对人的合法权益具有重要的现实意义。

对行政机关制定行政法规和行政规章的听证程序,我国已经通过《中华人民共和国立法法》、《行政法规制定程序条例》和《规章制定程序条例》加以明确规定。这些法律、行政法规中关于"论证会"、"座谈会"等规定,可以作为制定行政规范的听证简易程序看待。但是,对于制定行政规定的听证程序,目前应当说是法律的一个空白。其实,行政规定作为行政机关行使职权的依据之一,对行政相对人的合法权益可以产生不亚于行政法规和行政规章的影响。比如目前全国许多县、市制定的房屋拆迁安置补偿方面的行政规定,是办公室中的产物,因此在实施过程中引发的拆迁户上访事

---

① 罗豪才、宋功德:《现代行政法学与制约、激励机制》,《中国法学》2000 年第 3 期。

件是屡见不鲜。所以,有必要在制定行政规定过程中引入行政听证制度。

2.作出行政决定。作出行政决定是指行政机关就个案作出处置的行政行为。从现在法律规定和行政实践看,可以适用行政听证简易程序的案件是:

(1)案情简单的行政案件。当今社会中的政府管理着每一个人从摇篮到坟墓的全过程,因此行政机关在每天的行政管理过程中,作出了大量的行政行为。在这大量的行政行为中,为数不少的行政行为虽然对行政相对人产生了不利影响,但它们案件却是非常简单、明了的,如随地吐痰、违规超速等。为了确保行政案件处理的公正性,行政机关在作出处理决定之前应当给予行政相对人表达意见的机会。但为了确保基本的行政效率,过分复杂的行政程序与简单行政案件对行政相对人所产生的影响程序相比,显然是有失其合理的比例关系的。因此,这类行政案件可以适用行政听证简易程序。

(2)争议财产数额不大的行政案件。财产对于个人的生存和发展来说是一项必不可少的物质基础。国家限制或者剥夺个人财产的数额大小,直接影响个人正常的生产和生活,因此,行政案件涉及的财产数额大小应当与适用的行政程序简繁程度成正比。对于处理一个涉及小额财产的行政案件,国家确实没有必要进行一个需要较大消耗的行政程序。比如,对于一个涉及50元的行政处罚决定,没有必要举行一个正式的行政听证会为行政相对人提供陈述和申辩的机会。保护利益和保护费用相当应当成为行政听证简易程序的一项基本原则。

(3)需要尽快解决的行政案件。行政机关管理社会事务的复杂性、多变性需要它在有的情况下快速解决行政争议。这样的行政案件的案情可能并不简单,但是如果适用一般的行政程序来处理,可能会使案件的处理丧失最好的时机,从而产生并不是最佳的客观效果。如适用行政听证简易程序来处理交通繁忙的道路上发生的行政案件,对于确保交通畅通的意义是非常显著的。另外,对于如申请游行的行政许可案件,因为有时间上的限制,必须尽快作出处理决定,行政听证简易程序可能是一种最好的选择。

(三)基本程序

行政听证简易程序是由行政机关和行政相对人在法律规范下作出的行为方式所构成。基于制定行政规范和作出行政决定之分类,从行政程序法原理上分析,其基本步骤应当有如下内容:

1.制定行政规范的简易程序。虽然我国《行政法规制定程序条例》和《规章制定程序条例》对制定行政规范程序作了一些规定,但是,其所存在的问题是显而易见的：首先，该两个条例规定的程序基本上是内部程序，对听证程序仅仅作了原则性规定，其缺乏操作性是不言而喻的。其次，举行制定行政规定听证的程序问题，目前是没有法律规定的，更不用说有关简易行政听证的程序规定。基于法治理念，对制定行政规范中听证简易程序作如下阐述：

（1）通告。行政机关应当在制定行政规范之前的合理期限内，在本区域内公开的新闻媒体上公布行政规范的草案、草案简要说明以及相关事项。如所制定的行政规范涉及特定群体合法权益的，应当告知该特定群体。通告必须及时、有效，让利益关系人能够及时获得相关信息。

（2）听取意见。听取意见可以组织规模不一的座谈会、讨论会，由行政机关委派工作人员到场听取意见。到场的工作人员应当现场记录出席座谈会、讨论会人员的意见。听取意见也可以通过邮寄、传真、电子邮件等途径接收书面的意见。行政机关应当做好登记、整理工作。

2．作出行政决定的简易程序。目前《行政处罚法》和《行政许可法》等法律、法规对作出行政决定的简易程序作出了规定。结合行政程序法理论，其基本步骤如下：

（1）表明身份。行政机关在行政活动过程中，对于适用行政听证简易程序的行政行为，执法人员应当首先向行政相对人表明其身份，以便行政相对人了解其真实身份，同时也可以表示行政执法主体的合法性。过去，对于表明身份的具体方式没有明确规定，最早的做法是配发制服，但制服只能作为公务员身份的一个表征，而不表示着制服的人正在执行公务。因此，目前许多国家的基本做法是要求执法人员出示有关证件，如执法证等。我国也在逐步采用这种做法。如1987年颁布的《公共场所卫生管理条例》第13条第2款规定："公共场所卫生监督员在执行任务时，应佩戴证章，出示证件。"《中华人民共和国行政处罚法》第34条也规定，当场处罚"应当向当事人出示执法身份证件"。对于不表明身份的行政机关的执法人员，行政相对人有权拒绝其作出的行政处理决定。

（2）告知事实与依据。行政机关在作出处理决定之前，应当告知行政机关拟作出行政决定所收集到的事实和依据。① 行政行为的告知对行政机关来说是一项法定职责。这意味着行政机关如不履行这一法定职责，它应承担相

① 关于拟制行政行为依据的告知，我国《行政处罚法》已有明确的规定。该法第31条规定："行政机关在作出行政处罚决定之前，应当告知当事人作出行政处罚决定的事实、理由及依据，并告知当事人依法享有的权利。"该法第41条进而规定了行政机关如不履行第31条的告知义务，将导致其所作出的行政处罚决定不成立的法律后果。

应的法律责任;行政行为的告知对行政相对人来说是一项获得行政行为内容的法定权利,这意味着在行政机关不履行该法定职责时,行政相对人有权启动相应的法律程序,请求行政机关履行告知义务或者救济被损害的合法权益。

我们知道,告知的法律目的是为了给行政相对人为维护自己合法权益行使抗辩权提供必要的条件。为此,法律预先设立了多种告知方法,以应付不同案件的需要。不同的告知方法由于预设的情况不同,对行政相对人的影响也有所不同。这就要求行政机关在选择告知方法时,应当将所选择的告知方法对行政相对人的不利影响减少到最低限度。行政机关在决定告知方法上的裁量性,决不意味着行政机关因此就有了没有任何限制的决定权,它仍然必须遵守行政法上的一般原则,如必要性原则、禁止恣意原则等。① 行政机关滥用行政行为告知方法上的裁量权,根据法治原则应产生对行政机关不利的后果。

可以列入告知的行政事项主要有:第一,拟制行政行为的依据。拟制行政行为是行政机关根据掌握的事实和法律依据,对将要作出的行政行为所作的一种意思表示。② 这种意思表示是一种未定型的行政行为。为了提高行政相对人对行政机关作出的行政行为的可接受性程度,行政机关应当在正式作出行政行为之前,将可能成为以后作出行政行为的依据告知行政相对人。第二,陈述意见的机会。行政相对人获知拟制行政行为的依据是为其向行政机关陈述意见的前提。但是行政相对人能否陈述意见,又取决于行政机关所提供的机会。这里的"机会"主要由时间、地点等要素构成的一个对话空间。行政机关在行政程序进行到适当的时候,应当将陈述意见的时间、地点等通过法定程序告知行政相对人,以保障行政相对人抗辩权的实现。

(3)听取意见。在告知了行政相对人的有关事项后,行政机关应当听取行政相对人的意见。行政相对人的意见主要是陈述与抗辩两种。陈述是行

---

① 行政法上的必要性原则"是指立法者或行政机关针对同一目的之达成,有多种适合之手段可供选择者,应选择对人民损害最小之手段"。行政法上禁止恣意原则,德国联邦宪法法院将德国基本法第 3 条第一项解释为"禁止恣意"之原则而建立下述著名公式:"如果一个法律上之区别对待或相同对待不能有一个合乎理性、得自事物本质或其他事理上可使人明白之理由,简单地说,如果该规定被认为恣意时,则违反'平等原则'。"城仲模主编:《行政法之一般法律原则》,台湾三民书局 1991 年版,第 142 页和 203—204 页。

② 关于拟制行政行为依据的告知,我国《行政处罚法》已有明确的规定。该法第 31 条规定:"行政机关在作出行政处罚决定之前,应当告知当事人作出行政处罚决定的事实、理由及依据,并告知当事人依法享有的权利。"该法第 41 条进而规定了行政机关如不履行第 31 条的告知义务,将导致其所作出的行政处罚决定不成立的法律后果。

政相对人就行政案件所涉及的事实告诉行政机关。行政相对人是行政案件的当事人,亲身经历了行政案件的事实发生、发展。因此,行政相对人的陈述有利于行政机关全面了解行政案件的事实真相,正确地处理行政案件。同时,行政相对人陈述也是行政相对人为维护自身合法权益而向行政机关说明行政案件事实真相的需要,虽然行政相对人在陈述行政案件事实时可能会缩小、隐瞒对其不利的事实,夸大、编造对其有利的事实,但行政机关只要把握行政相对人陈述的这个特点,是可以去伪存真的。

　　抗辩是行政相对人针对行政机关提出的不利指控,依据其掌握的事实和法律向行政机关提出反驳,旨在法律上消灭或者减轻行政机关对其提出的不利指控。行政相对人抗辩的法理基础是,当行政机关运用行政权限制、剥夺行政相对人的自由权、财产权等法律权利时,应当给予行政相对人抗辩的权利。这是行政程序正当性的要素之一。如果没有给予抗辩的权利就限制、剥夺了行政相对人自由权、财产权等法律权利,那么,这样的行政决定肯定是无效的。正如英国大法官丹宁勋爵在谈到一个与工会委员会有关的案件时说:"这些在人类活动中的一个重要领域具有垄断地位并可剥夺他人生计的机构,必须遵守正义的基本原则。它们不得不经审讯,不给他人以辩护机会就惩罚他人。任何与此原则相悖的合同或做法都是无效的。"①抗辩从本质上说它是一种防卫权。这种防卫权从宪政的角度可以视为一种基本权利。抗辩作为一种防卫权是针对国家行政权侵犯的防御,也是对国家行政权形成的一种拘束力量。国家行政权存在是否具有正当性,不能由其自身内容来决定。国家行政权是否具有正当性很大程度上取决于国家是否承认行政相对人对行政权具有抗辩权。因为,只有确认了行政相对人拥有抗辩权,行政相对人在行政程序上才具有独立的人格,才具有自主性。

　　(4)作出决定。行政机关在权衡了行政相对人的陈述和抗辩后,应当作出行政决定。行政决定是行政听证简易程序终结的标志,它可以分为口头与书面两种形式。前者如五十周年国庆期间,一些地方实行的临时交通管制,行人因特殊情况需要穿行禁止通行的区域,即可向值勤的交通警察说明,请求放行。交警如认为行人尽快通过不会影响交通管制的目的,则可以在听取行人的意见基础上,口头作出是否同意的行政许可决定。② 后者如根据行政处罚法规定,当场行政处罚决定应当是预定有连续编码的统一的格式文书,

---

① 〔英〕威廉·韦德:《行政法》,徐炳译,中国大百科全书出版社 1997 年版,第 137 页。
② 乔晓阳主编:《中华人民共和国行政许可法释解》,中国致公出版社 2003 年版,第 123 页。

由作出当场处罚决定的执法人员填写,当场交给被处罚人。①

　　对于通过行政听证简易程序作出的行政决定,行政相对人不服的,可以依法申请行政复议或者提起行政诉讼。

_____

　　① 《中华人民共和国行政处罚法》第 35 条。

第五章

行政听证的一般程序

　　行政听证的一般程序是一种类似于司法程序的"正式程序",它是行政听证程序中内容最完整、方式最严格的行政程序。尽管如此,这种听证程序适用的范围却并不大,因为它主要适用于对行政相对人具有较大影响的行政行为。在现有立法中涉及"听证程序"的法律条款,通常都是指行政听证的一般程序。目前在我国有关专著和教材中的"听证程序"一般也是指本章所说的行政听证的一般程序。

一、行政听证一般程序概述

　　行政听证一般程序是由听证的方式、步骤、时限等构成的一个连续过程。行政听证一般程序是行政程序法的核心,行政听证一般程序是否合理、正当往往决定着行政程序法的质量。所以,凡立有行政程序法的国家都非常重视"行政听证一般程序"的规范。

　　行政听证一般程序所蕴含的首要法律价值是对行政相对人的权利保障,兼顾行政效率。这一法律价值取向可以从以下几方面作进一步解释:(1)国家对个人权利的尊重和保障作为一项宪法性基本原则已为绝大多数民主法治国家所认可。作为一个重要的落实宪法规范的部门法,行政法中尤其是行政程序法更是义不容辞。因为行政实体法基本上属于行政授权法,虽然它也具有限制行政职权的功能,但是在大量的裁量性行政面前,行政实体法在保护个人权利方面的功能是比较逊色的。行政救济法虽然可以为个人提供强有力的司法救济,但是它毕竟是一种事后的补救,有时难以完全补救个人因行政侵权所致的损害。(2)行政听证一般程序是通过对司法程序适当改造的产物,因此它蕴含着公正优于效率的价值取向。但是,对于现代行政来说,"效率就是它的生命"仍然是一条必须恪守的基本原则。基于这样的规则,行政听证一般程序不能完全等同于司法程序,它必须在确保基本的公正价值前提下,尽可能兼顾行政效率。所以,行政听证一般程序可以称之为"简化了的司法程序"。

　　行政听证一般程序的法律价值还体现在：第一，行政听证一般程序为相对人提供了一个正式的陈述意见的机会。行政机关在进行职权活动时，经常要为行政相对人增加义务或减损权利，而行政相对人的合法权益是受宪法和法律的保护的，如果行政机关的职权活动影响到行政相对人的合法权益，应当听取行政相对人的意见后再作出决定，才能体现出行政的公平性。为行政相对人提供陈述主张的机会，这是行政公正最基本的要求。英国哈曼法官在"伯利恒诉电影摄影机承租人（Byrene V Kine-matograph Renters）"一案中认为，公正是"（1）被控的人必须获悉对他的控告的性质；（2）他必须有陈述案情的机会；（3）裁判机关必须公正"①。这些对自然公正原则的精神阐释为后来的英美国家，乃至大陆法系国家的行政程序法所接受。第二，行政听证一般程序为行政机关作出公正的裁决提供了一个严格的程序性保障。霍德森法官（Lord Hodson）在"里奇诉鲍尔温（Ridge v Bald Win）"一案认为，自然公正有三点无可争辩的特征，其中第一个就是行政相对人"有权不向偏听、偏信的裁判所陈述案情"②。这一法理精神阐述了作为主持听证的机关，首先必须保持不偏向任何一方行政相对人的中间立场，否则，不可能获得公正的听证结果。因为，听证是作公正决定的前提，如果主审法官偏听偏信一方行政相对人的陈述，则决定的结果必然会发生偏差。因此，在听证制度中，行政程序法为主持听证的机关公正听证设置了诸如回避等程序性保障。

　　行政听证一般程序是行政程序法的核心，没有行政听证一般程序的行政程序法是名不副实的，迄今也尚未所见。凡了解行政程序法发展史的人都不会否认行政程序法与英美法上的"正当法律程序"之间的血缘关系。"听取意见"和"防止偏见"作为它的两条基本规则，构成了行政听证一般程序的两大重大内容。大陆法系国家虽然没有"正当法律程序"的传统，但是在行政程序法中确立行政听证一般程序之法律精神却与英美法系国家有暗合之处。不可否认在大陆法系国家的行政程序法中，行政听证一般程序的设计可能更多地考虑了行政效率，但是它们没有使行政听证一般程序所应当具有的公正性跌破底线。同时，我们也应当认识到，制定行政程序法并不表明这个国家就有重程序、轻实体的法律观念。我们从大陆法系国家已颁布的行政程序法典的内容看，法典对法律效率的追求仍然高于法律公平，如有关听证程序的规定，西班牙、奥地利等国家都确立了听证机关在行政程序中的主动地位，以保

① 龚祥瑞：《比较宪法和行政法》，法律出版社1985年版，第475—476页。
② 龚祥瑞：《比较宪法和行政法》，法律出版社1985年版，第475—476页。

证听证的效率。而美国联邦《行政程序法》对同类问题的规定却体现了另一种法律价值观——公平优先。因此，最早制定行政程序法典的国家并不表明这个国家一定重视程序法制建设，而重视程序法制建设并不是要设计一套完全司法化的行政听证一般程序。

在一些国家的行政程序法中，行政听证一般程序虽然被列于显著位置，但是其适用范围有一些限制。如美国联邦《行政程序法》规定，如果法律规定，行政机关制定规章或者作出裁决必须根据听证记录的，那么就必须适用行政听证的一般程序（也称正式听证），其主要内容是行政机关必须举行司法型的口头听证，当事人有权提出证据，进行口头辩论，行政机关必须根据听证记录作出决定。虽然行政听证一般程序可以为行政相对人提供充分的参与机会，但是行政成本和行政相对人参与成本也很高，所以，它的适用范围很小。

德国联邦《行政程序法》第 28 条规定："在颁布影响参与人权利的行政行为之前，应给参与人陈述对有关决定为重要的事实的机会。"这是有关行政听证的原则性规定，随即该条规定列举了 6 种行政机关可以不听证而作出行政行为的情况。① 但是，是否启动行政听证一般程序，德国联邦《行政程序法》第 63 条则规定要以法规有规定为要件。也就是说，第 28 条规定"应给参与人陈述对有关决定为重要的事实的机会"的情形，只有在法规要求需要通过行政听证一般程序（听证会）时，才能启用该程序。

日本《行政程序法》第 13 条规定，行政机关作出下列不利益处分时，应当举行听证（行政听证一般程序）：(1)撤销许认可的；(2)除(1)之外直接剥夺相对人资格或者地位的；(3)相对人为法人时，命令其解任职员的不利益处分，命令其解任从事相对人业务者之不利益处分或者将会员除名之不利益处分；(4)其他行政机关认为必要的。不属于上述情况的，则应赋予相对人辩明之机会，比如对行政机关拒绝许认可申请的，不能要求举行听证。该法第 15 条至 28 条专门规定了行政听证一般程序。虽然它不同于美国、德国适用行政听证一般程序必须要有法律、法规规定，但日本行政程序法上的一般听证程序适用范围也只限于不利益处分之内。

我国台湾地区"行政程序法"第 107 条规定："行政机关遇有下列各款情

---

① 这法定的 6 种情况是：(1)因紧急情况或公共利益而需要立即作出决定的；(2)如举行听证，可能会使决定本身应遵守的期限难以遵守的；(3)根据参与人在申请或声明中作出的陈述判断，决定不会对参与人构成不利的；(4)行政机关拟颁布一般处分或大量同类行政行为，或借助自动设施颁布行政行为的；(5)行政强制执行过程中采取的措施的；(6)听证有悖强制性公益的。

形之一者,举行听证:(1)法规明文规定应举行听证者。(2)行政机关认为有举行听证之必要者。"这是我国台湾地区适用行政听证一般程序的两种情况,其他情况则给予行政相对人以陈述意见之机会,即行政听证简易程序。该法从第54条到66条规定了行政听证一般程序,与日本《行政程序法》的立法模式相似,显示出日本法对我国台湾地区的影响。

从上述比较中可以看出,行政听证一般程序的适用以法律、法规规定为限。这是确定其适用范围的一般原则。为了弥补这种立法模式的不足,行政程序法又赋予了行政机关适用行政听证一般程序的裁量权。

自1996年《行政处罚法》确立行政听证制度后,"听证"渐渐成为民众所熟悉的一个法律概念。1997年《价格法》使用了"听证会"一词。① 由此引出了"听证"和"听证会"之间有何不同的问题。其实,这个问题并不难解。听证就程序而言,可以分为一般程序和简易程序。行政听证一般程序的基本形式是举行"听证会",而行政听证简易程序则采用听证会以外的方式听取意见。所以把《行政处罚法》中的"听证"解释为"听证会"是不当的,因为这样的解释得到的一个结论是:除该法第42条规定的几种情形外,行政机关作出其他行政处罚决定是不需要事先听取受处罚人的意见的。所以,对于《行政处罚法》第42条规定的"听证"应当解释为举行"听证会",除此之外的行政处罚应当根据《行政处罚法》第6条的规定,在作出行政处罚之前给予当事人陈述意见之机会。② 只有这样,我们才能从容地理顺其中的关系,即听证包括了"以听证会的形式听取意见"和"以其他适当方式听取意见"两种。

随着行政听证制度日益生活化,在国家立法层面上,有关规定行政听证一般程序的法律、法规也越来越多,当下而言它们主要有:

《中华人民共和国行政处罚法》第42条规定:"行政机关作出责令停产停业、吊销许可证或者执照、较大数额罚款等行政处罚决定之前,应当告知当事人有要求举行听证的权利;当事人要求听证的,行政机关应当组织听证。"

《中华人民共和国行政许可法》第46条规定:"法律、法规、规章规定实施行政许可应当听证的事项,或者行政机关认为需要听证的其他涉及公共利益的重大行政许可事项,行政机关应当向社会公告,并举行听证。"

---

① 《中华人民共和国价格法》第23条。
② 《中华人民共和国行政处罚法》第6条规定:"公民、法人或者其他组织对行政机关所给予的行政处罚,享有陈述权、申辩权;对行政处罚不服的,有权依法申请行政复议或者提起行政诉讼。"

第 47 条规定:"行政许可直接涉及申请人与他人之间重大利益关系的,行政机关在作出行政许可决定前,应当告知申请人、利害关系人享有要求听证的权利;申请人、利害关系人在被告知听证权利之日起五日内提出听证申请的,行政机关应当在二十日内组织听证。"

《中华人民共和国立法法》第 58 条规定:"行政法规在起草过程中,应当广泛听取有关机关、组织和公民的意见。听取意见可以采取座谈会、论证会、听证会等多种形式。"

《行政法规制定程序条例》第 12 条规定:"起草行政法规,应当深入调查研究,总结实践经验,广泛听取有关机关、组织和公民的意见。听取意见可以采取召开座谈会、论证会、听证会等多种形式。"

《信访条例》第 31 条规定:"对信访事项有权处理的行政机关办理信访事项,应当听取信访人陈述事实和理由;必要时可以要求信访人、有关组织和人员说明情况;需要进一步核实有关情况的,可以向其他组织和人员调查。对重大、复杂、疑难的信访事项,可以举行听证。听证应当公开举行,通过质询、辩论、评议、合议等方式,查明事实,分清责任。听证范围、主持人、参加人、程序等由省、自治区、直辖市人民政府规定。"

《中华人民共和国价格法》第 23 条规定:"制定关系群众切身利益的公用事业价格、公益性服务价格、自然垄断经营的商品价格等政府指导价、政府定价,应当建立听证会制度,由政府价格主管部门主持,征求消费者、经营者和有关方面的意见,论证其必要性、可行性。"

在上述列举的法律条文中,涉及"听证"或者"听证会"的法律概念,一般都作行政听证一般程序理解。由于我国还没有制定统一的行政程序法,关于行政听证一般程序只能由单行的法律、法规或者规章作出具体规定。所以,至今我们在立法上也还没有一个统一的行政听证一般程序的法律规定。

二、行政听证一般程序构成

行政听证一般程序的规范化问题,需要今后通过行政程序法加以解决。以下是结合行政程序法原理和外国及有关地区的行政程序立法实践所构建一个行政听证一般程序的理论框架,以期为未来的行政程序立法提供若干参考意见。

(一)基本原则

就功能意义而言,与行政听证简易程序的基本原则一样,行政听证一般程序的基本原则是指在行政程序立法目的的指导和遵循行政程序的基本规律下设定的,对行政一般程序的适用具有高屋建瓴指导意义的基本行为准则。它有助于行政机关和行政相对人通过行政听证的互动行为,实现行政听证一般程序的价值目标。

1.公正原则。虽然行政听证一般程序是一种被改造过的司法程序,但是它仍然保留了司法程序的基本精神。因此,公正原则必须被置于所有基本原则之首位。听证程序必须公正。这是行政程序的灵魂与核心。公正程序的要义在于法律主体应当拥有基本的程序权利,以维护其实体法上的法意。不公正的听证程序不可能使行政相对人获得充分的程序权利,也就无法切实地防御他人对其合法权益的侵害。

这一原则主要内容体现在:(1)公正原则在法律程序中意味着它必须保证对立的双方具有相当的法律地位。一般来说,法律主体所拥有的实体法上权利与程序法上义务成正比,与程序法上权利成反比;法律主体应履行的实体法上义务与程序法上权利成正比,与程序法上义务成反比。如果没有这样的规则来落实程序法上对抗双方的法律地位,则公正原则也就不可能生存于法律程序中。(2)在行政实体法律关系中,行政机关和公民、法人及其他组织之间在权利和义务关系上一个最基本的特点是不对等性。这种不对等性主要体现在:其一,法律主体地位不对等;其二,法律主体意思表示不对等;其三,法律主体变更法律关系不对等。[①] 但是,在行政程序法律关系中,公正原则应当通过设置相关制度以及分配双方的权利和义务,以尽可能抹平这一不平等性。

2.公开原则。现代行政程序法的一个重要功能是尽可能为行政相对人参与行政过程提供机会与条件。同时,应当将这个过程向社会公开,既是为了接受社会民众的监督,也是为了让认为有利害关系的人更多地参与到行政过程中,从而为通过协商实现行政的目的提供条件。"更进一步说,公开有助于向行政决定做出程序和行政决定自身依据的任何程序及所涉

及实质性理由提出挑战。"①因此,公开原则有助于行政程序的功能获得进一步的展开。

这一原则的主要内容体现在:(1)公开原则体现在行政听证的过程。在行政听证过程中无论是实体事项还是程序要求,只要它们可能影响听证参与人合法权益的,就必须给予公开。行政听证过程是由不同的阶段组成的,并且每个阶段有不同的要求和内容,从而公开的内容也会随之而发生变化。(2)然而,公开也是有限度的,因为公开如果影响到国家机密、个人隐私和商业秘密,可能影响到公共利益时,法律必须作出列举形式的限制。"行政公开的公共利益必须和不公开的公共利益互相平衡。各种利益互相平衡是社会生活的重要基础。"②凡是确认公开原则的法律,一般都没有例外承认这种限制的必要性。

3.兼顾效率原则。虽然行政听证一般程序充分强调了公正原则,并置其于所有原则之首,但是,基于现代行政对效率的要求,在行政听证一般程序中必须兼顾行政效率。因为,现代行政的首要任务是为社会正常发展提供一个正常、稳定的秩序。秩序对社会的存在和发展确实是生死攸关的。任何秩序离不开社会规范的作用,行政法律规范作为最重要的规范对维护社会秩序起着极其重要的作用。所以,强调行政听证一般程序兼顾效率是符合现代行政基本要求的。

这一原则的主要内容体现在:(1)既要体现在行政权得以及时行使上,也要体现在对行政相对人合法权益的及时保护上。正如有学者所说:"既然效率是社会的美德,是社会发展的基本价值目标,那么,法律对人们的重要意义之一,应当是它通过界定人们参与社会资源配置的权利,为人们实际配置资源提供必不可少的手段,从而实现效率的极大化。"③所以,没有效率也就没有现代行政。(2)"一个有效率的制度的最根本特征在于它能够提供一组有关权利、责任和义务的规则,能为一切创造性和生产性活动提供最广大的空间,每个人都不是去想方设法通过占得别人的便宜来增进自己的利益,而是想方设法通过提高效率,并由此实现自己利益最大化。"④虽然这是经济学家的认识,但是其所蕴含的道理也可以解释行政听证一般程序所应当遵守的兼顾效率原则。

---

①　Diane Longley and Rhoda James. Administrative Justice—Central Issues in UK and European Administrative Law, London 1999, p. 6.

②　王名扬:《美国行政法》(下),中国法制出版社 1995 年版,第 975 页。

③　万光侠:《效率与公平——法律价值的人学分析》,人民出版社 2000 年版,第 235 页。

④　樊纲:《渐进之路》,中国社会科学出版社 1993 年版,第 21 页。

(二)适用类别

行政听证一般程序由于公正程度高且成本也较高,所以其所适用类别往往是对行政相对人的合法权益产生重大影响的行政行为。

1.制定行政规范。制定行政规范是指行政机关制定行政法规、行政规章和行政规定的行为。适用行政听证一般程序的情形,一般限于对利害关系人具有重大影响的行政规范。至于何谓"重大影响"? 一般可以通过两种方法确定:一是通过立法加以列举;二是由行政机关根据具体情况裁量。我国目前采用的是第二种方法,如《立法法》第 58 条规定:"行政法规在起草过程中,应当广泛听取有关机关、组织和公民的意见。听取意见可以采取座谈会、论证会、听证会等多种形式。"根据这一规定,在行政法规起草过程中是否采用听证会,由起草机关自行决定。法律没有作出具体的规定。"在起草行政法规的过程中,哪些事项必须举行听证会,听证如何组织,听证得来的意见如何处理等,立法法并未规定,需要在实践中进一步探索,由行政法规加以具体规定。"①

2.作出行政决定。作出行政决定即行政机关对个案作出的具体处置。凡是适用行政听证一般程序的行政决定,都是对行政相对人合法权益可能产生重大影响的,如人身自由的限制、重大财产权的限制与剥夺等。我国既有通过立法列举适用行政听证一般程序的情形,也有通过立法作出概括性规定的。前者如《行政处罚法》第 42 条规定:"行政机关作出责令停产停业、吊销许可证或者执照、较大数额罚款等行政处罚决定之前,应当告知当事人有要求举行听证的权利;当事人要求听证的,行政机关应当组织听证。"后者如《行政许可法》第 46 条规定:"法律、法规、规章规定实施行政许可应当听证的事项,或者行政机关认为需要听证的其他涉及公共利益的重大行政许可事项,行政机关应当向社会公告,并举行听证。"我国现行《价格法》中关于政府定价的决定也属于这一类。

(三)基本程序

我国现行立法在这个问题上还不是很完善,即使有这方面的规范性文件,它的层次也是比较低的,基本上属于行政规章或者更多的是行政规定。基于上述对行政行为的分类,行政听证一般程序的基本步骤如下:

1.制定行政规范。这里的"制定行政规范",是指行政机关制定行政法

---

① 乔晓阳主编:《立法法讲话》,中国民主法制出版社 2000 年版,第 225 页。

规、行政规章和行政规定。其基本步骤如下：

（1）公告。公告，即公开告之的书面文书。行政机关所制定的行政规范如果涉及利害关系人的重大利益或者对公共利益将产生重大影响需要举行听证会，听取利害关系人或者社会公众意见的，应当依法向社会发布公告。与通知不同的是，公告是针对不特定的利害关系人，也就是说，行政机关就制定的行政规范举行听证前，并不确定参加听证会的具体个人。所以它只能通过以不特定的人为告知对象的公告。关于公告如何发布以及内容等，有以下几个问题需要进一步明确：

第一，关于公告的时间。提前公告是听证会公告所应当遵守的基本规则。但是，这个"提前量"是多少，一般国家法律并没有都作出统一规定。美国联邦《行政程序法》对制定规章的听证公告没有规定具体时间。只是要求行政机关在规章生效之前公告在《联邦登记》上，使公众可以获得相关的信息就可以了。我国台湾地区"行政程序法"第55条对听证公告的时间是用"行政机关举行听证前"，也没有具体时间的规定。虽然这样的规定顾及了行政效率，但是可能不能保证利害关系人具备充分的准备时间。所以，以法律规定一个最低限度的期限可能更符合行政听证一般程序的价值目标。

第二，关于公告的内容。在一般程序的行政听证公告中，应当包括哪些内容，许多国家的立法也没有作出明确规定。我国台湾地区"行政程序法"第156条规定："行政机关为订定法规命令，依法举行听证者，应于政府公报或新闻纸公告，载明下列事项：(1)订定机关之名称，其依法应由数机关报会同订定者，各该机关之名称。(2)订定之依据。(3)草案之全文或其主要内容。(4)听证之日期及场所。(5)听证之主要程序。"应该说，我国台湾地区"行政程序法"关于公告的内容规定是比较全面的，利害关系人也能全面地获得听证所需要的相关信息。这一规定值得我们行政程序立法的借鉴。

第三，关于公告的方式。在新闻媒介极为发达的当今社会，行政听证的公告方式最好登在当地报纸上，也可以在电视上公告。政府公报虽然在法律性、严肃性上高于报纸和电视媒体，但是具有较长出版周期的政府公报可能在及时性上逊色于报纸和电视媒体。

（2）听证会。与作出行政决定程序相比，制定行政规范中的听证会其对抗性相对要小一些。这一因素可能会影响听证会中诸如主持人地位等制度的规范。以下几个问题是听证会必须认真对待的：

第一，关于参加听证会的人员确定问题。由于行政规范没有特定的利害关系人,所以在公告发出之后,行政机关需要通过一个报名程序确定参加听证会的人员。为了确保选定参加人员的公正性,行政机关应当在报名之前公布确定参加听证人员的程序规则。同时为保证参加听证人员具有代表性,应当作出若干具有充分理由的例外规定。参加听证的人员名单确定之后,行政机关应当在听证会召开之前的合理时间发出参加听证会的通知。

第二,关于听证主持人的问题。制定行政规范的听证会主持人只具有程序法上的意义,所以是否具有独立性可能不是一个应当考虑的因素。至今我国法律、行政法规对这个问题没有作出规定。在实践中,由政府的法制部门派工作人员作为听证主持人,我以为是比较可行的。我国今天制定行政规范的"部门化"倾向还是相当浓重的,即行政法规、行政规章或者行政规定的草案基本上是由相关的政府职能部门起草的。以起草的部门工作人员做听证主持人显然是不妥当的,相对而言,本级政府的法制工作部门工作人员担任听证主持人是比较合适的,也是可行的。

第三,关于听证参加人的发言问题。由于制定行政规范的听证会不具有对抗性,所以听证参加人的发言应当以"陈述意见"为主要方式,即听证参加人应当陈述自己的观点及其理由,并可以提交相关的证据佐证自己的观点。为了提高行政听证的效率以及可以听取更多的人发言,应当限定听证参加人发言的时间和次数。听证参加人为了完全地表达自己的观点,可以在听证会结束之后的规定期限内,书面提交整理后的意见。

第四,关于起草行政规范部门在听证会上的地位问题。起草行政规范的部门应当派出工作人员出席听证会。在听证参加人正式发言之前,应当向听证会简要介绍起草行政规范的目的、意义及其主要内容。对于听证参加人提出的问题,如认为有必要可以在听证会上作出必要的解释,但不应与听证参加人进行辩论。

第五,关于旁听问题。如果听证会是符合公开要求的,那么行政机关选定的听证会场应当尽可能满足旁听人员的需要。如果行政机关没有正当理由,不能以"会场太小"为理由限制旁听人员入场。必要时,可以采用电视直播的方式,设立现场电话,为更多的人参与听证提供条件。

(3)记录。听证会必须形成一个完整的会议记录,听证参加人发言后形成的书面意见应当作为会议记录的附件。关于制定行政规范听证会记录的法律效力,美国采用的是"案卷排他性原则",即听证记录是其制定规章的唯一依据。① 由于这样的听证会行政成本很高,所以这种听证程序很少被采用。我国行政机关制定行政规范因举行听证会而形成的记录,不是制定行政规范的唯一依据。行政机关在审议行政规范时,听证会记录仅仅是所考虑的依据之一。行政机关还可以通过座谈会、专家论证会等方式获得制定行政规范的依据。如果将制定行政规范听证会所形成的记录作为唯一依据,可能会导致行政机关制定行政规范所依据的材料片面性,从而使制定的行政规范缺乏可行性。

2.作出行政行为。这里的"作出行政行为",是指行政机关作出行政处罚、行政许可、行政强制等。其基本步骤如下:

(1)通知。通知的基本内涵是指行政机关在举行听证之前,将有关听证的事项依法定程序通知到有关当事人的一种行政行为。这里的通知应当是一种要式行为,除非法律另有规定。通知的目的在于让行政相对人了解与听证有关的事项,为其及时、有效地行使听证权利提供保障。能够接到听证通知是当事人的一项极其重要的程序权利,对于保障当事人有效地行使听证权利具有十分重要的意义。因此,对依法应当进行听证后才能作出决定的,或者当事人要求进行听证的行政决定,行政机关应当在举行听证前,将所调查的事实和证据要点、听证时间、地点等事项书面通知当事人。

从许多国家行政程序法的规定看,对行政听证的通知成立要件均有较严格的规定。这些要件主要有以下三个方面:

首先,应将听证的内容以及有关事项告知行政相对人。哪些事项应当列为告知范围? 美国《联邦行政程序法》规定:"a.审讯的时间、地点、性质;b.举行听讯的法律根据和管理权;c.审讯所涉及的事实问题和法律问题。"②不过,德国、日本、奥地利等行政程序法对通知没有列出详尽规定。通知的内容范围要么是由下位法作出具体规定,要么是由行政机关根据具体情况裁量决定。这可能与这些国家的行政程序法并不像美国那样,注重保护公民的合法权益,而是偏重于行政效率的提高有关。

其次,应将通知及时送达受通知人。日本、西班牙等国家一般规定为听证前10天行政机关应将通知送达受通知人。美国《联邦行政程序法》则没有时间的限定。最高法院在戈德伯格诉凯利案中认为,有关终止福利的

---

① 美国 1946 年《联邦行政程序法》第 553 条。
② 美国 1946 年《联邦行政程序法》第 554 条。

审讯前 7 天给予通知一般来说就够了。① 这种以判例形式来确定通知时间对于具体个案来说是很适合的。

再次,应将通知以适当方式送达受通知人。西班牙 1958 年的《行政程序法》第 80 条规定:"通知应通过函、信件、电报或其他能表明接收日期和所通知行为性质的途径进行,并应在任何情况下,寄往利害关系人住处或由他指定的通知送达处。如通知送达时利害关系人不在,其住宅的任何其他人在说明其与利害关系人之间的亲属关系或属留的理由后,可以接收。当一程序中的利害关系人不明或不知其住所,通知应在市政府有关最新住宅的通知栏,和国家或省官方公报上予以公告。"日本规定只要以书面形式通知即为合法,而美国则并不限于何种方式,只要具备及时、迅速将通知送达受通知人即可。 关于通知送达的方式,可以参照《民事诉讼法》的有关规定。

听证通知对于当事人来说,首先,听证通知意味着听证程序已经启动。如果是行政机关发动的听证程序,那么,接到通知的当事人就有义务提出答辩书,否则,将视为承认通知中所记载的他方主张;如果是私人发动的听证程序,那么接到通知的当事人有权对通知内容——法律问题或事实问题——提出异议。其次,听证通知是当事人参加听证的权利的法律依据。没有听证通知书,就意味着其没有听证的权利,因此,听证通知也是行政机关对当事人参与听证权利的确认。再次,听证通知是当事人有充分时间进行听证准备的时间保证。因为,一张合法的听证通知在送达当事人之后,应当给予当事人有充分的听证前的准备时间,否则,听证通知就没有任何法律意义。这张听证通知因此也可能为法院宣告无效。

(2)听证会。听证会是在听证主持人的主持下,由行政机关的调查人员与当事人就行政案件的事实和法律问题展开质证和辩论的过程。它是听证的核心。 就功能而言,听证会乃是行政案件调查的一种延续,是对调查的事实和法律的适用问题交给当事人质疑,从而提高行政机关认定案件事实真实性和适用法律准确性的程度。听证会涉及的主要问题是:

第一,关于主持人的问题。 主持人能否公正地主持听证,是听证能否达到预期目的的重要保证。在正式听证中,由于它是一种司法型的听证活动,因此听证主持人的中立性受到人们的关注。美国在联邦《行政程序法》之前,听证主持人是由行政机关官员担任的,称为讯问审查官(trial examiner)。由于行政机关官员地位的不独立性,其主持听证的公正性经常受到

---

① [美]伯纳德·施瓦茨:《行政法》,徐炳译,群众出版社 1980 年版,第 251 页。

当事人的指责与怀疑。联邦《行政程序法》第 556 条第 2 款规定："主持听证的官员应是：a. 机关；b. 构成机关的一个或几个成员；c. 根据本编第 3105 条规定任命的一个或几个听证审查官（hearing examiner）。"这一规定克服了原有的听证主持人法律地位的局限性。1972 年，文官事务委员会将听证审查官改称为行政法官（administrative law judges），表明了听证审查官的工作基本上与法院的法官相同。当然，在非正式听证中，主持人并不一定都是行政法官，但是主持人的活动应当受到正当法律程序和特别法规定的约束。

韩国《行政程序法》规定，听证主持人由行政机关从其所属的职员或者依照总统令具备资格的人中选择确定。听证主持人独立执行职务，不因执行职务的原因而受到任何违反其意思的身份的不利益处分。[①] 韩国虽然没有创建如同美国的行政法官制度，但仍相当重视确保听证主持人独立的法律地位。日本的规定与韩国相近，并同时规定了不得担任听证主持人的情形。[②] 我国台湾地区"行政程序法"第 57 条规定："听证，由行政机关首长或其指定人员为主持人，必要时得由律师、相关专业人员或其他熟谙法令之人员在场协助之。"相比之下，台湾地区并不从制度安排上来确保听证主持人独立性，而仅是强调"主持人应本中立公正之立场，主持听证"[③]。同时又设置了法律专业人员协助听证制度。这在其他国家的行政法上是不多见的。

从听证主持人的法律地位看，其必要的独立性必须给予保证，但不能将这种独立性提升到法官的要求，即保持一种相对的独立性就已满足了行政程序正当性的要求。过分追求行政听证的司法化并不是设置行政听证制度的宗旨。

第二，关于陈述与抗辩的问题。听证当事人有权陈述对自己有利的事实，并提交相关的证据，发表自己对法律适用问题的看法，对行政机关提出的不利指控进行抗辩。为了更好地行使陈述和抗辩的权利，当事人可以获得律师的帮助，并在律师的帮助下出席听证。因为，在个人受到行政机关指控时，个人永远处于弱势地位。为确保程序的公正性，给予弱势一方法律帮助是对这一倾斜法律关系的平衡。如美国联邦《行政程序法》第 555 条第 2 款规定："被机关或其代表传唤的人，有权由律师陪同、代表、作顾

---

① 韩国《行政程序法》第 28 条。
② 日本《行政程序法》第 19 条。
③ 我国台湾地区"行政程序法"第 62 条。

问。如果行政机关允许,也有权由其他合格的代表陪同、代表、作顾问。在机关的裁决程序中,任何当事人有权亲自参加,或由律师及其他合格的人陪同,或代为参加。"其他国家基本上也有此类的规定。

第三,关于举证问题。听证无论是行政机关依职权开始还是依申请进行,行政机关手中都已经有了一个拟定的行政决定。听证的主要目的是将该拟定的行政决定交给当事人并听取他的意见。因此,行政机关首先应当向当事人举出该拟定的行政决定所依据的事实和法律规定,否则,听证就不可能进行下去。当事人为了提高自己陈述、抗辩意见的说服力,也应当提出相关的证据。但是,在听证中,由于行政机关和当事人的法律地位不对等,决定了双方不可能承担相同的举证责任。不少国家行政程序法中规定行政机关必须对自己的行政行为说明理由,表明在行政程序中行政机关应负有主要的举证责任,当然,相对人在必要时,对自己的主张也应当提出证据加以证明。

在美国,行政程序中的当事人有提供证据的权利。这不仅由联邦《行政程序法》加以确认,而且联邦法院的不少判例也持同样的观点,如在1938年著名的摩根诉美国案件中,法院声称:"听证的权利……包括提供证据的权利在内"①。当事人提供证据的权利,一方面对于行政机关来说,如果它拒绝接纳有证明力的、与案件相关的、具有实质意义的证据,则构成可以撤销原判的错误;另一方面对于当事人来说,他应当向行政机关提交一切与案件有关的证据,当然他也可以放弃举证,但这往往会给其招致不利的后果。司法判例不允许当事人在听证期间隐瞒部分证据,以便在司法审查中再将这些证据提出来对抗行政机关。这一规定主要在于不让听证流于形式。然而,在行政程序中,就某一所争议的事实或观点应当由谁来举证,这已涉及举证责任分配问题。美国在这个问题上,"行政实践随从了司法模式。行政程序法采用了普通惯例法规,这些法规规定提议当事人——即规章或命令的支持者,有举证责任,其中包括现有的责任和说明责任。正常情况下,说明责任依据优越为人熟悉的民事案件标准是可以完成的"②。但如果当事人之间向行政机关作出某种请求、控告、申请的,他也应负举证责任。

然而,我发现不少国家(地区),尤其是大陆法系的国家(地区)行政程

① 王名扬:《美国行政法》(上),中国法制出版社1995年版,第470页。
② [美]奥内斯特·吉尔霍恩、巴瑞·B.鲍叶:《美国行政法和行政程序》,崔卓兰等译,吉林大学出版社1990年版,第212页。

序法中并没有完整的证据制度规定,在一般情形下我们可以推测行政机关在行政程序中可能会有法律不完善的感觉,从而导致在适用法律上的不便。但是,实际上好像并没有产生这一结果,那么这些国家的行政机关究竟如何适用行政程序的证据规则呢?举证是适用民事诉讼还是刑事诉讼?凡有单独证据法的国家是否适用证据法? 这都是值得讨论的问题。

(3)决定。经过质辩后,听证主持人应作出一个行政决定,对听证涉及的事实和法律问题表明一个认识。这里涉及两个问题:

第一,关于听证笔录的问题。笔录是对整个质辩过程的一种书面记录。在质辩结束之后交当事人阅读、补正并签名,使之成为具有法律意义的文书。关于笔录,具有代表性的法律规定是德国联邦《行政程序法》。该法第 68 条第 4 款规定:"有关口头审理应作笔录。笔录应包含下列内容:a.审理的地点和日期;b.审理主持人、到场参与人、证人和鉴定人的姓名;c.审理的行政程序事宜及提出的申请;d.证人和鉴定人的主要陈述;e.目检结果。笔录应由审理主持人签名,笔录由书记员完成的,也应由其签名。审理笔录内容与作为并指明为其附件的内容效力等同;有关附件应在审理笔录中注明。"由此可见,听证笔录就内容而言,大致与法院的庭审笔录相当,但就效力而言不同的国家有不同的规定。

美国行政程序中的正式听证记录是行政机关对当事人所陈述的意见和提供的证据所作的一种记录。听证记录在内容上应当全面、真实、客观地反映听证的全过程,是行政机关作出裁决的依据;而且行政机关必须依据听证记录作出裁决。这就是被称之为"案卷排他性原则"。联邦最高法院首席法官范德比尔在马扎诉坎维奇亚一案中对此原则作了精辟的阐述:"在依法举行的听证中,行政法庭作裁决时,不得考虑听证记录以外的任何材料……若不遵守这一原则,要求听证的权利就毫无价值了。如果作裁决的人在裁决时可以随意抛开记录不顾,如果听从了他人对事实和法律的裁决结论和建议……那在听证中提交的证据,论证其意义的权利又有什么实际价值呢?"[①]因此,听证过程中形成的听证记录是一份具有法律意义的文件,是行政机关裁决权的一种制约力量。但是,在非正式听证中的笔录不具有这种效力。但在其他国家,如德国、韩国、日本和瑞士等,听证笔录对行政机关作决定只有一定的约束力,行政机关可以接受听证之外的证据作

---

① 罗豪才、应松年主编:《行政程序法研究》,中国政法大学出版社 1992 年版,第 134 页。

为决定的依据。① 显然,这种设计可能会导致行政机关不重视听证,也不利于当事人的观点为行政机关所采信。

第二,关于决定问题。听证主持人作出的决定是否具有法律效力,许多国家的规定也不一致。在美国,行政法官可以作出两种决定:初步决定和建议性决定。对于行政法官作出的初步决定,如果当事人不提出上诉,行政机关也没有要求复议,则该决定成为行政机关的决定。对于行政法官作出的建议性决定,如为行政机关所接受,则成为行政机关的决定。两者的区别在于,前者一经作出即具有法律效力,而后者只有在为行政机关所接受后才对当事人产生约束力。英国听证主持人也具有做这一建议性决定的权力。日本《行政程序法》则没有赋予主持人作出决定的权力,而是要求"主持人于听证终结后,应尽速作成报告书载明当事人等对不利益处分原因之事实所为之主张,有无理由之意见,并连同笔录向行政机关提出"②。而德国则没有给予主持人作出决定的权力。③ 许多对此问题规定所呈现的差异性,可能与主持人的法律地位是否具有独立性有关。凡是具有较强独立性的主持人,法律一般允许其作出行政决定,反之,行政决定由所属的行政机关作出。

---

① 如韩国《行政程序法》第 35 条第 5 项规定:"行政机关充分讨论听证记录及其他相关资料后,若认为有相当理由,应在为处分时,积极反映听证结果。"

② 日本《行政程序法》第 24 条。

③ 德国联邦《行政程序法》第 69 条规定:"行政机关对程序的全部结果进行判断后作出决定。"

第六章

行政立法听证

行政立法是指行政机关制定行政法规和行政规章的行为。关于制定行政法规和行政规章的听证,《立法法》、《行政法规制定程序条例》和《规章制定程序条例》仅仅作了原则规定,尚没有相关的实施细则。从现今我国一时尚无法消除部门立法的弊端看,如果由行政机关来制定听证规范,可能会在制度上有心无意地设置一些不利于利害关系人参与行政立法过程的规定。所以,我国将来的行政程序法,应当对行政立法的听证程序作出比较详细的规定,不宜过多地将细则化的权力赋予行政机关。

一、行政立法概述

行政立法是行政机关依法制定行政法规和行政规章的一种法律行为。制定行政规定不属于行政立法,但是这不等于说制定行政规定的工作不重要。现实的情况是,行政规定作为行政机关作出行政行为的依据使用的频率是很高的。在许多情况下,行政规定如同是连接着上层的行政法规、行政规章与下层行政行为之间的阶梯,所以,如何规范制定行政规定的程序也是极其重要的。本章不涉及到行政规定的制定程序,但制定行政规定可以参照行政立法程序。

行政立法的概念有争议,这里对这一概念不作深入讨论,基于本章论述的需要,对于上述行政立法的概念,我们可以作如下几方面的理解:

1. 拥有行政法规制定权限的行政机关是国务院,拥有部门规章制定权限的行政机关是国务院各部、委员会、中国人民银行、审计署和具有行政管理职能的直属机构。拥有政府规章制定权限的行政机关是省、自治区、直辖市和较大市的人民政府,①以及经全国人大常委会授权的经济特区所在

---

① 《中华人民共和国立法法》第 56 条、第 71 条和第 73 条。

市的人民政府。①

2.行政立法是抽象行政行为。抽象行政行为可以表述为"行政机关针对不特定对象发布的能反复适用的行政规范性文件"②。当然,并非所有的抽象行政行为都是行政立法。行政机关制定行政规定的行为虽然是抽象行政行为,但不属于行政立法。

3.行政立法应当遵循法定程序。行政立法无论是职权立法还是授权立法其实体依据一般都是非常原则性的。③ 因此,行政立法程序成为规范行政机关依法行使行政立法权的基本力量。针对我国立法法中有关行政立法程序内容的概括性、原则性,国务院专门以行政法规的形式制定发布了《行政法规制定程序条例》、《规章制定程序条例》,旨在规范我国的行政立法行为。

行政立法权作为行政机关的一项重要权力,在当今世界已成为一种普遍的法律现象。英美法系国家中,如英国,与行政立法对应的概念是"委任立法"(delegated legislation)④,而在美国,与行政立法相对应的概念是"规章制定"(rule-making)⑤。大陆法系国家中,如法国,与行政立法相对应的概念是"规则行为",它是由行政机关创设、变更或取消普遍的和客观的法律地位的行为。⑥ 而在德国,与行政立法相对应的概念是"法规命令",它是行政机关根据法律授权制定的法律规范。⑦ 这种具有普遍性的法律现象可

---

① 1992年全国人大常委会授权深圳市人民代表大会及其常委会和深圳市人民政府分别制定法规和规章,在深圳经济特区实施;1994年全国人大常委会授权厦门市人民代表大会及其常委会和厦门市人民政府分别制定法规和规章,在厦门经济特区实施;1996年全国人大常委会授权珠海市人民代表大会及其常委会和珠海市人民政府分别制定法规和规章,在珠海经济特区实施。

② 《最高人民法院关于执行〈中华人民共和国行政诉讼法〉若干问题的解释》(1999年11月24日经最高人民法院审判委员会第108次会议讨论通过)第3条。

③ 如《中华人民共和国立法法》第56条规定:"国务院根据宪法和法律,制定行政法规。行政法规可以就下列事项作出规定:(一)为执行法律的规定需要制定行政法规的事项;(二)宪法第八十九条规定的国务院行政管理职权的事项。"第71条规定:"国务院各部、委员会、中国人民银行、审计署和具有行政管理职能的直属机构,可以根据法律和国务院的行政法规、决定、命令,在本部门的权限范围内,制定规章。部门规章规定的事项应当属于执行法律或者国务院的行政法规、决定、命令的事项。"第73条规定:"省、自治区、直辖市和较大的市的人民政府,可以根据法律、行政法规和本省、自治区、直辖市的地方性法规,制定规章。地方政府规章可以就下列事项作出规定:(一)为执行法律、行政法规、地方性法规的规定需要制定规章的事项;(二)属于本行政区域的具体行政管理事项。"

④ [英]威廉·韦德:《行政法》,徐炳译,中国大百科全书出版社1997年版,第557页。

⑤ 王名扬:《美国行政法》(上),中国法制出版社1995年版,第348页。

⑥ 王名扬:《法国行政法》,中国政法大学出版社1989年版,第134页。

⑦ [德]哈特穆特·毛雷尔:《行政法总论》,高家伟译,法律出版社2000年版,第333页。

以说彻底打破了传统上的"三权分立"理论。行政实践显示,行政机关没有相应的行政立法权限,就不可履行行政机关所负的职责。正如美国行政法学家伯纳德·施瓦茨教授所说:"由于当代复杂社会的需要,行政法需要拥有立法职能和司法职能的行政机关。为了有效地管理经济,三权分立的传统必须放弃。"①

我们知道,在传统的法学理论上,行政权仅仅是议会制定法律的工具,它不能制定任何具有普遍约束力的法律规范。但是,行政实践并不是完全受制于理论的束缚,如英国在 1593 年议会通过《公告法》使亨利八世获得了广泛的立法权。② 美国国会通过《州际商业法》在 1887 年设立的"州际商业委员会"是一个集立法、执法和司法三大职能的行政机关。因此,美国早在 19 世纪下半叶行政机关就已拥有了行政立法权。对于这种法律现象的评介,正如韦德所说:"传统的观点认为,行政立法是一个不得不予以容忍的祸害,它对于分权是一种不幸而又不可避免的破坏。然而,这是一个过时的观点,因为,实际上,问题的关键在于行政立法在实践当中是不可缺少的,而不在于理论上难以使其合理化。"③

行政机关的行政立法权是通过议会授权获得的,但是,议会是基于何种理由将本应由自己行使的立法权交给行政机关行使?王名扬教授给我们做了很好的解释:(1)议会的时间不够。由于行政职务扩张,议会没有足够的时间对政府所需要的法律作出详细规定,只能规定大纲,再授权行政机关制定行政管理法规规定详细内容。(2)法律的技术性强。有些法律技术性强,如原子能控制、外汇管制等,议会没有能力,也不适宜于考虑技术细节,不能不授权行政机关制定法规补充。(3)法律需要灵活性。有些情况立法当时不能预见,需要根据以后情况采取灵活措施。例如银行的利率、关税的税率等,法律只能规定原则、目的,授权行政机关根据以后情况作出具体规定。有时,甚至授权行政机关可以变更授权法中的条款或过去的法律,以达到授权法所规定的目的。(4)紧急情况。在紧急情况或战争时期,政府需要扩大权力,法律不得不授权行政机关采用行政管理法规定很多事情。(5)试验阶段。对某些新问题为了取得经验,法律授权行政机关制定条例规定。因为条例容易修改,积累经验以后再制定法律。④ 因此,

---

① ［美］伯纳德·施瓦茨:《行政法》,徐炳译,群众出版社 1986 年版,第 6 页。
② ［英］威廉·韦德:《行政法》,徐炳译,中国大百科全书出版社 1997 年版,第 560 页。
③ ［英］威廉·韦德:《行政法》,徐炳译,中国大百科全书出版社 1997 年版,第 558 页。
④ 王名扬:《英国行政法》,中国政法大学出版社 1987 年版,第 110 页。

在当今复杂、多变的社会中,议会自身的弱点导致了它不可能再成为国家权力的中心,以议会为国家权力中心的时代已经过去了,国家权力的中心已经移到了行政机关,行政机关拥有行政立法权具有不容置疑的正当性。

行政机关拥有行政立法权,对于社会经济、政治和文化的发展,行政法理论的创新等都具有重大的法律意义。这种法律意义主要表现在:

1. 行政机关能更加有效地管理社会。现代社会政治、经济和文化的多元化导致行政机关所面对的行政管理事务日趋复杂、多变,客观上需要一个更加灵活、高效的行政机关来应付繁杂的行政管理事务。与此同时,法治行政的原则要求行政机关行使行政权必须具有法律(广义上的法律)依据。在议会国家权力中心时代,行政机关行使行政权所需要的法律依据是由议会提供的,在社会事务比较简单、发展缓慢的年代,议会与行政机关之间的"法律供求关系"并不紧张,行政机关作为"守夜人",利用议会提供的较为简单的法律足够消极地满足社会的需要。但是,20世纪以来社会所发生的巨大变化,自由经济所带来的许多问题使个人对国家的依赖逐渐增强。"如果国家对公民从婴儿照管到死,保护他们生存的环境,在不同的时期教育他们,为他们提供就业、培训、住房、医疗机构、养老金,也就是提供衣食住行,这需要大量的行政机构。相对来说,仅仅靠议会通过法律,然后交给法院实施,那只能做些微不足道的事情。另外还有许许多多事先不能决定的具体问题和许多具体事情。"①这"许许多多事先不能决定的具体问题和许多具体事情",如要议会提供法律再由行政机关作出处理是不可能的。它需要议会既要通过法律赋予行政机关广泛的行政自由裁量权,也要授予行政机关必要的行政立法权。只有这样,行政机关才能更加有效地管理社会。

从当今各国的行政法发展的情况看,行政机关拥有行政立法权是行政法不可缺少的重要内容之一。我国行政法也是如此。到2000年作为行政立法的行政法规近800件,规章大致有2.8万多件。② 这些行政法规、规章主要是20世纪90年代以来制定的。虽然这些行政法规、规章本身——从制定的程序到内容——还存在着不少问题,但是,正是有了这些行政法规、规章,才从根本上改变了我们行政执法中"无法可依"的局面,我们向行政机关提出"依法行政"的要求也有了现有法律规范的支持。可以肯定,随着

---

① [英]威廉·韦德:《行政法》,徐炳译,中国大百科全书出版社1997年版,第4页。
② 应松年等主编:《走向法治政府——依法行政理论研究与实证调查》,法律出版社2001年版,第238页。

法律覆盖社会关系密度的提高,行政机关可以更加有效地管理社会。

2. 调整行政权与公民权的行政法律规范更加可行。行政法以行政权与公民权之间关系为调整对象。行政权与公民权从内容到形式的复杂性、多变性必然波及行政权与公民法之间关系。对于这样的法律关系行政机关仅仅依靠议会提供的、较为原则的法律条款——议会只能提供这样的法律条款——不可能作出科学的、公正的调整。在我国,许多法律都需要通过"实施细则"来辅助实施便是一个例证。没有"实施细则",法律似乎无法实施。为什么全国人大及其常委会在制定法律时不把法律条文写得更加细则化呢?其实,不是它不想这么做,而是凭人大代表或常委会委员的能力、知识水平实在无法做到,尤其是涉及一些行政专业领域的法律,他们更是无能为力。于是,一个明智的抉择是授予行政机关行政立法权——或者是通过法律授予其从属性的立法权力,或者是授予其创设性的立法权力。

行政立法客观上导致了行政机关自己创设规则并自己执行的状态,为行政机关追求部门利益或者地方利益提供了有利条件,但这不应成为否定行政立法的理由。只要我们从行政立法程序和对行政立法的监督机制着手,这些问题完全是可以得到缓解的。我们应当看到,与议会立法相比,行政机关自己创设规则并自己执行的最大优势是它了解所制定的法律规范调整对象的具体情况。如由公安部制定有关流动人口方面的管理办法比由全国人大常委会制定这方面的法律更有条件。作为流动人口的管理部门之一,它了解流动人口所存在的问题及其产生问题的原因,更能提出可行的解决方案。从行政执法的实践看,许多行之有效的法律规范并不出自人大立法而是行政立法,也可以说明这个问题。[1]

另一方面,对于公民来说,当他需要依法维护自身合法权益时,也希望法律规范越明确、越具体越好,而法律规范明确、具体也有利于公民自觉遵守。法律规范原则性、模糊性只会导致公民无所适从,同时也会为行政执法人员作出不利于公民的解释提供条件。这些问题都将阻碍法治行政的实现。

3. 促进监督行政权机制更加发达。行政机关拥有行政立法权是行政权扩张的具体表现形式之一。自 20 世纪初以来,行政权的扩张在世界范

---

[1] 这表现在基层行政执法人员中,当他们处理具体案件时更多引用的是规章和行政法规。因为,规章和行政法规不仅是法律的细则化,同时也更贴近行政执法实践,对于解决行政执法人员在执法中遇到的具体问题更具有针对性、可操作性。虽然规章在行政诉讼中处于被参照的法律地位,但这没有影响行政执法人员对引用规章的偏爱。

围已形成了一种无法抑制的趋势。行政权的扩张既促进了社会稳定,但也影响到公民的合法权益。这种扩张在中国目前也同样存在。20世纪80年代以后,中国选择了市场经济作为走向现代化的契机,顺应了社会发展的基本规律。在中国从计划经济体制向市场经济体制逐步转变的过程中,各种社会改革模式都采取政府指导型,因而行政权的作用非常引人注目。

目前中国社会中的行政权已经拥有了行政立法权和行政司法权。对于行政机关应当拥有行政立法权无论在法学理论上还是在行政实践中,人们基本上已经达成共识。它衍生出的问题是,如何控制行政机关的行政立法行为。对于这个问题的法律思考,使监督行政权机制更加发达。这表现在:(1)法院通过司法权审查行政立法。法院通过司法权审查行政立法是一种事后监督行政立法的法律机制。司法审查这方面的内容也称为违宪审查,因为,行政机关拥有行政立法的根本依据来自宪法,我国行政机关拥有的职权立法依据就是宪法的规定。法院对行政立法审查的依据是宪法规范,因此称之为违宪审查是名符其实的。在许多国家通过法院监督行政机关行使行政立法权是否符合宪法,已成为法治的重要内容之一。(2)公民通过听证参与行政立法。行政机关在进行行政立法过程中,应当听取受行政立法影响的行政相对人的意见。如美国,行政机关在制定规章时,联邦《行政程序法》依据制定规章是否应当以听证记录为标准规定了两种程序,从而形成了两种并不一致的听证制度,即非正式听证和正式听证。非正式听证,又可称之为评论程序(common process),它是社会公众或利害关系人对已经公布在《联邦登记》上的拟定的规章草案表达自己意见的各种方法的总称。正式听证,即审判型的口头听证,这种听证具有明显的司法化性质。美国这种公民通过听证参与行政立法的制度,在世界范围内产生了很大影响,并为许多国家所采用。因此,听证作为一种制约行政权的机制已经成为法治行政国家不可缺少的法律制度。行政立法听证制度扩大了公民参政议政的途径,并从外部形成了对行政机关立法权的约束。(3)公民通过信息公开了解行政立法。行政管理事务的广泛性、复杂性和多变性导致了行政立法无论在数量上还是内容上都在呈几何等级增加,从而增加了公民了解行政立法内容的困难。为了确保公民实现宪法赋予的知情权,现代国家开始逐步创设信息公开制度,即公民只要希望了解行政立法的内容,行政机关应及时根据公民的需要提供有关行政立法的内容。如果行政机关没有正当理由予以拒绝,那么公民有权通过司法途径强制行政机关提供他所需要的行政立法内容。行政信息公开作为行政法上的一个重要法律制度,在不少国家要么被单独立法所确认,要么通过行政程序法加以明确规定。公民通过行政信息公开了解行政立法内容,既有利于公民自觉遵守行政法律规范,也有利于监督行政机关依法行使职权。

二、行政立法听证程序

行政立法听证程序是行政立法程序中的一个核心内容,因此,论述行政立法听证程序应当首先讨论行政立法程序的基本理论。由于行政立法听证程序是行政立法程序不可分割的组成部分,为了保持连贯性,本章将把行政立法听证程序放在行政立法程序过程中进行全面论述。

行政立法程序是行政机关在行使行政立法权过程中应当遵循的方式、步骤、时限等(所构成的一个连续过程)。对此定义,我们必须从以下几个方面作进一步理解:(1)行政立法既包括行政法规、规章的制定,也包括行政法规、规章的修改、废止,因此,行政法规的修改、废止程序也是行政立法程序的内容之一。然而,在论及此问题时,行政法规、规章的修改、废止程序经常被人们所忽视,甚至在制定行政立法程序法规中也出现了这样的失误。① (2)行政立法程序是法定程序。"法定程序"意味着行政机关在进行行政立法时,必须接受行政立法程序的约束。行政机关进行行政立法如违反法定程序,将产生对行政机关不利的后果。如美国,规章经过评论后,行政机关必须将最终制定的正式规章文本公布在《联邦登记》上,否则不能生效。对此,联邦《行政程序法》第 552 条规定:"除非某人确已获知有关内容,否则机关不得以任何方式要求其遵守本应公布但并未在《联邦登记》上的规定事项或使其受到不利影响。"我国《规章制定程序条例》第 8 条也有这方面的明确规定:"涉及国务院两个以上部门职权范围的事项,制定行政法规条件尚不成熟,需要制定规章的,国务院有关部门应当联合制定规章。有前款规定情形的,国务院有关部门单独制定的规章无效。"(3)行政立法程序是一种公民参与程序。行政立法程序不是行政机关内部程序,而是一种开放式的法律程序,公民只要认为行政立法内容与其有利害关系,他就可以亲自参与或者通过自己的代表参与行政立法程序,发表意见,使行政立法内容更有利于维护自己的合法权益。在行政立法程序中设置听证程序正是公民参与的具体体现。当然除了听证之外,行政立法程序中体现公民参与的机制还有如座谈、论证、协商、咨询、评论等。无论采用何种参与

---

① 如国务院制定的《行政法规制定程序条例》中只规定了"修改行政法规的程序,适用本条例的有关规定",但对同样是行政立法的行政法规废止程序却没有提及。

程序,其目的都是最大限度地让公民参与行政立法程序;同时,行政立法可以采取多种公民参与方式,尽可能让更多的公民参与行政立法程序之中。当然,在确保公民参与行政立法程序的同时,应当保证行政立法的基本效率。

行政立法程序作为一个行政权的行使过程,我们可以将其分为如下几个步骤来作进一步分析。

(一)动议

动议,即向有行政立法权限的行政机关提出要求进行某项行政立法的建议。动议的功能类似司法程序中的"起诉",它是行政立法程序启动的一个条件。动议涉及的问题是:

1.动议主体。所谓动议主体,即提出要求进行某项行政立法建议的组织或者个人。我国目前行政立法动议权的归属是:(1)制定行政法规的动议权属于"国务院有关部门"。《行政法规制定程序条例》第7条规定:"国务院有关部门认为需要制定行政法规的,应当于每年年初编制国务院年度立法工作计划前,向国务院报请立项。"(2)制定规章的动议权属具有规章制定权限的行政机关所属的机构或者工作部门。《规章制定程序条例》第9条规定:"国务院部门内设机构或者其他机构认为需要制定部门规章的,应当向该部门报请立项。省、自治区、直辖市和较大的市的人民政府所属工作部门或者下级人民政府认为需要制定地方政府规章的,应当向该省、自治区、直辖市或者较大的市的人民政府报请立项。"从这一规定可以看到,我国行政立法的动议权主体是有严格限制的。连其他国家机关都没有行政立法的动议权,更不用说确认公民的行政立法动议权。究其原因,可能是我们长期以来一直视行政立法为行政机关内部事务,其他国家机关、公民无权参与行政立法。现行的《行政法规制定程序条例》和《规章制定程序条例》所作出的上述规定,正是这种认识的产物。

公民有权动议行政立法在国外并不少见。如美国联邦《行政程序法》第553条5款规定:"各机关应给予利害关系当事人申请发布或者废除某项法规的权利。"有学者将其归纳为"机关的服务或管理对象",它们"可以是被管制的公司、机关某项计划的受益者、律师、支持团体、机关雇员组织、商会和职业协会等"[①]。葡萄牙《行政程序法》第115条规定:"一、利害关系人

[①] 于安:《美国行政规章制定程序初探》,载罗豪才、应松年主编:《行政程序法研究》(行政法学研究丛书),中国政法大学出版社1992年版,第101页。

可向有权限机关提出请愿，要求制定、修改或废止规章。为方便行政机关了解其内容，该请愿须说明理由。二、有权限制定规章的机关应对提出上款请愿的利害关系人提供资讯，以及其对请愿所持立场的理由。"我国台湾地区的"行政程序法"第 152 条规定："法规命令之订定，除由行政机关自行草拟者外，并得由人民或团体提议为之。"显然，确认公民有动议行政立法的权利是有先例可循的。因此，我认为，如果在行政立法程序中确认公民行政立法的动议权，一方面符合扩大公民参与途径的民主宪政发展的趋势，另一方面也能提高行政立法的可行性和公民遵守行政法律规范自觉性。

2. 动议方式。动议方式是指行政立法的动议主体要求进行行政立法建议的具体形式与手段。行政立法的动议是行政立法程序启动的条件，行政立法本身不是一个三言两语可以说清楚的法律问题，因此，行政立法的动议应当以书面形式提出。

行政立法的动议应当记载如下内容：a. 立法目的的说明。b. 立法的依据。c. 立法理由。对于上述内容，应当附具相关的材料，以支持相关论点。

3. 动议效果。行政立法的动议应由动议人向有权限的行政立法主体提出。行政立法主体在收到动议人提出的行政立法动议请求后，应当及时审查并根据动议内容情况分别作出如下处理：a. 经审查，认为动议人要求进行的行政立法适合行政管理和社会发展需要的，应当列入行政立法计划，并着手进行行政立法的草案起草的准备工作。b. 经审查，认为动议人要求进行的行政立法无客观需要，或者已列入行政立法计划的，应当附具理由以书面形式通知动议人。c. 经审查，认为动议人要求进行的行政立法事项依据宪法、立法法等规定，不属于行政立法事项的，也应当附具理由以书面形式通知动议人。d. 经审查，认为动议人要求进行的行政立法不属于本机关的行政立法权限范围内，应当以书面形式告知动议人向有行政立法权限的行政立法主体提出，也可以直接移送有行政立法权限的行政立法主体，同时告知该行政立法动议人。

（二）预告

预告是行政立法主体将行政立法的草案通过公布的方式告知公众的行为。它类似于行政决定程序中"告知"程序。预告的功能在于让公众了解行政立法草案的内容,以便公民决定是否需要表达自己的意见。①

　　行政机关在决定进行某项行政立法后,必须拟定行政立法的草案。行政立法草案拟定系行政立法内部程序,行政程序法可以不作规定。行政立法草案拟定有两个途径:其一,是行政立法主体所属职能部门组织拟定。这种方式的优点是拟定人熟悉行政立法所调整的行政管理事务,可以提高行政立法的可行性,但不足之处是因过分强调部门利益、地方利益,行政立法有可能损害行政相对人的利益,甚至是国家整体利益和公共利益。其二,是通过课题招标组织行政体制外的专家拟定行政立法草案。这种方式的优点是拟定人与行政立法没有利害关系,能够比较中立地看待行政立法所要解决的问题,确立的行政法律规范可能相对比较公正,但不足之处是行政体制外的专家对行政立法所要调整的行政管理事务不太熟悉,可能会使有的行政立法条款脱离实际而无法实施。因此,最好的方式是将这两种行政立法方式结合起来,使行政立法草案拟定人员中既有熟悉行政管理事务的行政机关工作人员,也有与行政立法有关的法律、经济等方面的专家。

　　预告程序涉及如下几个方面的问题:

　　1.预告方式。行政立法主体拟定的行政立法草案应当在规定的政府公报和报纸上公布。如美国行政立法草案公布在《联邦登记》上,我国《行政法规制定程序条例》和《规章制定程序条例》没有规定具体的公报或报刊。行政法规或规章草案在何处公布,由行政立法主体自由裁量。行政法规和部门规章的草案可以选择在《法制日报》、《人民日报》上公布,地方政府规章草案可以在省、市的日报上公布。

　　行政立法预告应当包括如下内容:a.行政立法主体的名称、法定代表人、住所地、电话号码。如与其他行政立法主体共同制定的行政立法草案,应同时公布其他行政立法主体的上述内容。b.明示行政立法主体的行政立法权限及其行政立法的上位法依据。c.行政立法草案全文,如有必要应当附有行政立法草案的说明和重要法律概念的解释。d.告知公众陈述对行政立法草案意见的时间、地点,如果行政立法主体认为需要举行行政立法听证会的,应当告知行政立法听证会的有关事项。

　　行政立法草案预告后,公民如直接向行政立法主体要求提供有关行政

---

① 《行政法规制定程序条例》虽然没有规定"预告"程序,但它有的规定也体现了预告的精神。如该条例第19条第2款规定:"重要的行政法规送审稿,经报国务院同意,向社会公布,征求意见。"《规章制定程序条例》第23条规定:"规章送审稿直接涉及公民、法人或者其他组织切身利益,有关机关、组织或者公民对其有重大意见分歧,起草单位在起草过程中未向社会公布,也未举行听证会的,法制机构经本部门或者本级人民政府批准,可以向社会公布,也可以举行听证会。"

立法草案等的复印件,行政机关可以在收取复印成本费之后,及时向申请的公民提供行政立法草案等资料,行政立法主体一般不得驳回公民的申请。

2.预告时间。预告时间是为了给公民有了解行政立法草案,并能提出有针对性的意见所需要的准备时间。由于行政立法草案听取公民的意见有多种方式,而每一种方式在具体实施的方式、步骤等都有很大的差异,如美国以接受公众意见的方式不同将听取公众意见的方式划分为正式听证和非正式听证。正式听证采用司法化的听证程序,而非正式听证则没有那么严格适用的司法听证程序。因此,如果行政立法主体认为某项行政立法需要采用听证方式来接受公民意见的,应当给予公民较长的准备时间,如果行政立法主体认为可以采用座谈、论证、咨询等方式接受公民意见的,可以灵活地确定行政立法草案公布的时间。[①]

3.预告效果。行政立法草案预告之后,对于行政立法主体来说,由于预告仅仅起到告知的作用,它不是行政立法的正式公布,因此,行政立法主体根据需要可以改变预告的行政立法草案的内容。对于公众来说,只要行政立法主体履行了行政立法草案的预告义务,就可以推定公民已经了解了行政立法草案的内容。如公民没有在规定的时间陈述意见,不能因其没有看到行政立法草案的预告而主张行政立法程序违法。

(三)听取意见程序之一:听证

对行政立法听证的理解可以从以下几个方面进行:其一,听证原本是司法审判的方式,后经过适当改造后引入立法、行政领域。由于立法权、行政权的功能不是借助于程序三角情景,借用司法审判程序来解决立法、行政问题显然是不可能的。因此,行政立法听证如要尽可能保持司法审判的特性,也只能适用与公民有重大利益关系的行政立法。这种听证在美国行政法称之为正式听证。行政机关制定规章是否适用正式听证,取决于国会在法律中是否有特别规定。自从美国联邦《行政程序法》公布以来,国会很少在法律中要求行政机关制定规章采用正式听证程序。因此,美国戴维斯

[①] 韩国《行政程序法》(1996)第 38 条规定:"行政机关召开公听会,应于公听会召开日之 14 日前将下列各款之事项通知当事人等,并采取刊登于官报、公报或日报等方法广泛周知。(1)题目。(2)日时及场所。(3)主要内容。(4)关于发言者之事项。(5)发言申请方法及申请期限。(6)其他必要事项。"美国在规章制定中,实质性规定必须在其生效前不少于 30 天公布,以便听取利害关系人的意见。于安:《美国行政规章制定程序初探》,载罗豪才、应松年主编:《行政程序法研究》(行政法学研究丛书),中国政法大学出版社 1992 年版,第 99 页。

教授说,法官、立法者和行政官员都同意这样的看法:正式程序对于制定普遍适用的规章并不适用。由于这种原因,使用正式程序的情形是少之又少,可能几乎没有,在将来可能会没有。① 我国《立法法》、《行政法规制定程序条例》和《规章制定程序条例》中规定的"听证会"属于正式听证,但不应当理解成为它是一种保留了较多司法审判程序特征的听证形式。其二,听证的主要功能在于给予有利害关系公民陈述意见的机会,从而沟通行政立法机关与公民之间的关系。基于这样的指导思想,我们可以不拘泥于公民陈述意见和行政立法主体听取公民陈述的具体形式,从而使行政立法听证方式多样化。日本、韩国等创立的公听会,我国行政立法中的座谈会、论证会等都是行政立法听证的具体形式。美国在联邦《行政程序法》规定的"评论程序"基础上,创设了一种混合式的规章听证程序,更是对行政立法听证程序革新的产物。② 这说明,混合式的听证方式可能更符合行政立法的要求。因此,我认为行政立法的听证应当包括以下几个方面的内容:

1.听证主持人。听证主持人可以由行政官员担任。为了保证听证程序基本公正,行政立法草案起草负责人不宜担任听证主持人,以避免其对有关行政立法内容先入为主,不能公正、全面地听取公民的陈述意见。美国的行政法官制度是一种比较好的法律制度,但它并不一定适合我们国家。在没有建立起科学的公务员制度之前,引入行政法官制度可能是空中楼阁。为了确保行政立法听证的公正性,行政立法机关可以聘请专家、律师主持听证会。不过从我国目前的实际情况看,在行政立法机关陈旧观念没有得到完全转变之前,这种方法也是不可行的。这种陈旧观念主要是行政立法机关将行政立法视为行政机关的内部事务。在这样的观念指导下,那些专家、律师等"外人"是无权染指行政立法的。我国现行《立法法》、《行政法规制定程序条例》、《规章制定程序条例》对行政立法听证主持人没有作出规定。这意味着由谁主持行政立法听证由行政立法机关自行决定。

2.听证的范围。听证的范围是要解决哪些行政立法需要通过听证程

① 于安:《美国行政规章制定程序初探》,载罗豪才、应松年主编:《行政程序法研究》(行政法学研究丛书),中国政法大学出版社 1992 年版,第 119 页。

② 评论一词在这里的定义并不是固定的。它一般是指公众或利害关系人对机关通告的建议规章向机关提交的信件、申请、短文、电报以及其他形式的书面或口头意见。它是美国联邦《行政程序法》非正式制定规章程序的基础和关键步骤,是公众参与制定规章的正式渠道。而混合程序是对评论程序的一种革新发展。它一般是指机关在评论过程中同时使用书面表达和正式程序的口头表达和抗辩的公众参与方法。因为它将非正式程序和正式程序的公众表达意见的方式结合起来,所以称为混合程序。于安:《美国行政规章制定程序初探》,载罗豪才、应松年主编:《行政程序法研究》(行政法学研究丛书),中国政法大学出版社 1992 年版,第 108—109 页。

序来制定。听证作为一种听取公民对行政立法草案意见的程序,相对于其他听取公民意见的程序而言比较正规,因此,凡是与公民合法权益有重大影响的行政立法都应当举行听证会,听取公民对行政立法草案的意见。由于"重大影响"是一个模糊的法律概念,因此,解决此问题的方案有二:其一,通过立法列举重大影响的具体情形,不设兜底条款;其二,由行政立法机关自由裁量,但公民对行政立法机关的裁量之解释可以提请司法救济。美国的办法是由国会通过具体法律决定行政机关制定规章是否要举行正式听证。这也是一种解决听证范围的方案之一。

对于这个问题,我个人认为不要将适用听证的行政立法范围确定得过大,否则可能影响行政效率;况且,没有纳入听证范围的行政立法,行政立法机关也可以采用其他方法、途径听取公民对行政立法草案的意见。从我国现行行政立法程序的规定也可以看出,听证作为一种听取公民对行政立法草案意见的程序,并不是一种首选的方式。①《行政法规制定程序条例》第 22 条规定:"行政法规送审稿直接涉及公民、法人或者其他组织的切身利益的,国务院法制机构可以举行听证会,听取有关机关、组织和公民的意见。"这一规定是将行政法规是否与公民、法人或者其他组织有"切身利益"作为举行行政立法听证会的条件。应该说,它也属于行政立法与公民合法权益有"重大影响"的范围。

3.听证的具体步骤。凡是需要听证的行政立法草案,应当在正式公布之前举行听证会,听取公民对行政立法草案的意见。听证的具体步骤应当是:

(1)通知。在行政立法预告中,行政立法机关应当将行政立法听证的时间、地点、参与方式等向社会公告。通知应当刊登在公民日常生活中最容易接触到的报纸上,必要时也可以通过电视、广播电台告示。为了给公民有充分的准备时间,至少应当在听证会举行前 60 天发出通知。

(2)确定听证代表。听证代表是指在听证会上进行专门发言的公民。听证代表可以由利益团体推举,也可以由公民自荐。行政立法机关可以根据听证会的具体情况确定听证代表。为了确保听证代表的广泛性,利益集团推举代表与自荐代表应当保持一定的比例。同时,听证代表也应当具有一定的参政议政能力,对所进行的行政立法内容有一定的了解,行政立法

---

① 《中华人民共和国立法法》第 58 条规定:"行政法规在起草过程中,应当广泛听取有关机关、组织和公民的意见。听取意见可以采取座谈会、论证会、听证会等多种形式。"

机关不能因害怕有人在听证会上提出反对意见而确定一些"听话代表"①，这样的听证会必然是流于形式。因此，在确定听证代表程序中，应当设置一些机制让行政立法机关无法"圈定"它所喜欢的听证代表，如在保证听证代表广泛性、代表性的基础上，通过抽签方式确定听证代表等。

听证代表名单应当在听证会举行前 30 天公布。行政立法机关应当将与听证有关的材料寄送给听证代表。被确定为听证代表的公民应当就行政立法草案的内容进行必要的调查、咨询，写出听证发言报告，准备好相关的材料。行政立法机关对听证代表需要的有关材料应当提供，除非听证代表所要的材料涉及国家秘密、商业秘密和个人隐私。

（3）听证会举行。听证会可以按下列程序进行：a. 听证主持人宣布听证会开始，宣布听证的行政立法名称、制定机关，宣布听证纪律和发言顺序等。b. 行政立法机关代表就行政立法的法律依据、主要内容和理由发言。c. 听证代表按议题的先后顺序发言，行政立法机关代表可以在每个听证代表发言后，对该听证代表的发言作出解释、回复。d. 旁听人员经听证人同意，也可以在限定的时间内发言。e. 听证主持人认为听证代表的发言没有新的观点，可以宣布听证会结束。

4. 听证笔录。听证会由记录员制作成为笔录，并由听证主持人、听证代表和行政立法机关代表签字。听证笔录不是行政立法的唯一依据，行政立法机关可以在听证笔录之外寻找立法依据。行政立法机关对于听证代表的发言可以不予采纳。但这并不是说，行政立法机关在听证会后可以将听证笔录扔进废纸篓，径自公布行政立法。如果真如此，这样的行政立法听证会就沦为欺世欺民的把戏。因此，法律应当规定行政立法机关如不采

---

① 许多人对乔占祥没有入选 2002 年铁路春运价格听证会代表感到遗憾，也有人撰文指责国家计委的这种做法。中国消费者协会的解释是，乔占祥状告铁道部的是票价上涨的行政程序不合法而不是票价，而且乔占祥的律师身份决定了乔不会受春运价格上涨的影响。这种解释我个人认为是站不住脚的，甚至是荒唐的。大概谁也不会否认，国家计委举行铁路春运价格听证会，与 2001 年乔占祥状告铁道部的"涨价令"之间具有密不可分的因果联系。这一点国家计委有关负责人也曾公开首肯过。因此，我认为乔占祥因其有状告铁道部的经历符合《政府价格决策听证暂行办法》第 8 条规定的听证代表应当具有"代表性"的条件。然而，谁能成为听证会的代表，根据这一条的规定是由政府价格主管部门聘请。也就是说，谁能成为价格听证会的代表，是由政府价格主管部门单方面决定的。乔占祥没有成为此次铁路春运价格听证会的代表，既有法律规定不明确的原因，也有政府方对乔占祥在听证会上可能有做出"混淆视听"举动的担心。

纳听证代表的发言,应当在行政立法草案说明中给出理由。[①] 这种理由不仅可以释去公民对行政立法草案所存的疑虑,也可以增加公民对行政立法的认同感。

《规章制定程序条例》第 22 条规定:"听证会应当制作笔录,如实记录发言人的主要观点和理由。起草单位应当认真研究听证会反映的各种意见,起草的规章在报送审查时,应当说明对听证会意见的处理情况及其理由。"虽然这一规定突出了听证会笔录的重要性,但是它只是要求起草机关在报送审查时向审查机关作出处理说明,而没有指出是否需要向听证代表解释。这是一条并不科学的规定。

(四)听取意见程序之二:座谈会、论证会

座谈会、论证会作为一种行政立法听取公民意见的程序,与听证会相比较为简单、随意。但是,它们也是一种重要的行政立法听取公民意见的方式。目前《立法法》、《行政法规制定程序条例》和《规章制定程序条例》都将这两种方式作为听取公民对行政立法意见的途径。

1.座谈会。座谈会在我国是一种传统的政府听取民意的方式,在我们日常政治生活中被政府所广泛使用,即使是非政府组织也常常采用座谈会的形式了解民意,倾听民众的呼声,如妇联在"三八妇女节"前召开妇女座谈会,听取妇女对妇联工作的意见和要求。由于座谈会形式是我国民众所广泛熟悉、认知的一种政府与公民交流形式,因此,采用座谈会形式听取公民对行政立法的意见可能是一种比听证会更加有效的行政立法程序。

其实,与我国座谈会形式相似的"会谈"程序在美国规章制定程序中也是一种重要的听取公民意见的方式。在美国,会谈作为一种口头听取意见的程序,有两形式:一种是由不确定的利害关系人非正式地会见机关官员,说明他们所希望的规章结果,并抨击他们所反对的立场。另一种是指以讨论规章为主题的有确定时间和确定出席者的会议。这种会议由机关官员主持。负责这个规章的工作人员出席,他们可以相互提问与交谈。[②] 这种

---

① 遗憾的是,《行政处罚法》《立法法》《价格法》《行政法规制定程序条例》和《规章制定程序条例》都规定了听证会,但对听证笔录在行政决定中的法律作用却是避而不谈,对行政机关不采纳听证当事人、听证代表意见是否需要说明理由也没有任何规定。从行政法原理上说,至少是出于对行政相对人的人格尊重,对不予采纳的听证意见也应给出理由。这样可以使社会公众通过行政机关给出的理由评价行政机关作出决定的合法性和合理性。

② 于安:《美国行政规章制定程序初探》,载罗豪才、应松年主编:《行政程序法研究》(行政法学研究丛书),中国政法大学出版社 1992 年版,第 112 页。

灵活听取意见的程序,既可以让行政立法机关听到对行政立法草案更多的不同意见,同时也不会过多地增加行政立法机关的经济负担(与听证会相比)。这种会谈式的规章制定听取意见方式在美国规章制定程序中被广泛使用。

通过座谈会听取公民对行政立法的意见,应当注意以下几个问题:(1)由于座谈会如何召开的主动权完全掌握在行政立法机关手中,因此,在确定参加座谈会的人员之后,应将行政立法草案和相关的材料送至他们手中,并依据情况确定召开座谈会的时间、地点。(2)在座谈会中,行政立法机关的工作人员对行政立法的内容作一简要介绍后,由参加座谈会的人员逐个发言。在这个过程中,行政立法机关除了对他们提到的问题作必要的解释外,不必与他们就某一问题展开辩论。(3)座谈会由行政立法机关工作人员制成笔录,不必由座谈会参加人员签名,因为座谈会上参加人发言可以看成是行政立法机关与公民之间的就行政立法问题所作的一种思想沟通。这有助于公民认同行政立法,缓和行政立法在执行中与公民利益之间的紧张关系。

2.论证会。论证会"即邀请有关专家对草案内容的必要性、可行性和科学性进行研究论证,作出评估"①。与座谈会不同的是,参加座谈会的人员与所讨论的行政立法草案之间具有较直接的利害关系。他们往往会从自己利益得失出发,对行政立法草案发表自己的看法,因此,他们的观点具有较强的主观性。而参加论证会的人员往往是某一方面的专家,与所讨论的行政立法草案没有直接利害关系。他们往往从专业知识角度对行政立法草案提出自己的观点,并随附相关的科学依据或者合法性依据,因此,他们的观点具有较强的客观性和说服力。行政立法机关对专家们的论证意见应当予以高度重视。但是,专家们的观点往往具有较浓的理想主义色彩,对法律条款的具体意见可能因脱离实际而欠缺可操性。这一点行政立法机关也应当有一个必要的认识,不要过度迷信专家的观点。从行政立法实践看,过度地依赖专家进行行政立法,结果往往是所制定的行政法规、规章脱离行政管理的实际情况,欠缺可行性。

通过论证会听取专家们对行政立法草案的意见,应当注意以下几个问题:(1)选择合适的专家参加论证会。每个专家都有自己的研究领域,一旦超出了自己的研究领域也就与常人一样,即使是同一个学科中也会存在这样的问题,如民法专家对行政法领域中的问题可能也是一个"法盲"。因

---

① 乔晓阳主编:《立法法讲话》,中国民主法制出版社 2000 年版,第 224 页。

此,确定参加论证会的人员必须是行政立法草案内容涉及领域中的专家,否则,论证会不可能达到预期目的。(2)正确对待专家的意见。论证会不能开成行政立法草案的"合法性"论证会,即专家只能对行政立法草案说"是",不能或者不便说"不是"。行政立法机关应当鼓励专家提出反面意见,并正确地对待专家的反对意见。行政立法机关在行政立法程序中所处的地位实际上应既是"当事人"又是作出裁决的"法官",如果听不到、听不进别人的反对意见,其最终制定的法规或规章必然欠缺必要性、可行性和科学性。(3)专家应当保持必要的中立地位。专家观点的可信度往往与其是否保持中立地位成正比。专家以专业知识立身、传言,以自己的专业知识为社会服务。因此,在参加行政立法论证过程中,专家应当以自己的专业知识对行政立法草案的必要性、可行性和科学性进行论证,不能不顾专业知识一味顺从行政立法机关的需求,成为行政立法机关利益部门化、部门利益法制化的辩护者。如果专家不对行政立法草案所存在的问题提出自己应当提出的观点,可能会帮助行政立法机关违法立法。

（五）听取意见程序之三:信函、电子邮件等方式

利用现代通信手段听取公民对行政立法草案的意见是行政立法程序发展出的一种新的听取意见方式。《行政法规制定程序条例》第58条规定中的"听取意见可以采取座谈会、论证会、听证会等多种形式",已经包含了通过信函、电子邮件等听取意见的方式。这种听取意见程序可以提高行政立法的效率,同时也便于公民对行政立法草案发表意见。它作为公民参与行政立法的新渠道,在具备相关条件的情况下应当鼓励行政立法机关优先采用。美国联邦《行政程序法》制定后,国会通过立法以及法院的判例创造了联邦《行政程序法》规定之外的规章制定机关听取公众意见的方式,从而弥补了联邦《行政程序法》规定的不足。从实践看这种听取意见的方式也是很有效的,因而在规章制定中被广泛使用。

通过信函、电子邮件等方式听取公民对行政立法草案的意见,应当注意以下几个问题:(1)行政立法机关应当以适当的方式预告行政立法草案,以便公民可以便利地取得行政立法草案,如通过政府网站预告行政立法草案。为了使公民能够提出更具有针对性的意见,行政立法机关可以设立必要的咨询点,解答公民对行政立法草案认识上的疑惑。(2)对公民通过信函、电子邮件等方式提出的意见,行政立法机关应当给予简要的回复,尤其是不采纳的意见或者建议,应附具不采纳的理由。如果有数个公民提出相同的意见或者建议的,行政立法机关可以通过报纸刊登集中回复意见。

(六)决定

行政立法草案在听取公民意见的基础上修改后,由行政立法机关负责人决定是否可以成为行政法规、规章。因为行政机关实行行政首长负责制,所以行政首长可以在听取其他行政机关组成人员意见的基础上作出最终决定。[①]

行政立法草案决定系行政立法的内部程序。这个程序涉及如下几个方面的问题:(1)行政立法草案在由行政立法机关负责人作出最终决定之前,应当交付本机关组成人员审议。机关组成人员可以发表自己的观点,也可以提出对行政立法草案的修改意见。(2)在机关组成人员对行政立法草案进行正式审议之前,先应由负责行政立法草案起草的部门就行政立法草案的内容作专门的说明。对行政立法草案的说明要全面,尤其是对公民在听取意见程序中提出的反对意见及其理由,不得作片面的引导。(3)行政立法机关讨论行政立法草案是否可以允许公民旁听? 美国根据《行政会议公开法》第2条的规定,除法定不能公开的行政会议外,合议制行政机关举行会议必须公开,允许公民观察。[②] 从我国目前的实际情况看,允许公民旁听行政机关讨论行政立法草案会议的时机尚未成熟。行政立法机关能够允许新闻媒介多作一些较深入的报道,尤其是针对行政立法涉及争议较大的问题,就已经很不错了。实际上,适当地公开行政立法草案审议的内容,是有助于社会认同行政立法的。

行政立法草案决定虽然系行政立法的内部程序,但是它也有与公民相关的问题。即行政立法机关如不采纳公民提出的意见或者建议,应当拟就必要的回复理由。一个讲理的政府是极其重视这个问题的。如果对公民

---

① 《中华人民共和国宪法》第86条第2款规定:"国务院实行总理负责制。各部、各委员会实行部长、主任负责制。"第105条第2款规定:"地方各级人民政府实行省长、市长、县长、区长、乡长、镇长负责制。"关于对行政首长负责制的理解,在宪法学、政治学界是有不同看法的。主要的分歧是行政首长负责制的权限究竟有多大? 如其他政府组成人员反对,行政首长是否可以根据自己的意志作出与他们相反的决定? 我认为是可以的。我国现行的行政首长负责制已经质变为"大家做主,大家都不负责任"的状态,美其名为"集体领导,集体负责"。真正的行政首长负责制,如总理负责制是"指国务院总理对他主管的工作负全部责任,与负全部责任相联系的是他对自己主管的工作有完全决定权"。周叶中主编:《宪法》(面向21世纪课程教材),高等教育出版社、北京大学出版社2000年版,第323页。

② 公民对行政会议的观察权,包括出席、旁听和观看的权利,不包括参加会议进行发言的权利。合议制行政机关应当尽可能提供更大的房间来容纳更多的公众,但它没有义务满足所有公众都参加的要求,只要有一部分公众参加,特别是新闻界参加,就已经符合公开的要求。王名扬:《美国行政法》(下),中国法制出版社1995年版,第1035页。

热情地提出的意见或者建议——对于政府来说，能够听到公民的意见或者建议，那应该说是最大的喜事——置之不理，那么政府的威信也就会丧失。政府本来是为了民众而存在的，因此，回复民众的意见或者建议无论在制度上还是道义上，都不会有任何障碍。正是基于这一点，我认为在行政立法程序中确立行政立法说明理由制度是相当重要的。

（七）公布

公布系行政立法的最后一个程序。行政立法草案经行政立法机关负责人决定通过后，便成为行政法规、规章。"法律未经法定形式公布不能产生效力"，已经成为一项宪政法治原则。行政法规、规章如秘不示人，公民就无法了解行政法规、规章的内容，也就不可能通过行政法规、规章主张权利，而行政机关如依据事先未公开的行政法规、规章作出对公民的不利决定，更是没有公正可言。[①] 因此，行政法规、规章的公布也是一个不容忽视的行政立法程序。

关于行政立法公布程序，其涉及的问题有：（1）行政立法公布刊物。行政立法机关的公报应为行政立法公布的法定刊物，如《中华人民共和国国务院公报》。但是，由于行政立法机关公报都有一个出版周期，可能会导致公民不能及时了解行政法规、规章的内容，因此，笔者认为，公报公布的行政法规、规章应作为标准文本，行政立法机关应当选择公民最能便利看到的、在全国或者本行政区域内发行的报纸公布行政法规、规章文本。（2）行政立法公布与生效。为了给公民一个了解、熟悉行政立法内容的时间，行政立法原则上应在公布之后经过若干时间生效。[②] 全国性的行政立法考虑到我国国土辽阔、信息传递工具相对落后的实际情况，生效时间可以确定为公布后的 120 天，地方行政立法的生效时间可以为公布后的 30 天。

---

① 　《中华人民共和国行政处罚法》第 4 条第 3 款规定："对违法行为给予行政处罚的规定必须公布；未经公布的，不得作为行政处罚的依据。"

② 　如《行政法规制定程序条例》第 29 条规定："行政法规应当自公布之日起 30 日后施行；但是，涉及国家安全、外汇汇率、货币政策的确定以及公布后不立即施行将有碍行政法规施行的，可以自公布之日起施行。"《规章制定程序条例》第 32 条规定："规章应当自公布之日起 30 日后施行；但是，涉及国家安全、外汇汇率、货币政策的确定以及公布后不立即施行将有碍规章施行的，可以自公布之日起施行。"

三、行政立法听证程序的监督

利害关系人认为行政机关行政立法违反听证程序的,应当有权通过法定程序予以监督。有监督职责的国家机关认为行政机关有这种违法行为的,也应当及时、依法行使职权进行监督,这是法治国家为了保障法制统一所应当遵守的一项基本原则。行政立法行为是行政权力的重要表现形式,在现代社会中它构成了行政权的重要内容之一。行政立法虽然不是直接针对公民作出的行政行为,但是行政立法行为一旦作出,因其具有反复适用性而对社会秩序所产生的影响将远甚于针对公民个人作出的行政行为。因此,行政立法监督制度的构建与完善是法治国家的一项重要任务。

对行政立法听证程序的监督,是通过行政立法监督制度来实现的。虽然本章仅仅是考虑行政立法听证程序的合法性问题,但是讨论行政立法监督制度的一般性问题仍然是很有必要的。一个行政立法监督制度主要由以下三个部分构成。

(一)监督依据

监督作为一种权力行为需要法定依据,这是国家权力行使的首要原则,对行政立法听证程序的监督也是如此。目前,我国这方面的依据主要来自宪法、立法法等规定。现根据不同性质的监督,其依据分述如下:

1. 违宪审查。违宪审查是违宪审查机关监督行政立法是否符合宪法和法律的一种法律制度。由于行政立法行为对社会和公民个人利益影响很大,有时可能会波及宪法所确立的宪政体制,因此将对行政立法监督纳入违宪审查是确立违宪审查制度的重要内容,这也是符合法治国家违宪监督制度的通例。

我国采用的是由立法机构行使违宪审查权的模式,这一模式与我国的人民代表大会制度相一致。虽然实际效果不尽如人意,但是在没有作出宪法修改之前,这一制度仍然是我国违宪审查的基本模式。我国宪法和法律对行政立法的违宪监督依据作了如下的规定:

(1)《宪法》序言最后一段规定:"本宪法以法律的形式确认了中国各族人民奋斗的成果,规定了国家的根本制度和根本任务,是国家的根本法。"这一规定确立了宪法作为国家根本法的法律地位,为确立违宪监督制度提供了根本法的依据。凡是与宪法相抵触的法律、法规和规章均为无效。

(2)国家维护社会主义法制的统一和尊严。一切法律、行政法规和地方性法规都不得同宪法相抵触。一切国家机关和武装力量、各政党和各社会团体、各企业事业组织都必须遵守宪法和法律。一切违反宪法和法律的行为,必须予以追究。任何组织或个人都不得有超越宪法和法律的特权。宪法这一规定确立了我国违宪监督制度的总原则。

(3)全国人民代表大会常务委员会有权监督宪法的实施,有权撤销国务院制定的同宪法、法律相抵触的行政法规、决定和命令。

(4)各专门委员会在全国人民代表大会和全国人民代表大会常务委员的领导下,研究、审议和拟订有关议案。各专门委员会审议全国人大和全国人大常委会交付的被认为同宪法和法律相抵触的国务院的行政法规、规定和命令,国务院各部、委的命令、指示和规章,以及省、自治区、直辖市人民政府的决定、命令和规章,并提出审议报告。

(5)省级人大及其常委会有权撤销本级人民政府不适当的行政规章。

(6)授权机关有权撤销被授权机关制定的超越授权范围或者违背授权目的的法规,必要时可以撤销授权。

由上述宪法和法律条款构成了我国对行政立法听证程序违宪监督制度的依据,形成了以国家权力机关为违宪监督的主体,以其所产生的国家行政机关或者下级行政机关为监督对象的监督体系。它具有西方国家违宪监督制度的法治精神,同时也保留了我国人民代表大会作为国家根本制度的特征。

2.行政审查。行政审查是指行政机关系统内由法定的行政机关对行政立法进行监督的一种法律制度。从本质上说,它具有自我监督的性质。由于行政法规系最高行政机关制定,对于最高行政机关的行政立法监督已纳入违宪审查,所以它不属于行政审查范围。行政审查限于对行政机关制定的行政规章进行审查。根据我国宪法和立法法的规定,行政审查的依据主要是:

(1)国务院有权改变或撤销不适当的部门规章和地方政府规章。国务院作为最高行政机关,有权对本级政府的职能部门和下级政府制定的行政规章进行合法性监督,这是国家法制统一的重要保障,也是国务院作为最高国家行政机关的必然要求。

(2)省、自治区的人民政府有权改变或者撤销下一级人民政府制定的不适当的规章。这主要是指省、自治区的人民政府对其辖区内的较大市人民政府制定的行政规章进行合法性监督。这种监督既有利于国家法制统一,也有利于消除以立法形式建立起来的地方利益保护。

(3)授权机关有权撤销被授权机关制定的超越授权范围或者违背授权

目的的法规,必要时可以撤销授权。

3.司法审查。司法审查是指由法院对行政立法进行审查的一种法律制度。在我国现行的法律制度内,行政相对人不能单独对行政法规、行政规章提起行政诉讼,即使在行政诉讼中,如对行政法规、行政规章的合法性有异议,也只能作为诉讼理由向法院提出,它并不必然引起法院对行政法规、行政规章的合法性审查。根据我国行政诉讼法的规定,对有关行政立法进行司法审查的法律依据是:

(1)人民法院审理行政案件,以法律、行政法规和地方性法规为依据。地方性法规适用于本行政区域内发生的行政案件。① 在行政法学界,这一规定简称为"依据法律、法规",并解释为对于法律、法规,法院只能适用,不能审查。这个观点可能既不符合立法原意,也不符合司法实践。比如,行政法规如果与法律相抵触,如行政机关仅依据行政法规作出具体行政行为时,法院难道只审查行政机关适用行政法规是否正确,而不顾及该行政法规与法律的矛盾吗? 显然,这种做法只会导致国家法制的不统一。对此,最高人民法院认为:"下位法的规定不符合上位法的,人民法院原则上应当适用上位法。当前许多具体行政行为是依据下位法作出的,并未援引和适用上位法。在这种情况下,为维护法制统一,人民法院审查具体行政行为的合法性时,应当对下位法是否符合上位法一并进行判断。经判断下位法与上位法相抵触的,应当依据上位法认定被诉具体行政行为的合法性。"②这里的"判断"本质上就是审查。

(2)人民法院审理行政案件,参照国务院部、委根据法律和国务院的行政法规、决定、命令制定、发布的规章以及省、自治区、直辖市和省、自治区的人民政府所在地的市和经国务院批准的较大的市的人民政府根据法律和国务院的行政法规制定、发布的规章。③"参照规章"是否意味着法院对行政规章有审查权,这也是一个长期以来争论不休的问题。根据最高人民法院的《关于审理行政案件适用法律规范问题的座谈会纪要》精神,如果法院对行政法规的合法性也是可以"判断"的,那么对行政规章的合法性"判断"就自在情理之中。

---

① 《中华人民共和国行政诉讼法》第52条。
② 《关于审理行政案件适用法律规范问题的座谈会纪要》(最高人民法院2004年5月18日发布)。
③ 《中华人民共和国行政诉讼法》第53条。

（二）审查程序

1.违宪审查。我国《立法法》对行政法规、行政规章的监督作了如下程序性的规定：

（1）外部提起违宪审查的程序。它主要是：第一，国务院、中央军事委员会、最高人民法院、最高人民检察院和各省、自治区、直辖市的人民代表大会常务委员会认为行政法规同宪法或者法律相抵触的，可以向全国人大常委会书面提出审查请求，由常务委员会工作机构分送有关专门委员会进行审查、提出意见。第二，其他国家机关和社会团体、企事业组织以及公民认为行政法规同宪法或者法律相抵触的，可以向全国人大常委会书面提出进行审查的建议，由常务委员会工作机构进行研究，必要时，送有关专门委员会进行审查、提出意见。

（2）内部提起违宪审查的程序。全国人大专门委员会在审查中认为行政法规同宪法或者法律相抵触的，可以向制定机关提出书面审查意见；也可以由法律委员会与有关的专门委员会召开联合审查会议，要求制定机关到会说明情况，再向制定机关提出书面审查意见。制定机关应当在2个月内研究提出是否修改的意见，并向全国人大法律委员会和有关的专门委员会反馈。全国人大法律委员会和有关的专门委员会审查认为行政法规同宪法或者法律相抵触而制定机关不予修改的，可以向委员长会议提出书面审查意见和予以撤销的议案，由委员长会议决定是否提请常务委员会会议审查决定。

（3）备案程序。"备案"虽然用于事后告知备查，但它也可以引起人大常委会对行政法规、行政规章的监督程序。根据立法法的规定，备案程序主要有：第一，行政法规报全国人大常委会备案。第二，地方政府规章应当同时报本级人民代表大会常务委员会备案；较大的市的人民政府制定的规章应当同时报省、自治区的人民代表大会常务委员会和人民政府备案。第三，根据授权制定的法规应当报授权决定规定的机关备案。

2.行政审查。行政复议法应该是对行政审查程序作出规定最合适的法律，但是《行政复议法》不仅没有规定在行政复议中复议机关是否可以对行政立法进行监督，更没有规定对行政立法进行监督的程序。以下有关程序性规定的内容主要来自我国《立法法》：

（1）裁决程序。第一，地方性法规与部门规章之间对同一事项的规定不一致，不能确定如何适用时，由国务院提出意见，国务院认为应当适用地方性法规的，应当决定在该地方适用地方性法规的规定；认为应当适用部门规章的,应当提请全国人民代表大会常务委员会裁决;第二,部门规章之间、部门规章与地方政府规章之间对同一事项的规定不一致时,由国务院裁决。

(2)备案程序。第一,部门规章和地方政府规章报国务院备案。第二,地方政府规章应当同时报本级人民代表大会常务委员会备案;较大的市的人民政府制定的规章应当同时报省、自治区的人民代表大会常务委员会和人民政府备案。第三,根据授权制定的法规应当报授权决定规定的机关备案。

3.司法审查。司法审查的程序即为诉讼程序,因为司法权离开了诉讼程序就丧失了其合法性。根据我国《行政诉讼法》的规定和行政诉讼原理,司法权对行政立法的审查程序主要体现在以下两个方面:

(1)通过个案对行政法规、行政规章进行附带性、适用性审查。也就是说,没有行政机关将行政法规、行政规章适用到个案,没有个案中的行政相对人向法院提起行政诉讼,没有法院展开行政诉讼程序,就不可能有司法机关对行政立法的监督。我国之所以确立这样的司法审查程序,与现有政治体制具有密不可分的关系。在现有的政治体制框架中,法院尤其是地方法院实际上是地方政府的"法院"。在这样的法制背景下,把"行政法规"和"行政规章"作为行政诉讼的对象可以被提起行政诉讼,显然是一种过于理想化的制度设计。更何况在今天的行政诉讼中,国务院还没有"机会"做行政诉讼的被告,要对行政法规单独提起行政诉讼更是无法想象。所以,现有的做法应该说还是比较符合实际的。

(2)人民法院认为地方人民政府制定、发布的规章与国务院部、委制定、发布的规章不一致的,以及国务院部、委制定、发布的规章之间不一致的,由最高人民法院送请国务院作出解释或者裁决。这是一个纯粹的程序性监督规定,法院只能在国务院作出解释或者裁决之后,才能据此对案件作出判决。

(三)审查标准

行政立法听证程序是否符合法律规定,是对行政立法听证程序监督的审查标准。因为本章讨论对行政立法听证程序的监督,所以,行政立法的其他违法问题这里不予论述。

1.行政立法听证程序的法律规定。我国《立法法》等法律、行政法规对行政立法的听证程序作出了若干规定。这些法律、行政法规所确立的行政立法听证程序可以分为两类:

(1)强制性听证程序。即行政立法机关在制定行政法规、行政规章过程中必须遵守的程序。在法律条文中使用"应当",表明了行政机关在行政立法中的不可选择性。如《中华人民共和国立法法》第 58 条规定："行政法规在起草过程中，应当广泛听取有关机关、组织和公民的意见。"《行政法规制定程序条例》第 12 条规定："起草行政法规，应当深入调查研究，总结实践经验，广泛听取有关机关、组织和公民的意见。"该《条例》第 21 条规定："行政法规送审稿涉及重大、疑难问题的，国务院法制机构应当召开由有关单位、专家参加的座谈会、论证会，听取意见，研究论证。"《规章制定程序条例》第 14 条规定："起草规章，应当深入调查研究，总结实践经验，广泛听取有关机关、组织和公民的意见。"该《条例》第 15 条规定："起草的规章直接涉及公民、法人或者其他组织切身利益，有关机关、组织或者公民对其有重大意见分歧的，应当向社会公布，征求社会各界的意见……"该《条例》第 21 条规定："法制机构应当就规章送审稿涉及的主要问题，深入基层进行实地调查研究，听取基层有关机关、组织和公民的意见。"该《条例》第 23 条规定："规章送审稿直接涉及公民、法人或者其他组织切身利益，有关机关、组织或者公民对其有重大意见分歧，起草单位在起草过程中未向社会公布，也未举行听证会的，法制机构经本部门或者本级人民政府批准，可以向社会公布，也可以举行听证会。"

(2)裁量性听证程序。裁量性听证程序是指在行政立法过程中是否需要听取意见以及如何听取意见，由行政机关根据具体情况裁量选择。如《中华人民共和国立法法》第 58 条规定："听取意见可以采取座谈会、论证会、听证会等多种形式。"《行政法规制定程序条例》第 12 条规定："听取意见可以采取召开座谈会、论证会、听证会等多种形式。"该《条例》第 22 条规定："行政法规送审稿直接涉及公民、法人或者其他组织的切身利益的，国务院法制机构可以举行听证会，听取有关机关、组织和公民的意见。"《规章制定程序条例》第 14 条规定："听取意见可以采取书面征求意见、座谈会、论证会、听证会等多种形式。"该《条例》第 15 条规定："起草的规章直接涉及公民、法人或者其他组织切身利益，有关机关、组织或者公民对其有重大意见分歧的……起草单位也可以举行听证会。"该《规章制定程序条例》第 22 条规定："规章送审稿涉及重大问题的，法制机构应当召开由有关单位、专家参加的座谈会、论证会，听取意见，研究论证。"在上述法律条文中，如"可以"、"切身利益"、"重大意见分歧"和"重大问题"等，都属于行政机关在立法听证中是否采用听证程序以及采用何种听证方式的裁量依据。

2.行政立法听证程序的审查标准

《中华人民共和国立法法》第 87 条规定："法律、行政法规、地方性法规、自治条例和单行条例、规章有下列情形之一的，由有关机关依照本法第

八十八条规定的权限予以改变或者撤销：……（五）违背法定程序的。"这是
对行政立法听证程序审查的法定标准。由于行政立法听证程序已作了分
类，且这两类对行政机关立法程序的法律要求也不同，所以有必要分别进
行讨论：

（1）违反强制性听证程序。即法律、行政法规规定行政法规或者行政
规章制定必须适用听证程序，但行政机关没有遵守程序规定制定行政法规
或者行政规章的，全国人大及其常委会有权撤销该行政法规；国务院或者
省级人大常委会有权撤销该行政规章。在行政诉讼中，法院显然没有权力
以此理由撤销违反强制性听证程序制定的行政法规或者行政规章，但是，
法院是否可以此标准"判断"行政法规、"参照"行政规章的合法性呢？从
《行政诉讼法》和最高人民法院《关于审理行政案件适用法律规范问题的座
谈会纪要》规定看，无论是"判断"还是"参照"，其标准是实体性的，不是程
序性的。所以，法院不得以违反强制性听证程序规定为由否定行政法规、
行政规章的合法性。

（2）违反任意性听证程序。即法律、行政法规规定了行政机关在制定
行政法规、行政规章过程中是否需要听证，以及采取何种形式听证，赋予了
行政机关裁量权。这里既涉及不确定法律概念的合理解释问题，如上述的
"切身利益"、"重大意见分歧"和"重大问题"等，也涉及对"必要性"、"可行
性"的考量，如上述的"可以"等。由于是否采用听证程序，以及采用何种听
证程序，取决于行政机关的自我判断，因此对于这样的审查应当是合理性
标准。如果行政机关滥用行政立法听证程序，那么应当认定其"违反法定
程序"，构成了有权限的机关撤销该行政法规或者行政规章的理由。

第七章
行政处罚听证

　　1996 年《行政处罚法》首次在我国法律上确立了听证制度，这对于确保行政机关公正、公开实施行政处罚具有重要的法律意义。然而，行政听证作为一项全新的法律制度，对于我国的行政机关及其工作人员来说，实施行政处罚的听证几乎没有任何现存的经验可供借鉴。如何使听证程序不流于形式，真正成为有效控制行政机关行政处罚权的程序机制，仍是《行政处罚法》实施 10 余年之后我们所面临的一个亟待解决问题。尽管有的省、市人民政府和国务院的职能部门已制定了一些行政处罚听证实施的办法，但也没有从根本上彻底解决行政处罚听证实践中所出现的问题。所以，真正有效地实现行政处罚听证的目的，对于我们来说仍然是任重而道远。

一、行政处罚正式听证范围

　　行政处罚的听证可分为正式听证和非正式听证。行政处罚的正式听证是指在行政机关非本案调查人员的主持下，由调查取证人员、案件当事人、利害关系人以及其委托代理人参加，听取各方的陈述意见、质证、提供证据的一种法律制度。行政处罚的非正式听证则是通过简易程序，为行政相对人提供一个陈述、申辩意见机会的一种听证程序。

　　根据《行政处罚法》的规定，行政处罚听证也分为正式听证和非正式听证两种。正式听证是以举行听证会的方式听取意见的听证方式，它适用于对行政相对人影响重大的行政处罚。《行政处罚法》第 42 条对正式听证范围作了明确的规定。除《行政处罚法》第 42 条规定的行政处罚外，其他行政处罚应当适用非正式听证程序，但法律另有规定的除外。但是，如何理解《行政处罚法》第 42 条规定中的三种行政处罚，对于正确适用行政听证具有重要的法律意义。

（一）责令停产停业

对于"责令停产停业"的界定，行政法学界的认识并不一致。如一种观点认为："责令停产停业是指行政机关不允许行政违法相对人在一定时期内从事某种生产、作业或者工作的处罚。"[①]也有一种观点认为：责令停产停业"属能力罚的一种，是指行政机关责令违法当事人停止生产、经营活动，从而限制或者剥夺违法行为人生产、经营能力的一种处罚"[②]。前一种观点虽然指出了"一定时期内"的时间要素，但是它没有明示在这"一定时期内"行政违法相对人拥有的从事"某种生产、作业或者工作"的权利在法律上所处的状态。后一种观点虽然明确了"违法行为人生产、经营能力"在法律上所处的状态，但这种状态究竟是"限制"还是"剥夺"不甚明确，更何况它没有违法相对人从事某种生产、经营能力被限制或者剥夺的法律状态所需要的时间要素。因此，这两种观点我以为都是不科学的。

责令停产停业应是指行政机关以强制手段暂时剥夺行政相对人生产、经营权利的一种行政处罚。以下几点进一步说明这一概念：

1. 责令停产停业具有强制性。这一强制性表现为如行政相对人不履行此义务，将会招致行政机关强制执行以及其他行政处罚。这一点区别于"责令改正"的行政强制行为，如《行政处罚法》第 23 条规定："行政机关实施行政处罚时，应当责令当事人改正或者限期改正违法行为。"在这种情形下，行政相对人仍然具有从事生产、经营的权利，他可以在生产、经营过程中改正违法行为。责令停产停业则是在不能生产、经营条件下改正违法行为。

2. 责令停产停业具有暂时性。这一暂时性表现为行政相对人所从事的生产、经营权利因为责令停产停业在法律上暂时被剥夺。这一点区别于"吊销许可证、执照"的处罚。吊销许可证、执照则是永久性地剥夺了行政相对人的某项权利。如果依照法律规定，行政相对人可以重新获得此项权利的，必须依据法定条件重新申请许可。如果法律规定终生不得再拥有此权利的，那么行政相对人就不能重新申请许可。如《道路交通安全法》第 101 条："违反道路交通安全法律、法规的规定，发生重大交通事故，构成犯罪的，依法追究刑事责任，并由公安机关交通管理部门吊销机动车驾驶证。造成交通事故后逃逸的，由公安机关交通管理部门吊销机动车驾驶证，且

---

① 胡锦光、刘飞宇：《行政处罚听证程序》，法律出版社 2004 年版，第 92 页。
② 李岳德主编：《中华人民共和国行政处罚法释义》，中国法制出版社 1996 年版，第 48 页。

终生不得重新取得机动车驾驶证。"

3.责令停产停业附有相关的义务。这一点区别于"暂扣许可证、执照"的处罚。暂扣许可证、执照的法律效果与责令停产停业相同,即行政相对人某项权利在法律上被暂时剥夺,但是它没有附带纠正违法状态的义务。责令停产停业则要求行政相对人纠正生产、经营中现有的违法状态。

4.责令停产停业是剥夺权利。之所以把责令停产停业定性为"剥夺"而不是"限制"权利,是因为在责令停产停业之行政处罚下,行政相对人是丧失而不是"拥有却限制行使"生产、经营的权利。此时,它原先获得生产、经营权利许可的条件已不具备,但从现有实际情况看,这些权利是可以通过行政相对人履行若干义务之后复原的。吊销许可证、执照也是剥夺权利,但它适用于在行政相对人原先获得生产、经营权利许可的条件不具备,且不能复原的情形。

(二)吊销许可证或者执照

许可证或者执照(以下简称吊销许可证)是行政相对人从事某些法律对一般人禁止事项的合法依据。吊销许可证或者执照是指行政相对人因违法从事许可的事项,行政机关依法剥夺其从事被许可事项的权利的一种行政处罚。与责令停产停业相比,它是一种更加严厉的行政处罚。

作为一种行政处罚,人们对于吊销许可证在内涵上的理解基本没有多大的争议,但我们必须区别几个与之有关的概念:

1.撤销许可证。撤销许可证是指因行政机关或者行政相对人在行政许可过程中的违法情形,导致了行政相对人获得许可证不具有合法性,行政机关依法终止许可证效力的一种行政行为。与吊销许可证的不同是:(1)原因不同。撤销许可证是行政相对人在取得时不符合条件,吊销许可证是行政相对人合法取得许可证之后从事了违法行为。(2)效力不同。撤销许可证的效力追溯到行政相对人取得许可证之时,而吊销许可证则不具有追溯力。(3)性质不同。撤销许可证是一种非行政处罚行为,是对违法颁发许可证行为的纠正。吊销许可证是一种行政处罚。

2.取消许可证。取消许可证是对原先设定的许可证因为法律、政策或者客观情况发生重大变化而取消的一种行政行为。如我国加入世界贸易组织之后,纺织品进口许可证和汽车进口配额许可证都设定了最终取消的时间。取消许可证是消除颁布许可证的依据。取消许可证本质上是一种抽象行为,可以是立法机关通过立法取消许可证,也可以是行政机关通过制定抽象性立法文件取消许可证。取消许可证对于行政相对人来说,他从事某些行为可以不再需要事先获得行政机关的许可,因此,取消许可证扩大了行政相对人的自由范围。

3.注销许可证。注销许可证是在程序上消灭许可证的一种方式。注销许可证的目的在于从事实上消灭许可证,以防止法律上不存在的许可证在事实上产生不良后果,如持证行骗等。所以,注销许可证具有预防功能,不具有制裁性质。如《行政许可法》第70条规定:"有下列情形之一的,行政机关应当依法办理有关行政许可的注销手续:(一)行政许可有效期届满未延续的;(二)赋予公民特定资格的行政许可,该公民死亡或者丧失行为能力的;(三)法人或者其他组织依法终止的;(四)行政许可依法被撤销、撤回,或者行政许可证件依法被吊销的;(五)因不可抗力导致行政许可事项无法实施的;(六)法律、法规规定的应当注销行政许可的其他情形。"

(三)较大数额罚款

"较大数额罚款"是一个不确定的法律概念。对于这一规定中的"较大数额罚款"的理解,有两点必须进一步明确:

1."较大数额"的确定。据了解,目前行政机关对可以听证的较大数额罚款的确定大致有三种方法:(1)以违法行为发生的领域为标准确定较大数额的罚款。如上海市人民政府规定,对非经营活动中的违法行为处以1000元以上,对经营活动中的违法行为处以3万元以上的罚款,当事人有权要求听证。[①] (2)以违法行为主体不同为标准确定较大数额的罚款。如北京市人民政府规定,对公民处以超过1000元的罚款,对法人或者其他组织处以超过3万元的罚款,当事人有权要求听证。[②] (3)不直接规定罚款的具体数额,而是指定由特定机关确定较大数额罚款。如浙江省人民政府规定,较大数额罚款由省人民政府各行政主管部门根据必要和适度的原则拟定,报省人民政府法制局审核确定并公布。国务院有关部委、直属机关已依法作了规定的,可从其规定。[③]以上第(1)种方法借用了国务院对部委规

---

① 《上海市行政处罚听证程序试行规定》第3条。《杭州市行政处罚听证程序实施规定》第2条也有类似规定。

② 《北京市行政处罚听证实施办法》第2条。《工商行政管理机关行政处罚听证暂行规则》(国家工商行政管理总局第59号令公布)第6条和《浙江省交通行政听证程序暂行规定》第3条也有类似的规定。

③ 《浙江省行政处罚听证程序实施办法》第2条。《劳动行政处罚听证程序规定》(劳动部第2号令公布)第3条也有类似的规定。

定制定的规章设定罚款额度的规定。① 第（2）种方法则是借用《行政处罚法》有关当场罚款的规定。② 这两种方法的不科学之处是：

其一，以不同的罚款额作为不同当事人获得听证权利的前提条件，这是对听证权利性质的一种片面认识。听证作为行政相对人的一项法定权利，无论是公民、法人还是其他组织，都应当是平等享有，不应当以违法行为性质不同，规定行为主体不同的可以听证的罚款数额，更不应当以主体性质不同，规定不同的可以听证的罚款数额。因为，听证是行政相对人为维护自己的合法权益而在受到行政机关不利指控时可以行使法律赋予的一项抗辩权，行政相对人不能因其行为性质或者主体不同而在听证权利上享受差别待遇。否则，我们是否也应当对刑事诉讼中被告人享受辩护权也要作些差别性的规定呢？ 显然，这样的立法违反了宪法上平等原则。因此，这两种似乎公平地规定了可听证的较大数额的罚款方法，实质上是贯彻了一个法律面前不平等的原则。

其二，以确定的一个具体罚款数额作为较大数额的罚款标准，不利于确保法律实施的稳定性。法律公布实施后必须在相当时间内保持稳定，不应经常修改，否则其权威性就难以保障。把可以听证的"较大数额罚款"确定为一个具体的数额，假如几年后国家货币的币值发生了大幅度升贬，这种法律规定的不科学性就会凸现出来。

其三，我们现行不少的法律、法规和规章并没有以行政相对人的违法行为性质、主体不同而作出不同的罚款。如按上述两种方法执行，必然导致听证规定适用上的困难。第（3）种方法不仅存在着上述不足，还可能会使较大数额罚款的规定更加趋于混乱。

因此，较大数额的罚款应当以超过法定最高罚款额的 50％ 为确定标准，同时确定一个最低限额。如公安机关对赌博行为的法定最高罚款额是3000 元，那么处以 1500 元以上的罚款就属于较大数额的罚款。

2.对"等"的理解。一般认为，这里的"等"字表明了立法对行政相对人有权要求听证的行政处罚种类的不穷尽列举，其功能不外是：（1）赋予行政机关根据实际情况决定行政相对人对某些法律不明文规定的行政处罚享有听证权；（2）为今后立法扩大行政处罚听证范围提供法律依据。因此，这里的"等"应当理解为可以听证的行政处罚除责令停产停业、吊销许可证或者执照、较大数额罚款等，还应当包括其他可以听证的行政处罚种类，如较

① 《国务院关于贯彻实施〈中华人民共和国行政处罚法〉的通知》（国发［1996］13 号）。
② 《中华人民共和国行政处罚法》第 33 条。

大数额的没收违法所得、没收非法财物也应当给当事人听证权。现在有些
行政机关在其听证程序规定中,在列举了责令停产停业、吊销许可证或者
执照、较大数额罚款后去掉了这个"等"字,是不妥当的。① 这说明,对于行
政机关来说,通过听证会作出行政处罚决定并不是他们所喜欢的一种行政
管理方式。只要有可能,他们会尽可能地缩小行政处罚的听证范围。所
以,目前将行政处罚的听证范围扩大到没收违法所得、没收非法财物是符
合行政处罚法的立法目的的。

二、行政处罚听证程序

　　行政处罚听证程序是我国行政法上第一个听证程序。从立法内容看,
其"听证"的本意是"听证会"。如果我们对立法条文作这样的理解,那么我
们就会得出一个错误的结论,即不属于《行政处罚法》第 42 条规定的行政
处罚,行政机关可以不经听取当事人意见作出。《行政处罚法》第 6 条规
定:"公民、法人或者其他组织对行政机关所给予的行政处罚,享有陈述权、
申辩权;对行政处罚不服的,有权依法申请行政复议或者提起行政诉讼。"
据此我们可以得到一个结论:任何行政处罚都必须在听取当事人意见之后
才能作出,只是听取意见的方式有所不同而已。

　　根据行政程序法原理,听证可以分为正式听证和非正式听证。将此分
类用于行政处罚听证,则我们可以把行政处罚听证分为以下两类:

(一)正式听证程序:以举行听证会方式听取意见

　　1.事先程序。对当事人可能受到的行政处罚属于听证范围的,行政机
关应当在作出处罚决定前告知当事人听证权利。为了尽快稳定行政法律
关系,应当及时、简捷告知当事人听证的权利。

　　(1)告知形式。听证是当事人维护自身合法权益的一项重要权利,行
政机关应当以书面的形式向行政相对人履行告知义务,除非在特殊情况下
才能采用口头告知形式,并应当向当事人说明采用口头告知形式的理由。
行政机关对口头告知听证权利的,应当制作告知笔录。目前在实践中有行
政机关采用公告形式履行听证告知义务的,如浙江省工商行政管理局曾对
近百家不依法申请年检的企业,拟作出吊销企业法人执照的行政处罚,根

---

　　① 《浙江省交通行政听证程序暂行规定》第 3 条。

据有关规定在《浙江日报》上对上述企业履行听证告知的义务。① 这种方式于法无据,但从行政效率角度看,我认为也具有它自身的合理性。

（2）告知内容。确定告知内容的指导思想是如何确保当事人切实行使听证的权利。据此,以下三项是告知必不可少的内容:(1)用以指控当事人有违法行为事实的证据、拟定处罚的法律依据和处罚依据。(2)当事人提出听证的期限、方式和受理机关。(3)行政机关如认为本案的处理涉及第三人的合法权益,应当告知其如同当事人一样的听证权利。对第三人的范围,我认为,谁能够在行政诉讼中作为原告提起行政诉讼,那么他在行政程序中就有权作为第三人享有要求听证的权利。就我国目前的法律规定看,如治安行政处罚案件中的受害人就具有要求听证的权利,公安机关在处理这类行政案件时,应当告知其有要求听证的权利。

（3）依法通知当事人听证的事项。当事人在接到行政机关的听证权利告知后,如要求行政机关举行听证的,必须在法定期限内以口头或者书面形式向行政机关提出。当事人在接到听证告知通知后明确表示放弃听证权,又在法定期限内提出要求听证权利的,应当准许当事人提出的听证要求。有的行政机关规定,当事人明确提出放弃听证的,不问是否在法定期限内,一律规定不得对本案再次提出听证要求。② 这是对当事人要求听证权利的不合法的限制。对合法提出的听证要求,行政机关应当受理,并着手举行听证前的准备工作。行政机关如认为举行听证的条件已经成熟,应当在举行听证的前 7 天,将听证的时间和地点通知当事人和第三人。这种通知应当是书面形式。

从法律规定和行政处罚听证实践看,这个阶段的听证程序至少还存在着以下几个问题亟待解决:

（1）听证是否要组成三人的合议庭。现在不少行政机关的听证规定都规定,听证由行政机关非本案调查人员一至三人组成。听证到底应由一个人主持还是由三个人组成的合议庭主持,在听证实践中做法不一。这种借用诉讼法上审判庭组成方式,我认为是不合适的。

我们知道,诉讼法规定由三人以上组成的合议庭是为了作裁判时根据少数服从多数的原则进行表决的需要,行政处罚法借用司法庭审的某些方式设立听证制度,目的是为了行政处罚更加公正,但不能不考虑行政程序

---

① 《浙江日报》1997 年 6 月 17 日。
② 《上海市行政处罚听证程序试行规定》第 18 条,《杭州市行政处罚听证程序实施规定》第 16 条。

的特殊性而照搬诉讼审判模式。行政处罚中的听证就本质而言,它是行政机关的一种特别调查手段,与法院的庭审有本质的区别。主持听证的人在听证结束后不能对案件作出处理决定,而只能提出处理的建议。因此,为了提高行政效率,我认为听证只要由一个主持即可,没有必要设置由三人组成的听证庭,而且,由三人组成听证庭在基层并不现实,有些行政机关根本不设法制工作部门,有一个专门从事法制工作的人已经很不错了。

(2)听证主持人是否需要事先审查听证案件的有关材料。为了确保行政处罚听证的公正性,行政处罚法禁止本案的调查人员主持听证,其目的显然是为了防止由先入为主的调查人员主持听证,使听证流于形式。但是,在听证实践中,听证主持人事先接触案件往往使这一禁止性的法律规定失去意义。如国家工商总局《工商行政管理机关行政处罚听证暂行规则》第 24 条规定:"案件调查人员应当自确定听证主持人之日起三日内,将案卷移送听证主持人,由听证主持人阅卷,准备听证提纲。"我认为,从行政处罚法设立听证制度的目的看,听证主持人的任务是调查、核实行政处罚案件事实,如果他事先接触案件,先入为主可能会阻碍他公正地主持听证。因此,听证主持人在听证前只能形式上了解听证的行政处罚案件,尤其不得接触案件的实质性证据材料,调查人员也不得向听证主持人移送案卷。

(3)当事人委托的听证代理人代理权的法律保障问题。根据行政处罚法的规定,当事人可以亲自参加听证,也可能委托一至两人代理听证。为了确保当事人的听证权利,行政机关应当依法保障代理人实现代理权,如查阅卷宗权、调查取证权等。但是,在行政处罚案件听证程序中,由于行政机关既是当事人又是听证主持人,这种双重的法律地位决定了行政机关出于各种利害关系的考虑,对听证代理人行使代理权不可能如法院那样坦然、无私。我认为行政机关将用于作出行政处罚决定的所有事实、法律依据,只要代理人有要求,都应当属于可查阅的范围。行政机关不能将部分证据隐藏起来,到听证庭上再拿出来作为攻击对方的武器。

(4)受委托的组织能否举行听证。委托行政处罚应当包括听证。在目前的行政处罚听证实践中,有行政机关委托其他组织举行听证的做法。这种做法是否符合行政处罚法的规定,值得商榷。我们知道,《行政处罚法》第 18 条规定了行政机关在一定条件下可以委托符合法定条件的组织行使行政处罚,但这种委托是否包括了主持听证权力呢?现在实践中有的行政机关让受托实施行政处罚的组织依法举行听证,这种做法受到不少人的指责。我认为,听证是有些行政处罚实施过程中的一个必经程序,是行政处罚权力不可缺少的内容。从《行政处罚法》第 18 条规定看,将举行听证委托给受委托实施行政处罚的组织并不违法,况且,行政机关委托其他组织实施行政处罚,本身是为了提高行政处罚的效率,如果让行政机关来主持听证,可能有损于《行政处罚法》设置委托行政处罚制度的目的。

2.事中程序。行政机关必须在事先确定的时间和地点举行听证,如有正当理由改变听证时间、地点的,应当及时通知听证参加人。这个阶段的听证可分为以下几个步骤:

(1)听证公告。根据《行政处罚法》规定,除涉及国家机密、商业秘密或者个人隐私外,听证应公开举行。① 这是听证公开原则的法律依据。听证公开内容是指听证过程应当向社会公开,公民依法可以参加旁听,新闻记者可能采访、报道。这里涉及两个问题:

第一,公告方式。应当采用法院公开审判的公告形式,在行政机关的公告栏中将行政处罚案由、听证的时间、地点等公诸社会。必要时,行政机关可以将听证的事项通知它认为有必要参加听证旁听的组织或者个人,如当事人的单位。

第二,公告时间。行政处罚对公告时间没有作出具体规定。为了让参加听证旁听的人员有一个安排工作的合理时间,我认为行政机关应当在举行听证的前三天发布听证公告。

(2)宣布听证纪律等。听证书记员应当首先宣布听证的行政处罚案由,并查实听证参加人是否已经到庭,然后应当宣布听证纪律。听证纪律由行政机关根据需要拟定。一般是:第一,未经听证主持人允许,听证参加人不得发言、提问;第二,未经听证主持人允许,旁听人员不得录音、录像和摄影;第三,未经听证主持人允许,听证参加人不得擅自退庭;第四,旁听人员不得喧哗、鼓掌、吵闹或者其他妨碍听证秩序的活动。

(3)核对出席听证人员的身份事项等。书记员宣布听证纪律后,听证主持人开始主持听证。听证主持人在这个阶段主要工作是:

第一,核对参加听证人员的身份事项。参加听证人员合法的身份是达到听证目的的前提条件。作为案件的调查人员必须向听证庭出示其是本案调查人员的身份,如立案呈批报告,当事人和第三人必须向听证庭提交能证明其合法身份的文件,代理人应当向听证庭提交授权委托书。对上述内容,听证主持人应当一一加以核实,从而确保听证参加人符合法定条件。

第二,告知听证参加人员的权利和义务。为了保证听证的顺利进行,听证主持人应当依法告知听证参加人员听证程序中的权利和义务。为确

① 《中华人民共和国行政处罚法》第42条。

保听证的公正性,听证主持人必须告知当事人和第三人如果认为听证主持人与本案有直接利害关系的,有申请听证主持人回避的权利。

(4)听证调查。听证主持人在核对出席听证人员的身份事项后,应宣布进入听证调查阶段。先由调查人员陈述案件的事实经过,出示证明当事人违法行为的证据,提供处罚当事人的规范性文件的依据以及拟定的行政处罚建议。然后由当事人陈述案情,提出对自己有利的证据和规范性文件的依据。如有第三人,则再由第三人陈述案情,提交能支持其观点的证据和规范性文件。必要时,听证主持人可以向听证参加人员提问。

(5)互相辩论。在这个阶段中,调查人员、当事人和第三人可以就本案的事实、法律适用等问题发表自己的观点。听证主持人认为辩论双方已没有新的观点,可以宣布终止听证辩论并让听证参加人各方作最后陈述。

(6)听证中止或终结。在听证过程中,如发生可导致听证中止或终结的法定情形,听证主持人应当依法决定听证中止或者终结。中止情形消失之后,行政机关应当重新启动行政听证会,完成行政听证的全部程序。

根据《行政处罚法》的规定和目前行政机关的听证实践,我认为以下几个问题必须解决,否则会影响听证的顺利进行。这些问题是:

(1)证人出庭作证问题。在听证程序中,如听证参加人提出要求证人出庭作证时,听证主持人除非有正当理由,否则不能拒绝听证参加人的要求。如证人不能立即到庭,应当宣布休庭,并尽快通知证人出庭作证。关于证人出庭所需的费用应当由行政机关承担,即使是当事人或者第三人提出要求证人出庭作证,也不应当由当事人或者第三人承担。

(2)回避不能导致行政机关不能举行听证。当事人或者第三人认为听证主持人与本案有直接利害关系的,有权提出要求其回避的申请。行政机关负责人应当对回避申请进行审查并作出处理决定。如认为回避申请理由成立的,应当尽快指定新的听证主持人。如果没有合格的听证主持人,行政机关负责人可以亲自主持听证。但如果行政机关负责人本人也因与本案有直接利害关系应当回避的,他仍然可以主持听证。行政机关不能因为回避事由而丧失对行政处罚案件的管辖权,这里的“回避原则”必须让位于“效率原则”。

(3)对妨碍听证适用何种处罚及其依据。听证参加人员和旁听人员应当遵守听证纪律,但对于违反听证纪律的人给予何种处罚以及依据,行政处罚法没有作出相应的法律规定。我认为,对于违反听证纪律的人,首先听证主持人有权予以制止,如不听劝阻,应当责令其退出听证场所。情节严重的,可以报请公安机关以妨碍执行公务而追究行政责任,直至追究刑事责任。

（4）听证程序中调查人员能否改变已经告知当事人的行政处罚事实、法律依据或者处罚建议。在听证过程中，调查人员如认为原先提出的行政处罚事实、法律或者依据及其处罚建议不妥，能否在听证调查时作出改变。我认为从行政效率上看，这并不违反行政处罚法立法的目的。如果调查人员当庭提出改变行政处罚事实、法律依据及其处罚建议的，听证主持人应当征求当事人是否需要继续听证，如当事人同意这种改变从而放弃听证的，听证主持人应当宣布终止听证。

3.事后程序。行政处罚听证结束后，书记员应当将听证过程制成笔录，并当场或者在规定的时间内交由听证参加人核对。听证参加人如认为记录有误的，有权要求补正。听证主持人和参加人应当在笔录上签字或者盖章，如听证参加人拒绝签字或者盖章的，听证主持人应当在笔录上记明。听证主持人在结束听证后，应当尽快写出听证报告，对已听证的行政处罚案件提出自己的处理意见，连同听证笔录、证据材料等一并送交本机关负责人审查决定。这个阶段，我认为存在如下问题必须解决：

（1）听证笔录的法律意义。听证笔录究竟有何法律意义，它与行政处罚决定有何关系，人们的认识不尽一致。听证笔录就其内容而言，它是对听证过程的书面记载。因此，我认为，听证笔录是行政机关作出行政处罚决定的唯一依据。行政机关不得将未经过听证的证据作为行政处罚决定的依据，但从行政效率的要求看，补充的证据如果不涉及到改变原先认定的当事人违法行为的性质、拟定行政处罚种类的，可以例外。因为，如果允许行政机关将不经过听证的证据作为行政处罚决定的依据，那么行政机关完全可以将听证过程当成"过场"，使听证流于形式。因此，就本质而言，要求行政机关将听证笔录作为作出行政处罚决定的唯一依据，是对行政机关行政处罚权的一种制约。但是，《行政处罚法》并没有作出这样的规定。也就是说，行政机关作出行政处罚的依据也可以是不经过听证程序的。这样的立法往往会使行政听证流于形式。

（2）补证后是否仍需要再次听证。对于经过听证的行政处罚案件，行政机关认为本案证据不足的，应当再调查取证，以补充本案在证据上的不足。对于补充的证据，行政处罚主体是否应当再启动听证程序进行听证，法律没有作出明确的规定。有人认为，从行政效率的要求看，补充的证据可以不必再经过听证而直接作为定案的依据。也有人认为，补充证据也必须经过听证，才能成为定案的依据。只有这样，才能实现行政处罚法设立听证制度的目的。我认为，这两种观点都有可商榷之处。对于行政机关在听证后补取的证据，如果不改变原先认定的当事人违法行为的性质、拟定的行政处罚种类等实质性问题的,补充证据可以不经听证而作为定案的依据,但是应当向当事人作必要的说明;反之,行政机关应当再次举行听证。

(二)非正式听证程序:以其他方式听取意见

非正式听证程序是一种并不规范的听证方式。由于正式听证行政成本比较大,某些对行政相对人权益影响不大的行政处罚,如通过正式听证听取意见并无必要。因此,对于这样的行政处罚,行政机关在作出之前给予当事人一个表达意见的机会,已经满足了正当法律程序的要求。行政机关不得借口行政效率而剥夺行政相对人的听证权利,也不得认为某种行政处罚轻微可以不必听取行政相对人意见。

尽管如此,非正式听证程序不是没有基本的方式、步骤的,比如告知、听取意见的方式仍然需要遵守法律的基本规定,否则,行政机关的行政处罚仍然违反法定程序。

三、行政处罚听证评述

在我国行政法制史上,《行政处罚法》首次设立了充满法治意义的行政听证。其重要意义可以展示如下:

1.设立听证程序,为受处罚的当事人提供了一个法定的陈述和申辩的机会。受行政处罚的当事人如果实施了行政违法行为,那就应当接受行政机关所作出的行政处罚决定,但这并不意味着受处罚的当事人对行政机关所认定的事实和法律依据不能提出异议。因此,通过设立听证程序,使受处罚的当事人可以运用要求听证的权利,向行政机关陈述或申辩自己可以从轻、减轻甚至不能处罚的理由,从而维护自身的合法权益。

2.设立听证程序,为行政机关作出行政处罚决定的合法性和合理性提供了一个程序性的保障。行政机关在作出行政处罚决定时,如果仅仅凭借自己收取得到的证据,则有可能会导致其行政处罚决定不合法或不公正。因此,如果行政机关能像法院在作判决以前,听取当事人为自己所作的申辩,可能会避免行政处罚决定不合法或不合理的现象的发生。

3.设立听证程序,可以提高行政效率。设立听证程序,让受处罚的当事人有一个表达自己意见的机会,这样,即使行政机关对其作出了行政处罚,也可以减少其申请行政复议或者提起行政诉讼的可能性,从而使行政机关较少地陷于有损行政效率的行政复议或行政诉讼的程序之中。

然而,中国是一个成文法占绝对优势的国家,因此,尽管行政实践与诉讼对行政程序法律化已表现出一种相当的迫切性,但法院在通过判例来发展中国的行政程序法律制度方面是作为不多的,淡薄的司法能动性已成为成文立法无法补救的一个法律制度性缺陷,更深层次的原因可能是我们对人的尊严与人的价值的认识不深所致。在中国传统法律文化中,个人在法律上的地位几乎可以通约到忽略不计,一个受到国家指控的人不会是个好人,给他为自己申辩的权利是多余的,是没有必要的。如果他要为自己申请,招致的往往是一片责骂声。在革除旧的法制后,这种法律文化观念并没有因社会制度的变革而完全改变。例如,尽管我们在现行的法律上已经给了刑事被告的辩护权,但是这种辩护权有时会被运作在轻视人的尊严、价值、推崇国家本位的社会中的诉讼程序剥夺得干干净净。"决定不处罚你了,但宣布你是个罪犯。你不服,不愿接受这种'宽大',但却没地方说理。"①这种免予起诉的程序根本无公正可言,简直是一种法制专横典范。

如果我们认识到了被告在刑事诉讼程序中的地位,就会容易理解在行政程序中确立听证程序有多困难。这在我国《行政处罚法》制定过程中已经有所暴露。在该法的试拟稿中,我们看到了起草者用了近10个条款来规定申辩制度(即听证制度),但在该法的草案中,申辩制度仅有一个法条规定,即第31条规定:"当事人有权进行申辩和质证。行政机关必须充分听取当事人的意见,对当事人提出的事实、理由和证据,应当进行复核,不得因当事人的申辩和质证而加重处罚。"如果按此规定进行听证,可以肯定,这种制度将会流于形式,好在最终经过各方的努力争取,才在行政处罚程序中建立了听证制度。

《行政处罚法》首次在我国法律上确立了听证制度,从《行政处罚法》所确立的听证制度看,至少存在着如下几个问题值得进一步探讨:

1. 人身拘留的行政处罚不列入听证范围的问题。听证从本质说,它是法律为受处罚人提供了一个对自己不利指控的抗辩机会;对行政处罚主体来说,它是一种权力制约的程序机制。根据一般法理学说,法律制裁越重越应当给予受处罚人有抗辩的权利和机会,如对于判处死刑的案件,法律还为其专设一个死刑复核程序。但是,行政处罚法将行政拘留的行政处罚排除在听证范围之外,其立法理由是相当缺乏的,与行政处罚立法目的也是相悖的。听证不包括限制人身自由的行政处罚,从保护受处罚人的人身权和财产权方面看,听证制度的法律意义就大为逊色。

2. 劳动教养。劳动教养是国家旨在预防及减少违法犯罪,维护社会治

---

① 　李心鉴:《刑事诉讼构造论》,中国政法大学出版社1992年版,第224页。

安,对违反治安管理法规屡教不改而又有劳动教养必要者,或者实施轻微犯罪行为而不够或无需刑事处罚而又有劳动教养必要者所采取的限制其一定期限人身自由,以进行劳动、教育、改造的一种处分。虽然对劳动教养的性质学界仍然有争议,但如果我们抛开非法律因素,劳动教养显然是一种限制人身自由的行政处罚。如此重大的限制公民人身自由的行政处罚,不需要经过一个正式听证程序,显然是极不公正的。更让人感到不安的是,一个省级司法行政机关可以在不经过一个公开程序即可以决定延长劳动教养一年,显然是违背国家对公民人权保护的宪法原则。

3. 没收。《行政处罚法》把"较大数额罚款"作为正式听证的行政处罚之一,显然是考虑了较大数额财产对行政相对人的重要影响。但是,在行政处罚中有时较大数额的没收处罚,其影响并不亚于较大数额的罚款。比如海关行政处罚中,没收财物的数额往往是巨大的。所以与较大数额罚款相比,把较大数额的没收排除在正式听证之外在法理上显然是说不通的。

因此,我国将来如要制定行政程序法,首先应当改变某些传统的法观念,正确认识到听证制度在现代法治社会中的重要意义;其次应当围绕着听证制度来构造我国未来的行政程序法,否则,即使颁布了行政程序法,也发挥不了其应有的作用。

第八章

行政许可听证

2004 年 7 月 1 日生效的《中华人民共和国行政许可法》,在充分考虑了行政处罚听证实践经验的基础上,进一步完善了行政机关作出具体行政行为之前的听证制度。比如,《行政许可法》增加了行政机关主动听证的程序。另外,起草法律草案、法规草案和省、自治区、直辖市人民政府规章草案,拟设定行政许可的,起草单位应当采取听证会、论证会等形式听取意见。这些改进性的规定在立法指导思想上,显然是进一步提升行政民主,扩大公民、法人或者其他组织参与行政程序。这是因为,现代行政法不再仅仅是单向地规范行政机关向行政相对人发出指令,同时它也指引行政相对人参与行政的过程。通过参与行政的过程实现行政机关和行政相对人之间的良性互动,最后以"可接受性的行政行为"结束行政过程。《行政许可法》有关行政许可的听证规定,正是这种现代行政法精神的具体化、规范化。

一、行政许可正式听证范围

作为一个舶来品,"听证"最早出现于《行政处罚法》。[①] 但是,在之后的《价格法》和《立法法》中使用了"听证会"。[②]《行政许可法》则兼用"听证会"和"听证"。[③] 尤其是,《行政许可法》中同时使用了听证会和听证两个概念,更让人坚信听证会不同于听证。如果真如此,听证会是通过举行会议的形式听取意见,那么听证就是采取举行会议形式之外的方式听取意见。如果这个推论成立,那么除了《行政许可法》第 46 条和第 47 条规定的听证事项

---

① 《中华人民共和国行政处罚法》第 42 条。

② 《中华人民共和国价格法》第 23 第,《中华人民共和国立法法》第 34 条和 58 条,其他如《中华人民共和国环境影响评价法》第 11 条和第 21 条。

③ 《中华人民共和国行政许可法》第 19 条和第 46—48 条。

外,行政机关作出其他行政许可决定都不需要听取申请人、利害关系人意见? 显然,这与《行政许可法》第 7 条又是相违背的。

国内有学者也已注意到了立法用词的混乱,并认识到了"听证会是听证的一种形式"①。但是,这一观点解释《行政许可法》的立法用词就比较困难了。因为,如果说《行政许可法》第 19 条中"听证会"是听证的一种形式,那么第 46 条和第 47 条中的"听证"除了"听证会"之外,是否还包括其他方式呢? 如果是,那么在第 48 条规定的听证程序看不出除了"听证会"外,还包括了其他听取意见的方式;如果不是,在一部法律中用不同的词语表述同一内涵显然足以引人误读法律精神。

我以为,听证作为一个上位概念,其下可以分为正式听证和非正式听证。正式听证是从司法审判程序简化而来的。因此,我们可用"听证会"称之。由于正式听证是高成本低效率的行政程序,所以它仅适用于对行政相对人产生重要影响的行政行为。但是,对于其他影响行政相对人权益的行政行为,依法律正当程序的要求,在作出之前行政机关也应当听取其意见。于是,非正式听证应运而生,它的基本内涵是行政机关作出影响行政相对人权益的行政行为之前,给其一个表达意见的机会即可,至于采取何种形式由行政机关裁量。之所以作出如此理解,是因为正当法律程序原理所然。

行政许可的听证也分为正式听证和非正式听证。原则上,所有的行政许可如有受其不利影响的行政相对人,行政机关必须在作出行政许可决定之前听证其意见。这是行政许可程序中一项基本原则。《行政许可法》第 7 条规定:"公民、法人或者其他组织对行政机关实施行政许可,享有陈述权、申辩权;有权依法申请行政复议或者提起行政诉讼;其合法权益因行政机关违法实施行政许可受到损害的,有权依法要求赔偿。"这里的"陈述权、申辩权"就是行政相对人拥有行政许可听证权利的法律依据。

以此分析来检讨《行政许可法》的立法用词,我们就很容易看出其纰漏。立法者的认识误区之一是以抽象行政行为对应"听证会",以具体行政行为对应"听证"。立法者的认识误区之二是没有认识到"听证会"是听证的方式之一,并把它们并列视之。立法者认识误区之三是把《行政许可法》第 48 条听证程序写成了"听证会的程序",由此与其原先的认识相矛盾。消解这三个立法者制造的问题,可以考虑以下两个方面的论述:

1.《行政许可法》第 46 条和第 47 条中的"听证"应当理解为"听证会"。

---

① 刘勉义:《我国听证程序研究》,中国法制出版社 2004 年版,第 6—7 页。

听证会是一种正式的听证形式。这是行政法学理论上的一种共识。唯有作这样的理解,才能在学理上正确地区分正式听证和非正式听证,在《行政许可法》内部理顺第 46 条、第 47 条与第 48 条之间的关系。

2.《行政许可法》第 7 条关于"陈述权、申辩权"的规定,应当理解为是行政相对人在行政许可中听证权利的原则规定。即凡是受行政许可决定不利影响的行政相对人,都具有陈述权、申辩权。至于如何行使这些权利,则取决于受影响的严重程度或者法律、法规和规章的规定。正如诉讼上对于案情简单的案件,则采用简易程序审查案件,但不能因为案情简单而不听取当事人意见直接作出判决。

由于正式听证需要支付较高的行政成本,据于"比例原则"考虑,正式听证应当适用于对行政相对人合法权益产生比较重大影响的行政行为。此原理同样也适用于行政许可的正式听证。凡不属于行政许可正式听证范围的事项,均纳入行政许可的非正式听证范围。根据《行政许可法》的规定,行政许可正式听证范围是:

(一)依职权听证

依职权听证,也称之为主动听证,它是行政机关在法律规定的情形成立时,依职权启动行政许可听证程序。《行政许可法》第 46 条规定:"法律、法规、规章规定实施行政许可应当听证的事项,或者行政机关认为需要听证的其他涉及公共利益的重大行政许可事项,行政机关应当向社会公告,并举行听证。"由此可见,行政许可法没有具体明确行政机关主动听证的具体情形。"行政许可法对行政机关应当主动听证的具体事项未予列明,由单行法规定和行政机关自己决定。这样可以为将来听证范围的扩大留下充分的空间。"①根据这一规定,依职权的行政许可听证主要有两种情况:

1.法定情形。法定情形是《行政许可法》第 46 条中"法律、法规、规章规定实施行政许可应当听证的事项"。即凡是法律、法规和规章规定实施某种行政许可应当听证的,行政机关必须启动行政许可听证,听取行政相对人意见。如《重庆市实施行政许可听证暂行办法》第 2 条规定,直接关系群众切身利益的重大建设项目的规划、施工、环境影响评价等的审批,在城市繁华地区设置大型户外广告的审批和对被拆迁户数较多的城市房屋拆迁的许可等,必须在作出行政许可之前,由行政机关主动举行听证。

---

① 汪永清主编:《中华人民共和国行政许可法释义》,中国法制出版社 2003 年版,第 160—161 页。

　　"法定情形"中的"法",依照《行政许可法》的规定,它限于法律、法规和规章。"规定"是否可以作出某项行政许可实施之前行政机关必须举行听证的规定,即通过低层级的规范性文件来扩大正式听证的范围。从正式听证的功能看,它通过为行政相对人提供一个比较规范的听证程序,保障行政相对人可以充分表达自己的意见。这对于保护行政相对人的合法权益具有极其重要的法律意义。所以,行政机关通过规范性文件来扩大正式听证的范围,不悖于行政许可法立法精神,如同行政机关承诺在法定期限内提前作出行政行为一样,它并不为法律所禁止。

　　2.裁量情形。裁量情形是《行政许可法》第 46 条规定中的"行政机关认为需要听证的其他涉及公共利益的重大行政许可事项"。这是《行政许可法》赋予行政机关是否需要主动启用正式听证的裁量权,也是立法理性的一种体现。因为行政实践非常复杂,行政事务性质不一,立法机关很难划出一个符合实际情况的正式听证范围。与其不能科学地划出这样一个范围,不如把这个权力交给行政机关。所以,这一裁量情形的正式听证范围规定是符合现代行政需要的。

　　在理解这一规定时,我以为如下几个问题需要纳入进一步关注的范围:

　　(1)"行政机关认为需要听证的"。这一法律规定的意义是,行政机关在实施行政许可时,基于行政许可法的立法目的和基本原则,认为某一行政许可在作出决定之前举行听证会听取行政相对人的意见,可能更有利于保护公共利益的,应当启动行政听证程序。有疑问的是,法律为什么要求行政机关考虑"涉及公共利益"而不是"私人利益"? 这是因为,行政机关本身具有维护公共利益的职责,在法律地位上它也是公共利益的维护者。当行政许可涉及公共利益,且法律、法规和规章没有规定必须举行听证时,由实施该行政许可的行政机关主动发起行政许可听证会,以实现维护公共利益的目的。如果行政许可涉及"私人利益",那么行政机关通过适用《行政许可法》第 47 条规定,由相关的利益主体通过申请启动行政许可听证程序。

　　(2)"其他涉及公共利益的"。这里的关键是如何界定"公共利益"。公共利益作为一个不确定的法律概念是否可以作出定义? 在学界是一个较大争议的问题。在我国,自 2004 年宪法修正案之后,关于"公共利益"的讨论逐渐成为公法中的一个热点。① 中国法学会行政法研究会 2004 年的会议主题之一就是讨论"公共利益"。然而,公共利益的确是一个不容易界定的概念,因为到目前为止虽然有不少关于公共利益的定义,但还没有一个定义可以为一般人所接受。有学者通过个案对美国广播管制中的公共利益标准进行考察,文中如下一段话确实很有启发:"很难为'公共利益'给出一个精确的定义。Avery Leiserson 曾给出过一个多少有些实用主义但是有局限的定义,认为'一个令人满意的公共利益标准,在于行政行为能得到那些有影响力的政治团体的普遍接受'。因此相应的政策必须要能够回应这些政治团体的期待和欲求。而对公共利益的整体界定是非常困难的,而且公共利益也往往并非就是个别利益的相加和总合。"②

所以,关于何谓"公共利益",我们最好不要去追求一个精确的定义,比较实际的做法是通过个案去界定"公共利益"的内涵。通过关于公共利益的个案积累,公共利益的概念也会变得越来越清晰,从而在经验上解决这个问题。

(3)"重大的"。这一法律界定表达了如下意义:即使是行政机关认为需要听证的,即使是涉及公共利益的,但如果不属于"重大的"行政许可事项的,也不属于行政听证正式听证范围。何谓"重大的"?其实这又是一个不确定的法律概念,由行政机关依个案进行裁量。在实践中,如许可江湖上建造大型桥梁通道或者在风景名胜区许可建造宾馆饭店等都属于重大的行政许可事项。在这种情况下,许可没有涉及特定的个人利益,也没有特定的个人站出来表示异议。因此,在这样的情况下,由行政机关通过公告的形式,让关注公益的组织或者个人参与到行政许可程序中并发表他们的意见,从而尽最大限度保护公共利益。

(二)依申请听证

依申请听证,也可以称为被动听证。它是在行政相对人请求下,由行政机关启动行政许可听证程序的一种听证方式。《行政许可法》第 47 条规定:"行政许可直接涉及申请人与他人之间重大利益关系的,行政机关在作出行政许可决定前,应当告知申请人、利害关系人享有要求听证的权利;申

---

① 2004 年宪法修正案内容之一是将宪法第 10 条第 3 款"国家为了公共利益的需要,可以依照法律规定对土地实行征用",修改为"国家为了公共利益的需要,可以依照法律规定对土地实行征收或者征用并给予补偿"。

② 宋华琳:《美国广播管制中的公共利益标准》,《行政法学研究》2005 年第 1 期。

请人、利害关系人在被告知听证权利之日起五日内提出听证申请的,行政机关应当在二十日内组织听证。"这一条规定把是否要求听证的权利交给行政相对人来决定。根据这一规定,依申请的行政许可听证有以下几个问题需要进一步说明:

1."申请人与他人之间重大利益关系"。所有的行政许可都必须以举行听证会的形式来听取意见,显然不符合现代行政的要求。但是如果把行政相对人有请求举行听证会的事项限制得太小,显然不利于保护行政相对人的利益。因此,《行政许可法》通过"重大利益关系"把这一裁量权赋予给了行政机关。

何谓"重大利益关系"? 有学者认为:"一般而言,当行政许可涉及他人基本权利和自由的实现,或涉及他们的公平竞争权,或一旦将许可证核发给申请人就可能给他人的合法权益带来重大损失的,都应当认定这里存在申请人与他人之间的'重大利益关系'。"①虽然这一观点进一步细化了法律的原则规定,但是仍然存在着不确定的概念。也有学者尝试用列举的方式解决这个问题:"从行政许可事项的性质看,下列行政事项似应看做是涉及申请人与他人之间重大利益关系的行政许可:多人同时竞争的有数量限制的行政许可,给予申请人行政许可将直接影响其相邻权人、竞争对手甚至消费者重大经济利益、重大环境利益的规划许可、建设用地许可等无数量限制的行政许可。"②这一观点以列举的方式明确何谓"重大利益关系",但也存在着不能穷尽的局限性。所以,我以为无论我们在学理上写出如何精美的定义,都无法解决行政实践中复杂多变的问题。与何谓"公共利益"一样,"重大利益关系"的界定仍然希望于通过个案的积累。这可能是一种比较稳妥的方法。

一个很现实的问题是,当行政机关与申请人、利害关系人之间就"重大利益关系"是否存在发生争议时,应当通过何种规则解决? 我以为,《行政许可法》把"重大利益关系"的释明权赋予了行政机关,行政机关在行使这一权力时应当承担说明理由的责任。具体来说,行政机关应当遵守如下规则:(1)公开规则。即支持其行使释明权的理由应当公开,允许相关人查阅、摘录。(2)告知规则。即行政机关应当将理由通过适当的方式告知申

① 应松年、杨解君主编:《行政许可法的理论与制度解读》,北京大学出版社 2004 年版,第 244 页。
② 汪永清主编:《中华人民共和国行政许可法释义》,中国法制出版社 2003 年版,第 162—163 页。

请人、利害关系人。（3）质辩规则。即允许申请人、利害关系人就行政机关提出的理由进行质疑、辩驳。

对于行政机关因为认定没有重大利益关系而拒绝举行听证会的行为，申请人、利害关系人是否可以单独提起行政诉讼呢？我以为，行政机关拒绝举行听证会而作出了行政许可决定，仅仅是一个程序上的争议，不能作为一个独立的行政行为提起行政诉讼。但是，申请人、利害关系人可以在对行政许可决定提起的行政诉讼中，把它作为一个理由提出来，请求法院予以审查。如果法院认为行政机关释明"重大利害关系"理由不成立的，可以"违反法定程序"为由撤销该行政许可决定。

2. 不予许可的听证。《行政许可法》规定申请行政许可的听证的实质性要件是"行政许可直接涉及申请人与他人之间重大利益关系"。如果行政机关决定不予许可申请人的申请，是否与他人之间有重大利益关系？一般而言，这里的"申请人与他人之间重大利益关系"应当理解为，如果申请人成功地获得了行政许可，那么就可能对他人产生不利的影响。因此，如果申请人的行政许可申请不成功，也就不可能对他人产生不利影响。在这样的情况下，行政机关没有必要告知他人（也称之为利害关系人）有听证请求的权利。

但是，对于申请人来说，行政机关在作出不予许可决定之前，是否需要告知其听证请求权呢？《行政许可法》的规定并不明确。我认为，行政机关不予许可决定对申请人产生了不利影响，依照《行政许可法》第7条规定和正当法律程序之原理，他应当享有听证请求权，只不过是他的听证权利实现方式是采用正式听证还是非正式听证。如果不属于法定正式听证范围的行政许可事项，我倾向于这类行政许可的听证纳入非正式听证范围，比较符合行政效率与公正的要求。

正确理解和执行行政许可正式听证范围的规定，还需要经验、个案的积累。在这个过程中，以下两个问题我们需要认真对待：

（1）不宜过度扩大行政许可正式听证的范围。《行政许可法》所规定的行政许可正式听证范围用了不少不确定法律概念，并把裁量权赋予给了行政机关，同时也把扩大行政许可正式听证范围的权力保留给了法律、法规和规章。在正当法律程序传统极其浓重的美国，它的正式听证适用的范围并不是很大的，通过正式听证的行政案件所占比例也是极低的。所以，在《行政许可法》实施过程中，行政机关听证的主要方式应当是非正式听证，而不是以举行听证会形式的正式听证。

（2）正式行政许可听证并不是保障行政相对人合法权益的最好途径。

由于在行政程序中效率优于公正的价值取向,决定了正式行政许可听证仅仅处于行政许可听证的补充性地位。现在有许多人仍然持有这样的误解:正式行政许可听证范围的大小与行政相对人合法权益受保障的程度成正比。其实,保护行政相对人合法权益有多种方式、途径,正式行政许可听证当然也是其中之一,但是,当我们使用这种方式时,必须关注另一个价值观念:效率。所以,在行政许可程序中,过分推崇正式听证有悖于现代行政及时回应社会发展所需要的权力行使方式的发展趋势。

二、行政许可听证程序

与行政处罚一样,行政许可听证也可以分为正式听证和非正式听证。然而,《行政许可法》仍然沿用《行政处罚法》的认识,即用"听证"来表达"听证会"。立法者或许没有意识到的问题是,许多行政机关却把这一规定理解为除了《行政许可法》第46条和第47条规定的行政许可事项外,行政机关作出其他行政许可决定都不需要听证申请人、利害关系人意见。显然,这是误读了《行政许可法》的原旨,但责任应当归咎于立法机关。其实,在《行政许可法》中的"听证"后面,加上一个"会"就彻底解决了这个问题。尽管如此,我们在理解《行政许可法》的"听证"时,应当主动地加上一个"会",才能够从容地理顺《行政许可法》中第四章第四节与其他章节的内在联系。行政许可听证程序可以分为正式听证程序和非正式听证程序。分述如下:

(一)正式听证程序:以举行听证会方式听取意见

1.事先程序。举行听证会之前行政机关需要依法完成若干事务,这些事务主要是为举行听证会所做的准备。根据《行政许可法》的规定以及行政程序法原理,这个阶段的主要事务是告知申请人、利害关系人听证权利以及相关事项。

(1)公告。公告适用《行政许可法》第46条规定的没有特定利害关系人的听证会。公告,有公开告知的含义。《行政处罚法》没有"公告"之规定,可能是考虑到行政处罚不可能存在着不特定的利害关系人。《行政许可法》对于公告没有作出详细的规定,我认为,行政许可听证公告应当具备如下内容:

第一,公告内容。《行政许可法》对于公告内容没有作出具体规定,但从行政许可听证要求来看,听证公告应当载明举行听证会的事项、时间、申请参加听证会的条件和程序等。公告内容应当准确、完整,不使行政相对人在理解上产生歧义。

第二，公告地点。公告制成之后，可以在特定区域张贴，如受规划影响的居民小区，被征用土地的农村居民住地。张贴公告应当充分考虑自然条件影响公告的效果，如要考虑风吹雨打的影响。必要时，也可以在当地报纸上公示或者在电视台播出。

第三，公告时间。《行政许可法》没有规定行政机关应当提前多少天公告，原则上由行政机关裁量。但是，行政机关必须充分考虑申请人、利害关系人应当有一个合理的准备时间，否则，可能导致申请人、利害关系人因为没有充分时间准备而不能有效地参与听证。如果行政效率允许，行政机关应当尽可能给予申请人、利害关系人较充裕的准备时间。

听证公告格式如下：

_____年_____月_____日，本机关收到_____提出的_____的申请。依照（法律、法规、规章名称）规定（或因涉及公共利益），本机关拟定于_____年_____月_____日，公开举行听证会。

申请参加听证会应当符合下列要求：

(1)申请参加听证会的条件；

(2)申请程序；

(3)其他要求。

(2)告知。告知适用于《行政许可法》第 47 条规定的，为有特定的申请人、利害关系人的听证会。一般而言，告知有如下内容：

第一，告知形式。即行政机关以何种方式告知听证权利。一般认为，对于如此一个重要的程序权利，凡法律没有规定可以口头形式告知的，应当推定为必须以书面形式告知。行政机关以口头形式告知听证权利的，都可能构成程序违法。

第二，告知内容。即书面形式的告知应当记载哪些内容。作为一项重要的程序权利，行政机关应当把此权利的依据、行使方式、时间地点等记载于告知书上，确保行政相对人在收到告知书之后可以直接明白所记载的内容，并及时、有效地行使听证请求权。

第三，告知时间。《行政许可法》规定的告知时间是"作出行政许可决定前"，具体时间应当由行政机关视个案情况而定。《行政许可法》明确规定了行政机关作出行政许可的期限,①但同时也规定,如果举行听证会听取意见的,该听证时间应当扣除。② 从立法精神看,如果行政机关在审查行政许可申请时发现该行政许可符合举行听证会的条件,并向申请人、利害关系人发出了听证权利告知书,那么,行政许可的期限应当中断;直至听证会结束之日起重新计算。因此,"作出行政许可决定前"可以理解为"行政许可期限届满之前"。综述以上,我认为告知书应当具备如下内容:

(1)以下告知书适用于申请人。其格式是:

你单位(或者个人)于某年某月某日向本机关提出的关于(某某事项)的申请,符合《中华人民共和国行政许可法》第四十七条规定,有权要求听证。

如果要求听证,可以在收到本通知之日起 5 日内向本机关提出听证申请;逾期未提出听证申请,视为放弃要求听证的权利。

(2)以下告知书适用于利害关系人。其格式是:

(申请人)于某年某月某日向本机关提出的关于(某某事项)的申请,直接涉及你单位(或者个人)的重大利益。根据《中华人民共和国行政许可法》第四十七条规定,你单位(或者个人)有权要求听证。

如果要求听证,可以在收到本通知之日起 5 日内向本机关提出听证申请;逾期未提出听证申请,视为放弃要求听证的权利。

告知有效,即客观上必须到达申请人、利害关系人。因为告知形式上到达申请人、利害关系人,虽然并不违反法律,如交寄邮局即推定为申请人、利害关系人收到;在报纸上刊登公告推定为不特定利害关系人知道听证事项,但是,这样的告知可能会导致某些申请人、利害关系人因为客观原因得不到听证告知而失去参加听证的机会。因此,我认为,听证告知应当尽可能采用直接送达的方式,只有在直接送达方式不能的情况下,才采用其他方式送达听证告知。

另一个问题是听证参加人的确定。由于《行政许可法》第 46 条和第 47

---

① 《中华人民共和国行政许可法》第 42 条。
② 《中华人民共和国行政许可法》第 45 条。

条分别规定了两种不同的听证情形,具体听证参加人的确定也是有所不同的:

(1)因公共利益而举行的听证会,行政机关应当在举行听证会之前的一个合理时间内,向社会公告听证会的内容、听证会代表产生办法、申请参加听证会须知。符合条件的公民、法人和其他组织,可以申请或推选代表申请参加听证会。行政机关按照听证公告规定的代表产生办法,根据拟听证事项及公民、法人和其他组织的申请情况,确定听证会代表;确定的听证会代表应当具有广泛性、代表性。

(2)因涉及他人重大利益而举行的听证会,如果听证的许可事项涉及利害关系人较多的,可由利害关系人推举或通过抽签等方式确定参加听证的代表。但是,行政机关应当首先确定相关规则,并向利害关系人公布。

由于上述问题《行政许可法》没有作出具体规定,实践中只能由行政机关作出规定。从公正性角度看,它是不可信任的。所以,最好的办法可以由省级政府以规章形式制定一个统一的规则,可以消除申请人、利害关系人的合理怀疑。

2.事中程序。事中程序就是怎样举行听证会的程序。《行政许可法》第48条对听证会举行的主要程序作出了比较原则的规定。为了更好规范行政许可的听证会程序,如建设部、环境保护部等都先后制定了有关行政许可听证的实施细则。从现有的法律规定和行政程序法学原理看,行政许可听证会的事中程序主要是:

(1)听证会的通知。如同法院开庭通知,行政机关在决定举行听证会之后,应当提前通知申请人、利害关系人。提前通知的法律意义是为申请人、利害关系人提供一个合理的准备时间。《行政许可法》第48条规定:"行政机关应当于举行听证的七日前将举行听证的时间、地点通知申请人、利害关系人,必要时予以公告。"这里"必要时"是法律赋予行政机关的裁量。如果其他的通知方式不能有效地到达申请人、利害关系人的,那么行政机关可以公告方式送达。

(2)公开举行听证会。如行政许可未涉及国家机密、个人隐私和商业秘密的,行政机关应当公开举行听证会。这意味公民持有合法身份证明均可以参加旁听。当听证场所因客观原因无法容纳时,行政机关可以限制旁听公民人数。公开举行听证会可以置行政许可决定过程于公众监督之下,有助于推进行政机关依法实施行政许可。

(3)听证回避。法律程序中的回避制度在于确保程序的公正,如主持程序者与案件有利害关系,则外观上可以导致程序参加人对程序主持人的合理怀疑,进而怀疑程序结果的公正性。所以,为了提高法律程序的结果为当事人可接性程度,《行政许可法》第48条在听证程序中规定了回避制度,即申请人、利害关系人认为主持人与该行政许可事项有直接利害关系的,有权申请回避。需要指出的是,虽然《行政许可法》规定了回避制度,但是对于申请回避的程序没有作出具体规定,更没有规定听证主持人自动回避程序。这是《行政许可法》关于回避规定的一个缺陷。

(4)职能分离。审裁分离是指行政机关的审查案件职能和对案件裁决的职能,分别应由其内部不同的机构或人员来行使,以确保行政相对人的合法权益不受侵犯。行政程序法中审裁分离制度的法理基础是分权理论。在行政程序中,如果审查案件的人同时又具有对案件作裁决的权力,那么,行政相对人的合法权益就难以获得保障。因为,审查案件的人参与裁决案件,必然是以他调查和审查案件时所获得的证据为基础,这种先入为主的认识妨碍了他全面听取行政相对人提出的不同意见,也不可能以超然的法律地位来行使对案件的裁决权。另外,行政机关审裁案件不同于法院,法院审理案件通常与案件无任何利害关系,是具有超然法律地位的第三者。但是,行政机关在行政案件中,它既是案件的调查者和审查者,又是案件的裁决者,从而职能分离对于行政机关来说非常重要。通过审裁分离制度,可以在行政机关内部实现审查权与裁决权相互分离,达到相互制约的目的。

《行政许可法》采用内部审裁分离制度,即在同一行政机关内部由不同的机构或人员分别行使案件调查权、审查权与裁决权的一种制度。内部审裁分离是基于审裁行政案件所需要的行政专业知识、提高行政效率这一特点而设置的,尽管从行政相对人来看仍然存在着违背自然公正原则之嫌疑,但与原有审裁不分的做法相比,毕竟有了很大的进步,加之有司法审查制度作事后救济,行政相对人的合法权益应是有法律保障的。因此,《行政许可法》第48条规定:"行政机关应当指定审查该行政许可申请的工作人员以外的人员为听证主持人。"

(5)申辩与质证。申辩是对申请人、利害关系人和行政机关工作人员对于对方提出不利于自己的观点所作的辩解。质证是申请人、利害关系人和行政机关工作人员对于对方出示的证据所提出的质疑。《行政许可法》第48条规定:"举行听证时,审查该行政许可申请的工作人员应当提供审查意见的证据、理由,申请人、利害关系人可以提出证据,并进行申辩和质证。"依《行政许可法》规定,行政机关审查行政许可的工作人员没有质证的权利。这可能是立法者的疏忽,如果行政机关工作人员没有质证的权利,那么,对于申请人、利害关系人提出的证据就没有质证的权利。这对于审查证据显然是不利的。所以,我认为是,无论申请人、利害关系人还是行政机关审查行政许可的工作人员都应有申辩权、质证权。

申辩和质证应当充分、全面,所以听证主持人首先应当给予双方相同的机会,不能厚此薄彼,必要时还应当向申请人、利害关系人就法律规定作出释明,以帮助他们更好地行使抗辩权、质证权。

(6)听证笔录。听证笔录是整个听证会的真实记录,也是事后查阅听证会内容的主要依据。听证应当制作笔录,听证笔录应当交听证参加人确认无误后签字或者盖章。如果申请人、利害关系人对笔录记载内容有异议的,可以进行修改,但应当告知其他听证参加人,文字错误的除外。申请人、利害关系人如需要听证笔录,行政机关应当制成复本交于他们,但申请人、利害关系人应当支付成本费。

3.事后程序。听证会结束之后,听证主持人没有决定权,但应当写出听证报告。行政机关应当根据听证笔录,作出行政许可决定。与《行政处罚法》相比,《行政许可法》在听证笔录效力的规定上更加科学,即听证笔录是行政机关作出行政许可决定的唯一依据。这一规定排除了行政机关以听证会质证之外的证据来决定行政许可,从而可以有效地防止听证会流于形式。

综上,行政许可的听证会可以按以下程序进行:

(1)记录人员核实听证参加人的身份和到场情况。

(2)记录人员宣读听证纪律和听证会场有关注意事项。

(3)听证主持人介绍记录员、听证员的姓名、工作单位及职务,告知听证参加人的权利和义务,宣布听证开始。

(4)由审查该行政许可事项的工作人员提出审查意见并陈述理由,提供相关依据、证据等材料。

(5)申请人、利害关系人提出维护其合法权益的事实、理由和依据(或者听证会代表对听证事项发表意见)。

(6)双方进行申辩和质证。

(7)最后陈述。

(8)听证笔录交听证参加人确认无误或者补正后签字或者盖章。无正当理由又拒绝签字或者盖章的,记录员应记明情况。

(9)听证主持人宣布听证结束。

（二）非正式听证程序：以其他方式听取意见

非正式听证程序在《行政许可法》中没有作出规定，但这并不意味行政机关作出行政许可决定，除了第46条和第47条规定外，可以不需要听证申请人、利害关系人的意见。从《行政许可法》第7条规定中，我们可以不困难地得到这样的结论：凡受行政许可决定不利影响的申请人、利害关系人，在行政机关作出行政许可决定之前都应当有行使陈述权、申辩权的机会。《行政许可法》在第四章第四节规定了行政许可正式听证的范围，这是申请人、利害关系人行使陈述、申辩权的一种方式，不是陈述、申辩权的全部。所以，不能依第四章第四节的规定来排除非正式的行政许可听证程序。

非正式听证程序主要步骤应当是：

1.告知依据。告知依据是指行政机关对于申请人的申请进行审查之后，如果拟决定许可的（如有利害关系人的话），应当告知利害关系人作出许可决定的依据；如果拟决定不予许可的，应当告知申请人作出不予许可的依据。告知应当用书面形式，如果依据简要，那也可以用非书面形式告知。

2.听取意见。行政机关可以要求申请人、利害关系人到本机关办公地陈述和申辩，如果有特别情况，也可以到申请人、利害关系人住处听取意见。申请人、利害关系人的陈述应当作成笔录，成为卷宗的一部分。在非正式听证中，不需要构成一个严格意义上的"三角模式"。听取意见可以是非本案行政许可审查者，也可以本案行政许可的审查者。

3.作出决定。听取意见之后，行政机关应当全面考虑现有依据材料之后在法定期内作出决定。决定做出之后，应当制作成书面形式并依法定程序送达。

三、行政许可听证评述

作为又一部规定行政听证制度的《行政许可法》，其有关行政许可听证的法律规范仍然备受关注。行政处罚听证实施中的经验与教训，对于行政许可法立法所具有的法律意义是不可否认的。比如，《行政许可法》规定听证笔录是行政许可的唯一依据，与《行政处罚法》相比，这是一个很显著的进步。再如，《行政许可法》规定了"依职权听证"和"依申请听证"，而《行政处罚法》只规定了依职权听证，两者相比，《行政许可法》多了一种启动行政听证程序的方式。

但是，《行政许可法》有关行政听证的规定也存在着不少问题。这些问题的存在影响了行政许可听证的实际效果，应当引起我们的重视。

1. 用"听证"代替"听证会"，误导人们以为在"听证"之外没有其他听取意见的方式，或者认为不属于第 46 条和第 47 条规定的情形，行政机关可以在不听取申请人、利害关系人意见的情况下作出行政许可决定。其实，解决这个问题简单的办法是，在总则中设一个条文规定："除本法第 46 条和 47 条规定的情形之外，行政机关在作出行政许可决定之前，应当以适当方式听取申请人、利害关系人的意见。"

2. 用不确定法律概念界定行政许可正式听证的范围，可能影响申请人、利害关系人听证权利的行使。《行政许可法》在界定行政许可正式听证范围时用了"公共利益的重大行政许可事项"、"与他人之间重大利益关系"等不确定的法律概念，但一直没有通过立法解释或者其他方式给予进一步明确，即使是指导性的意见也不曾有过。如果把这样的不确定法律概念解释权完全赋予行政机关裁量，那么如何防止行政机关因为偏私而作出对申请人、利害关系人不利的解释呢？精确的定义固然是难求的，但这并不等于我们在立法上完全无所作为。如果立法机关对这些不确定法律概念罗列几条认识规则，那么也可以起到规范行政权的作用。

第九章

政府价格听证

政府价格听证作为一种规范制度,正式确立于1997年的《中华人民共和国价格法》。不过,在此之前,我国一些经济比较发达的省、直辖市已有价格听证制度,如1995年11月深圳市人大常委会通过了《深圳市价格管理条例》。1997年广东省物价局制定了《广东省价格决策听证暂行办法》。《价格法》实施之后,不少省、自治区、直辖市制定了相关的实施细则。2001年7月原国家计委制定的《政府价格决策听证暂行办法》(以下简称《暂行办法》)对政府价格决策听证的程序作了比较详细的规定,使政府价格决策听证作为一种制度更加可行。2002年1月12日由原国家计委主持召开的"铁路春运"价格决策听证会,使政府价格决策听证知名度骤升。"铁路票价、电信资费、民航机票价格听证会的实践,对决策理念与模式创新的深远影响是难以估量的:(1)政府采用听证会形式了解民意和改善公共服务是社会进步的表现。但如何善待听证会上的各种意见,并作出得当的制度安排,更为重要。(2)价格决策听证会的运用,其社会综合效应是多重的。价格决策是听证会的中心目标,但公众信息的公开和利益的社会协商也成为经济转型期听证会的重要社会功能。"[①]然而,政府价格决策听证毕竟是新生事物,"逢听必涨"的客观效果也让公众对其丧失了原有的热情。所以,如何完善政府价格决策听证仍然是中国听证制度发展中的重要任务。

一、政府价格正式听证范围

自从向市场经济转型以来,政府逐渐放松对价格的管制。原先由政府定价的管制机制开始发生变化,与此相关的价格管制改革成为经济体制改革的重要组成部分。"政府定价的核心问题是政府定价规则'缺位',政府定价机制不灵活,定价程序不规范、不透明,没有形成规范的运作机制、操

---

① 肇颉:《从听证于民到决策利民》,《中国青年报》2003年9月13日。

作程序、定价方式和有效的成本约束机制。"①然而,这并不意味着政府将放弃对价格的管制,改革的目的是使政府能够对价格实施有效的管制。

基于公共财政支付能力的考虑,政府只能选择部分价格实施管制。《价格法》第18条规定:"下列商品和服务价格,政府在必要时可以实行政府指导价或者政府定价:(1)与国民经济发展和人民生活关系重大的极少数商品价格;(2)资源稀缺的少数商品价格;(3)自然垄断经营的商品价格;(4)重要的公用事业价格;(5)重要的公益性服务价格。"也就是说,根据《价格法》的规定,上述五类商品和服务价格属于政府价格管制范围,其他商品和服务的价格由市场决定。

上述五类商品和服务价格是否都需要通过听证会的形式决定?《价格法》作出了两个不同的规定。《价格法》第22条规定:"政府价格主管部门和其他有关部门制定政府指导价、政府定价,应当开展价格、成本调查,听取消费者、经营者和有关方面的意见。"这里"听取消费者、经营者和有关方面的意见",就其本质而言,它是一种非正式听证,即不是以举行听证会的形式听取意见。原则上,《价格法》第18条规定的五类商品和服务价格,在政府实行指导价格或者定价时,都应当"听取消费者、经营者和有关方面的意见",这是政府确定指导价格或者定价的基本程序。

对于一些重要的商品和服务价格,如政府需要确定其指导价格或者定价时,应当通过更加严格的程序"听取消费者、经营者和有关方面的意见"。为此,《价格法》第23条规定:"制定关系群众切身利益的公用事业价格、公益性服务价格、自然垄断经营的商品价格等政府指导价、政府定价,应当建立听证会制度,由政府价格主管部门主持,征求消费者、经营者和有关方面的意见,论证其必要性、可行性。"也就是说,凡制定关系群众切身利益的公用事业价格、公益性服务价格、自然垄断经营的商品价格等政府指导价、政府定价的,政府价格主管部门应当通过举行听证会的形式,在听取消费者、经营者和有关方面的意见之后,才能确定政府指导价、政府定价,即政府价格决策听证。

政府价格决策听证是指在制定或调整实行政府指导价或者政府定价的重要商品和服务价格前,由政府价格主管部门组织社会有关方面,对制定价格的必要性、可行性进行论证。② 根据《政府价格决策听证办法》的立

① 邓淑珠:《以社会制约权力》,载罗豪才主编:《行政法论丛》第7卷,法律出版社2004年版,第229页。
② 《政府价格决策听证办法》(中华人民共和国国家发展计划委员会第26号令)第2条。

法精神,这里的"听证"即"听证会",是一种正式的听证程序。^① 它与《价格法》第 22 条所规定的"听取消费者、经营者和有关方面的意见"是两种不同的听取意见的方式。凡适用听证会听取意见的事项,一般均为重大事项,所以听取意见的程序比较严格、规范。

根据《价格法》和《政府价格决策听证办法》的规定,确定政府价格听证范围的三个条件是:

1.列入中央和地方定价目录。根据中央和地方的管理权限,中央和地方政府应当分别制定定价目录。中央定价目录由国务院价格主管部门制定、修订后报国务院批准公布。由于中央定价目录中所涉及的商品和服务价格适用于全国范围,与国民经济和社会发展之间具有密切的关系,同时,中央定价目录范围实质上又是与地方政府价格管理权限的分配,因此,必须报国务院批准。

地方定价目录由省、自治区、直辖市人民政府价格主管部门按照中央定价目录规定的定价权限和具体适用范围制定,经本级人民政府审核同意,报国务院价格主管部门审定后公布。这里需要注意三个问题:(1)地方定价目录制定主体是省、自治区、直辖市人民政府价格主管部门,省、自治区、直辖市人民政府以下的各级人民政府不得制定地方定价目录。这一禁止性的规定主要是为了保证价格体系的统一性,从而保障经营者的定价自主权。(2)地方定价目录制定的依据是中央定价目录规定的定价权限和具体适用范围。这表明地方定价目录不得超越中央定价目录的范围。(3)地方定价目录需要报本级人民政府审核同意之后,报国务院价格主管部门审定之后才能分布。

2.事关群众切身利益的政府指导价、政府定价。"事关群众切身利益"是一个不确定的法律概念,由价格主管部门根据商品和服务对群众生产、生活的影响程度加以确定。也就是说,有的公用事业价格、公益性服务价格和自然垄断经营的商品价格与群众没有切身利益关系的,也是可以不经过听证而由政府直接确定。

3.在中央和地方定价目录中制定的政府指导价、政府定价。对于列入中央或者地方定价目录的商品和服务,政府的价格主管部门和其他有关部门应当制定政府指导价、政府定价。具体而言,国务院价格主管部门和其他有关部门,按照中央定价目录规定的定价权限和具体适用范围制定政府指导价、政府定价;其中重要的商品和服务价格的政府指导价、政府定价,

---

① 《政府价格决策听证办法》(中华人民共和国国家发展计划委员会第 26 号令)第 4 条。

应当按照规定经国务院批准。省、自治区、直辖市人民政府价格主管部门和其他有关部门,应当按照地方定价目录规定的定价权限和具体适用范围制定在本地区执行的政府指导价、政府定价。市、县人民政府可以根据省、自治区、直辖市人民政府的授权,按照地方定价目录规定的定价权限和具体适用范围制定在本地区执行的政府指导价、政府定价。如县级市的自来水价格、公园门票等,没有必要都由省政府统一定价。

在满足这三个前提条件下,政府在下列三种商品和服务中制定政府指导价、政府定价的,应当通过听证会决定:

1. 公用事业价格。公用事业是指为了满足社会公众生活需要而经营的事业。如城市公共交通、地铁、出租汽车、电信、自来水、煤气供应等。这些事业与人民群众的日常生活紧密相关,是人民群众生活的必需品。过去,我国的公用事业基本上是由国家垄断(实际是行政垄断)经营的。改革开放之后,虽然对公用事业进行了许多改革,但许多公用事业仍然没有摆脱行政垄断的地位。正如有学者所说:"公用事业领域不但存在经济垄断,而且存在行政垄断,表现为政府职能部门在规划、审计、设计、筹资、经营管理等方面全方位介入公用事业领域,甚至有的公用事业产品直接由政府的职能部门提供,如城市道路、桥梁、市政、供水、环卫等。公用事业领域内经济垄断和行政垄断并存的现象,使消费者几乎没有讨价还价的余地,只能是价格的接受者,由于信息不对称,公众很难了解实情,公用事业产品价格形成缺乏规范化,更难以由市场形成价格。"[①]在社会生活中,公用事业价格的变动可能影响人民群众的基本生活水平,有时还有可能影响到社会的稳定。因此,公用事业价格就不能任由市场机制进行调控。

2. 公益性服务价格。公益性服务是为了不特定的公众或者为特定公众提供具有福利性质的服务。如图书馆、博物馆、公立医院、公立学校、公园等。由于公益性服务是由政府财政负担的,所以这种服务具有公共福利性质,不是单纯的营利组织,不宜由市场机制自发调控。现在由于人们对于市场经济理解的片面性,有的地方把上述公益性服务简单地划入市场机制价格调控范围,如公立高等学校根据专业的市场需求分别确定不同的收费,导致了贫困学生无法正常接受教育。这种做法是不符合国家设置的公益性服务宗旨的。实践中也曾有商业银行收取服务费是否属于公益性服

---

① 　冷淑莲:《关于公用事业价格改革的对策建议》,《中国经济时报》2004 年 5 月 27 日。

务的争议。① 中国银行业监督管理委员会、国家发展和改革委员会于2003年6月26日公布《商业银行服务价格管理暂行办法》第6条规定:"根据服务的性质、特点和市场竞争状况,商业银行服务价格分别实行政府指导价和市场调节价。"也就是说,在商业银行服务价格中,其中有一部分是属于政府指导价。该《暂行办法》第7条规定:"实行政府指导价的商业银行服务范围为:(1)人民币基本结算类业务,包括:银行汇票、银行承兑汇票、本票、支票、汇兑、委托收款、托收承付;(2)中国银行业监督管理委员会、国家发展和改革委员会根据对个人、企事业的影响程度以及市场竞争状况确定的商业银行服务项目。"根据这一《暂行办法》,上述商业银行服务也属于政府指导价格调整的范围。

3.自然垄断经营的商品价格。自然垄断是由于非人为的条件,如资源生成、技术条件或者客观上需要规模经营而排除了公开竞争所形成的垄断经营。比如电力供应网,它是一种典型的自然垄断经营。这是因为电力供应需要一种规模效应,其供应网越大,其运行成本就越低。所以它客观上需要垄断经营,才能产生最大的经济和社会效益。在这种情况下经营者因为垄断经营可以产生高额利润,从而损害消费者的合法权益。这种自然垄断经营的商品价格不能由市场机制进行调节,必须由政府介入并进行适当的干预,才能保证商品的公平交易。

以上仅仅确定了政府对商品和服务价格实行政府指导价和政府定价的范围。根据《价格法》和《政府价格决策听证办法》的规定,政府价格主管部门可以根据定价权限确定并公布听证目录。制定列入听证目录的商品和服务价格的应当实行听证。也就是说,在实行政府指导价和政府定价的商品和服务价格范围内,政府价格主管部门可以根据具体情况列出听证目录,确定通过听证程序制定价格的商品和服务的种类。如原国家计委规定:(1)居民生活用电价格;(2)铁路旅客运输基准票价率(软席除外);(3)民航旅客运输公布票价水平;(4)电信基本业务资费中的固定电话通话费、月租费,移动电话费、月租费。② 上述商品和服务的价格必须通过听证才能制定,否则,政府制定的价格无效。

《政府价格决策听证办法》还规定,制定听证目录以外的关系群众切身利益的其他商品和服务价格,政府价格主管部门认为有必要的,也可以实

---

① http://www.people.com.cn/GB/jingji/1040/2079844.html(访问时间:2007年5月2日)。

② 《国家计委关于公布价格听证目录的通知》(计价格〔2001〕2068号)。

行听证。这是政府价格主管部门的一种裁量权,由政府价格主管部门根据经济和社会发展需要,在听证目录之外,有选择性地确定某些商品和服务价格也通过听证程序制定。这是政府对价格制定权的自我约束,虽然这类商品和服务的价格不经听证程序也可以制定,但是如果政府价格主管部门一旦决定某一类商品和服务要通过听证程序制定,那么就不能出尔反尔,应当认真地按照法定听证程序制定这类商品和服务的价格。

二、政府价格听证程序

政府价格听证分为正式听证和非正式听证。《暂行办法》所规定的听证是正式听证。该《暂行办法》第 4 条规定:"政府价格决策听证采取听证会的形式。"但是,《价格法》其实还规定了一种非正式听证。该法第 22 条规定:"政府价格主管部门和其他有关部门制定政府指导价、政府定价,应当开展价格、成本调查,听取消费者、经营者和有关方面的意见。"这种非正式的听证程序由政府价格主管部门自行确定,法律、法规和规章没有作出具体规定,因此,这里仅讨论政府价格的正式听证。

(一)听证组织

1.听证组织者。它是指承担价格听证具体事项的政府价格主管部门。根据《价格法》的规定,经营者或者政府其他部门对列入听证目录的商品和服务价格需要政府制定政府指导价或者政府定价时,应当向政府价格主管部门提出申请。根据职能分离原则,由与此申请没有利害关系的政府价格主管部门主持听证,以确保价格制定的公正性。"职能分离"是一种司法型的程序模式,虽然它所作的程序比较公正,但它是以较高的行政成本为代价。我国《行政处罚法》、《行政许可法》的听证是由作出行政处罚决定、行政许可决定的行政机关主持,但它不是严格意义上的职能分离,虽然它也规定了内部有关听证主持与裁决职能的分离。

对于列入听证目录的商品和服务价格的制定,由政府价格主管部门组织听证。这是法律所作的一条原则性规定。由于《价格法》采用中央和地方价格制定权的分权原则,并允许省、自治区、直辖市人民政府可以向下级人民政府授权,所以,有关政府价格听证的组织者,我国形成了如下体制:

(1)中央政府价格听证组织者是国务院价格主管部门,即国务院价格主管部门和其他有关部门定价的商品和服务价格,由国务院价格主管部门组织听证,其中,在一定区域范围内执行的商品和服务价格,也可以委托省、自治区、直辖市人民政府价格主管部门组织听证。

（2）地方政府价格听证组织者是省、自治区、直辖市人民政府价格主管部门，即省、自治区、直辖市人民政府价格主管部门和其他有关部门定价的商品和服务价格，由省、自治区、直辖市人民政府价格主管部门组织听证，也可以委托市、县人民政府价格主管部门组织听证。

（3）授权组织政府价格听证的组织者是市、县人民政府价格主管部门，即省、自治区、直辖市人民政府授权市、县人民政府定价的商品和服务价格，由市、县人民政府价格主管部门组织听证。

2.听证主持人。它具体是指主持价格听证会的个人。听证主持人是程序主持人，一般对听证事项没有最终决定权。听证主持人可以是听证组织者的公务员，也可以由听证组织者聘请本机关之外的人担任，如律师。我国政府价格听证会的听证主持人由政府价格主管部门有关负责人担任，所以政府价格主管部门不得外聘人员担任听证主持人。

现行法律、法规和规章对听证主持人在政府价格听证会中的职权没有作出具体的规定，依照行政程序法的一般理论，听证主持人的职权应当是：（1）听证主持人宣布听证事项和听证会纪律，介绍听证会代表。（2）可以询问申请人、听证会代表有关事实和法律问题，必要时要求其提供支持其观点的证据、依据。（3）根据听证会进展的情况确定申请人、听证代表轮流发言。（4）对于妨碍听证会正常秩序的人可以责令其退场，必要时交公安机关处理。（5）当延期、中止、终结听证会情形发生时，宣布听证会延期、中止、终结。（6）其他与听证会有关的职权。

对于听证主持人的职权，《行政处罚法》、《行政许可法》并没有作出具体的规定。实践中有一些部、委和地方政府对规章作了细化，但每个部门的规定也存在着不少差距。今后行政程序法最好能够作出一个统一规定，从而规范各类听证会。

（二）听证代表

1.听证代表的组成。听证代表是代表某一群体的利益或者具有专业特长而参加到听证会中表达意见的个人。在政府价格听证会中，听证代表与所听证的事项没有行政处罚、行政许可之间那样的直接关系，他们的听证活动具有更多的公益成分，尤其是作为听证代表的专家、学者。正如有学者所说："因为行政决策不涉及具体的权利义务关系，不存在明显的当事人，因此，在确定参加人的范围和数量方面，政府价格主管部门应当享有较大的自由裁量权。"①所以,《暂行办法》规定:"政府价格主管部门应当根据听证内容,合理安排及确定听证会代表的构成及人数。"这一规定是符合政府价格听证要求的。

关于听证代表组成的问题,这里有两个问题需要进一步明确:

(1)听证代表组成。听证会代表应该具有一定的广泛性、代表性,一般由经营者代表、消费者代表、政府有关部门代表以及相关的经济、技术、法律等方面的专家、学者组成。听证代表是否具有广泛性、代表性,直接关系到听证意见的真实性、客观性和全面性,从而影响政府价格决策的准确性与合法性。因此,政府价格主管部门应当在保持客观中立的前提下确定听证代表的构成及其人数。比如在民航票价听证中,政府价格主管部门应当考虑有较多机会乘坐飞机的消费者作为代表,而不能为了追求代表性而过多地把从未乘坐飞机的人作当消费者代表。因为,这样的消费者代表不可能提出具体针对性的意见,也可能没有多大的积极性参加听证,即使到了听证会场也可能成为一种摆设。只有与听证事项有较大利益关系的,他才有积极参与听证会的主动性、积极性。

(2)听证代表产生。听证代表产生程序是否正当也直接影响着听证会的质量。《政府价格决策听证暂行办法》规定:"听证会代表由政府价格主管部门聘请。政府价格主管部门聘请的听证会代表可以采取自愿报名、单位推荐、委托有关社会团体选拔等方式产生。"根据这一规定,听证代表产生有两个问题需要展开说明:其一,听证代表是由政府价格主管部门聘请。"聘请"本意是"请人担任职务"。② 听证代表不是一种职务,而是基于一定的立场,为了维护自身或者公共利益而需要参加听证会的个人或者利益主体的代表。如果是"经济、技术、法律等方面的专家、学者",由政府价格主管部门聘请参加听证会,就经济、技术、法律方面的问题作出中立性的说明,用"聘请"是比较合适的。所以,这里的"聘请"可以改成"确定"。其二,听证代表由多种方式产生。多种听证代表产生的方式固然有助于达到"合理安排及确定听证会代表的构成及人数",但也给了政府价格主管部门较多的裁量空间,如果不予以适当限制,此权力极有可能被滥用,导致听证代表的构成及人数有利于申请人。比如单位推荐、委托有关社会团体选拔的方式表面上看起来比较可信,但因为我们现有的单位尤其是社会团体的依

① 刘勉义:《我国听证程序研究》,中国法制出版社2004年版,第124页。
② 中国社会科学院语言研究所词典编辑室编:《现代汉语词典》(2002年增补本),商务印书馆2003年版,第976页。

附性,人们有充分的理由怀疑其行为的公正性。如果法定一个"自愿报名"的听证代表人数,可能弥补另外两种方式产生的听证代表的弊端。

2.听证代表的权利和义务。听证代表作为听证会的参加者,必须依法享有权利并承担相应的义务。这些权利和义务应当是:

(1)听证代表的权利。听证会代表可以向申请人提出质询,对制定价格可行性、必要性以及定价方案提出意见,查阅听证会笔录和听证纪要。这里需要提出的问题是,听证代表是否可以委托代理人参加听证会。我以为,听证代表如认为委托代理人参加听证可能更好地表达自己的意见,那么政府价格主管部门应当允许听证代表委托代理人参加听证。听证会之前,听证代表应当将委托书交给听证会主持人,由听证会主持人对其委托的合法性进行审查。听证代表在听证会之前调查、收集材料的时间应当给予充分保障,否则难以提出具有针对性的听证意见。在过去几次重大的听证会中,这个问题一直没有得到很好的解决。

(2)听证代表的义务。听证会代表应当亲自参加听证,如实反映群众和社会各方面对制定价格的意见,遵守听证纪律,维护听证秩序,保守国家秘密和商业秘密。听证代表如果委托了代理人,应当和代理人一起出席听证会。

(三)听证步骤

1.申请与受理。申请是启动听证程序的第一步骤。申请必须要有合格的申请人提出。根据《暂行办法》规定,依法可以提出申请的申请人是:

(1)商品和服务的经营者或者其主管部门。这里的"商品和服务"必须是列入听证目录的,否则,经营者或者其主管部门没有申请人资格。申请人本人可以提出申请,作为经营者还可以委托有代表性的行业协会等团体作为申请人。

(2)消费者或者社会团体认为需要制定中央和地方定价目录中关系群众切身利益的公用事业价格、公益性服务价格和自然垄断经营的商品价格的,可以委托消费者组织向政府价格主管部门提出听证申请。这里的问题是:其一,消费者或者社会团体可以自己提出申请吗?《政府价格决策听证暂行办法》没有给予明确的规定。依照原理,他们可以委托他人提出申请,其必然有独立的申请权,除非有法律规定其不具有独立人格。其二,多少个消费者可以行使这一委托申请权?这也没有明确规定。"具体办法另行规定"应当确保消费者行使申请权。

另外,在无申请人的情况下,政府价格主管部门或者有权制定价格的其他有关部门认为需要制定中央和地方定价目录中关系群众切身利益的公用事业价格、公益性服务价格和自然垄断经营商品价格的，应当依据定价权限，参照有关规定提出定价方案，并由政府价格主管部门组织听证。这是由政府价格主管部门或者有权制定价格的其他有关部门主动发起的政府价格听证程序，它是政府价格主管部门为了合理、公平确定商品和服务的价格，事先听证消费者、经营者等的意见。它是一种无申请人的政府价格决策听证程序。

申请人应当以书面形式提出申请。申请应当提供以下材料：（1）申请单位的名称、地址、法定代表人；（2）申请制定价格的具体项目；（3）现行价格和建议制定的价格、单位调价幅度、单位调价额、调价总额；（4）建议制定价格的依据和理由；（5）建议制定的价格对相关行业及消费者的影响；（6）申请企业近三年经营状况、职工人数、成本变化、财务决算报表，人均产值、人均收入水平及上述指标与本地区同行业和其他地区同行业的比较等，该定价商品或服务近三年供求状况和今后价格走势等情况说明；（7）政府价格主管部门要求提供的其他材料。

申请人应当对所提供材料的真实性负责。政府价格主管部门认为申请人提交的有关财务状况的说明材料需要评审的，可以指定具备资质条件的评审机构对申请人的财务状况进行评审，由评审机构出具能证明材料真实性和合理性的评审报告。

政府价格主管部门收到书面申请后，应当对申请材料是否齐备进行初步审查、核实，申请材料不齐备的，应当要求申请人限期补正。具有下列情形之一的，政府价格主管部门应当对申请不予受理：（1）申请制定的价格不在定价权限内的；（2）制定价格的依据和理由明显不充分的；（3）申请制定的价格不属于听证项目，政府价格主管部门认为不必要听证的。"依据和理由明显不充分"和"不必要听证"的判断都属于政府价格主管部门裁量范围，如果作出不利于申请人的判断，应当给出充分的理由。

《暂行办法》对政府价格主管部门应当在多少时间内作出受理决定没有作出具体规定。依一般法原理，政府价格主管部门应当在合理时间内作出是否受理的决定。这个"合理时间"应当充分考虑所听证事项复杂性程度。比如政府价格主管部门认为需要对申请人财务状况进行评审的，应当给予足够的时间。对于政府价格主管部门不予受理的决定，申请人可以依法提起行政复议或者行政诉讼。

2.听证准备。听证之前的工作准备直接影响到听证的效果，同时也影响到听证的合法性。根据现有的有关规定看，听证准备工作主要有：

　　(1)作出举行听证决定。政府价格主管部门对书面申请审核后,认为符合听证条件的,应当在受理申请之日起 20 日内作出组织听证的决定,并与有定价权的相关部门协调听证会的有关准备工作。听证决定应当送至申请人。

　　(2)听证公告。对于公开举行的听证会,政府价格主管部门可以先期公告举行听证会的时间、地点和主要内容。向社会公告听证会的有关事项是听证公开原则的主要内容,它的主要目的是接受社会的监督,保证听证会合法进行。为此,听证会的公告应当刊登在当地主要报刊上,以保证社会民众有条件及时了解听证会的有关事项。

　　(3)听证通知。政府价格主管部门应当在作出组织听证决定的三个月内举行听证会,并至少在举行听证会 10 日前将聘请书和听证材料送达听证会代表,并确认能够参会的代表人数。听证会应当在 2/3 以上听证会代表出席时举行。听证通知是向特定的听证代表告知听证会的有关事项。听证代表在接到通知之后,可以就听证会的事项做些准备工作。但是,“至少在举行听证会 10 日前将聘请书和听证材料送达听证会代表”。这一规定给听证代表 10 天来做准备工作,显然是不够的,比如有些专业性的问题需要听证代表走访专家之后才能了解,或者需要通过调查才能核实有关事项。我以为,没有 30 天的提前量对于听证代表做听证前的准备工作来说,显然是不够的。有学者认为:“价格听证一般是企业或行业要求提价而进行的听证。提价的理由往往是成本增加,甚至是所谓的企业严重亏损。然而,事实到底如何,公众往往无从知悉,甚至连价格主管部门也难以了解。即使将公开化原则扩大到上述垄断企业,公众个体一般也不会长期做系统的关注和收集。”①

　　3. 听证步骤。听证会需要通过一系列步骤才能实现预定目标。一般而言,听证会应当按下列程序进行:

　　(1)听证主持人宣布听证事项和听证会纪律,介绍听证会代表;必要的话应当征询各方对出席听证会人员是否有异议,以保证出席听证会人员的合法性。

　　(2)申请人说明定价方案、依据和理由;必要时应当辅助于多媒体等手段说明有关情况,以便让听证代表和旁听人员更直观地理解有关定价方案、依据和理由。

　　(3)政府价格主管部门介绍有关价格政策、法律、法规、初审意见及其

---

　　①　叶必丰:《信息不对称及其解决思路》,《法制日报》2003 年 12 月 18 日。

他需要说明的情况。政府价格主管部门就这些问题作出的说明应具有中立性,不能偏向于申请人或者其他任何一方。所以,它的说明应当保持客观性,不宜做过多的主观评价。

(4)政府价格主管部门要求评审机构对申请方的财务状况进行评审的,由评审机构说明评审依据及意见。评审机构对财务的评审如同鉴定结论,是一种具有法律意义的评审。它必须根据有关法律、法规作出。

(5)听证会代表对申请人提出的定价方案进行质证和辩论。"质证和辩论"应当在听证主持人控制下进行,申请人或者听证代表不能随心所欲地发表意见。因此,听证主持人应当公正地分配发言的时间和机会,保证申请人和听证代表有公平的发言机会。对于重复、与本案无关的发言,听证主持人应当及时制止。

(6)申请人陈述意见。申请人在质证和辩论之后,应当对其所申请的定价方案、依据和理由作出一个简要的陈述意见,也是对其申请作一个总结性发言。

(7)听证主持人总结。听证主持人的总结不宜过长,更不必对实体性的问题作出某种表态,以免引起不必要的误导。

(8)听证会代表对听证会笔录进行审阅并签名。听证代表可以对听证会笔录中记录错误进行修改;申请人也应当在听证会笔录上签名。

4.听证纪要。听证纪要是政府价格主管部门就价格听证制作的一份总结性报告。政府价格主管部门应当在举行听证会后制作听证纪要,并于10日内送达听证会代表。听证纪要应当包括下列内容:(1)听证会的基本情况;(2)听证会代表意见扼要陈述;(3)听证会代表对定价方案的主要意见。

听证会代表对听证纪要提出疑义的,可以向听证主持人或者上级政府价格主管部门反映。价格决策部门定价时应当充分考虑听证会提出的意见。听证会代表多数不同意定价方案或者对定价方案有较大分歧时,价格决策部门应当协调申请人调整方案,必要时由政府价格主管部门再次组织听证。

5.听证结果公布。听证结果必须及时公布。需要提请本级人民政府或者上级价格决策部门批准的最终定价方案,凡经听证会论证的,上报时应当同时提交听证纪要、听证会笔录和有关材料。政府价格主管部门应当向社会公布定价的最终结果。对于政府价格部门是否必须按照听证纪要作出最后决定,现行法律、法规没有作出具体规定。正式听证的最终决定唯一依据就是听证笔录,否则听证会极易流于形式。这是人们对于听证纪要在决定过程中一般看法。我们发现政府价格听证中缺少这一规定,多少反映了在制定听证规则者的心目中听证会的地位是不高的,是一种无可奈何的"形式"。

对政府价格主管部门作出的定价决定是否可以提起行政诉讼,目前法律尚无明确规定,或者有人认为这一决定没有明确、具体的利害关系人。我以为这个观点是可以商榷的。作为直接参加听证程序的听证代表,与听证结果在法律上具有无可争议的利害关系,这种利害关系足以构成了他们提起行政诉讼的原告资格。只是我国现行行政诉讼法中尚无这样的诉讼类型可供资用,对于这样的行政决定进行司法救济,有待于行政诉讼法的修改。

三、政府价格听证评述

由《价格法》、《暂行办法》构建起来的政府价格听证制度,通过近年的铁路"春运"票价听证案和民航票价听证案等逐渐为人们所熟知,也让许多消费者知道了其在政府价格决策中的权利。过去,对于"政府和国家,人们抱有一种天真的幻想,即认为国家和政府都是无私地追求社会利益,把最大化社会利益看成其政策目标;政府被当成具有高度凝聚力的团体,所有成员的目标和行为机动都是一致的,且认为政府是高度理性的,具备最大化社会利益的知识和信息,而忽视了构成政府各级政治家本身利益的差异"[1]。由各方利益代表介入政府价格决策过程,并根据对立的,至少是不一致的立场表达自己的意见,有助于消除决策者的私利在决策中的显现。这大概就是政府价格听证的本意。

然而,几年的政府价格听证实践基本上是以"逢听必涨"而告终,以至于政府价格听证会成为涨价的信号。"听证会是涨价的前兆"的"话外音"应当包含两个内容:一是民意在价格听证上显得十分'底气不足',民意虽然作为了一种考量,但其作用仍然十分有限。二是价格听证会竟成了涨价的代名词。眼下的价格听证会之所以遭人诟病,市民之所以'不感冒',就在于价格听证中民意诉求得不到基本的尊重。"[2]不仅如此,由于政府价格听证中申请人往往具有强大的社会优势(如技术),掌握着大量的资源(如信息),听证代表作为临时组织起来的群体,根本无法对抗申请人。假如政

---

[1] 邓淑珠:《以社会制约权力》,载罗豪才主编:《行政法论丛》第7卷,法律出版社2004年版,第233页。
[2] 《"听证是涨价前兆"的话外音》,《江南时报》2003年8月19日。

府价格主管部门与申请人明来暗往地不断沟通，听证会流于形式成为必然。"广州社情民意调查中心的一份民调报告显示，认为听证会对公民参与决策'没有作用'、'作用不大'和'是形式主义'的受访者比例高达62.5%！具体到高校，如果举行收费听证制，我们有充足的理由担心高校会不会也把听证会变成幌子，将高收费合法化呢？这是完全有可能的，因为何时举行听证会、代表如何选定、议题如何确定，这一切的主动权都掌握在高校手中。即使不是由大学，而是由教育行政机关来举行听证会，它们也都是'一家人'，要想它们'胳膊肘向外拐'很难。"①

人们对政府价格听证会的信任正在逐渐丧失，这是政府价格听证组织者所没有预见的。正如有学者所说："听证会制度的目的之一是为了保护消费者权益，对于这一点，没有任何疑问。但是，正如保护儿童的权益不能依靠儿童一样，政府机关保护消费者权益的任务也不能简单地踢给消费者自己，尤其在我国消费者组织尚不健全的情况下。因此，如何超越朴素民主的思维方式，使听证会真正起到保护消费者权益的作用，显然还有许多工作要做。"②其实，政府价格听证中我们不仅在具体制度上还存在着许多缺陷，更有不少观念上的问题有待转变。

1. 关于听证会的性质。许多政府官员（当然也有许多平民百姓）都认为听证会就是"听听意见"，无异于传统上的"座谈会"，所以，在举行听证会时往往领导在显位上就座，其他人按级别依次坐下。听证主持人成为一般会议的主持人，听证代表和旁听人员成了与会人员。在这样的场景中，听证会的功能怎么能够发挥呢？更令人不能理解的是，有的地方严格限制听证会的公开性，使身处听证会之后的人们无法了解听证会的真相。在某省公开举行义务教育阶段"一费制"听证会的过程中，"听证会上的真实情况不能被公开报道。在听证会召开之前，有关主管部门明确要求媒体配合政府工作，不要对听证进行炒作，保证政府决策顺利通过。所谓不要炒作，就是不要对反对意见进行报道。于是，在听证会后，媒体大规模地报道了听证会，却几乎所有的报道都是'绝大多数代表同意提高现行收费标准'、'仅有一位代表持反对意见'，而某家报纸记者将会上代表的真实意见写成报道后，报社将稿件送教育部门审查，教育部门认为太敏感，不许发表。因

---

① 《教育大家谈：听证会形同虚设焉能治大学高收费》，《中国青年报》2005年1月13日。

② 周汉华：《对我国听证会制度发展方向的若干思考》，http://news.163.com/2004w12/12762/2004w12_1102655475322.html（2007年5月10日）。

此,公众从媒体上得到的消息是,代表们都支持提高收费标准的方案"①。针对 2003 年民航票价听证会,"走过场"成了这次听证会的代名词。"中国社科院工业经济研究所副研究员余晖认为,这次民航票价听证会本来就没有举行的必要,听证会所要听证的是本没有必要听证的内容。中国民航应该是充分竞争的行业,政企已经分开,民航总局就不应再管了,现在以防止国有资产流失为由举行听证会,不会得到消费者的认同。"② 如此案例在眼下各地的听证会中并不少见。所以,在政府价格听证会实践过程中,政府官员必须真正领悟听证会的性质,认真对待听证会中听证代表提出的意见,才能使政府价格听证会具有生命力。

2. 关于听证会的代表确定。这是目前对政府价格听证会的诟病之一,也是备受人们所关注的问题。2002 年乔占祥被国家计委以"以不能代表民工"为理由,排除在 12 名听证代表之外。③ 由于那一年铁路价格听证会缘于乔占祥状告铁道部案,所以乔占祥能否参加听证会就成了一个引人关注的问题,作为申请方的铁道部显然不希望乔占祥作为听证代表出席听证会,因为他了解更多的信息,可能会在听证会上作"引人误导"的言论。因此,有关部门找了如此一个中气不足的理由,把乔占祥给打发了。《暂行办法》第 8 条第 2 款规定:"政府价格主管部门应当根据听证内容,合理安排及确定听证会代表的构成及人数。"其中的"合理安排"本身留给了政府价格主管部门裁量的空间。假如我们不要求其给出裁量的理由,那么如同"不能代表民工"这样的理由就可以把许多"乔占祥"这样可能妨碍"涨价"的人排挤在听证会大门之外。实践中,参加听证会的代表,也往往由组织听证的政府机关来指定,这种做法使一些听证会缺乏真正的民意基础。2004 年底北京市经济发展体制改革委员会组织的调整世界遗产景点门票价格听证会,由于指定的消费者代表缺乏广泛的代表性,他们发表的"赞成涨价"意见与社会公众的强烈反对声背道而驰,这次听证会遭到了广泛的批评与责难,又是一例。④ 因为"出席故宫博物院等 6 个世界文化遗产游览参观点门票价格调整听证会的 21 名听证会代表,全部是北京市民。但部分北京市民游园时使用月票,受调价影响的主要是外地来京人员,于是这场听证

---

① 赵甫:《听证会是如何变成听证秀的》,http://www.fedcars.com/files/200502/16030.html(2007 年 5 月 10 日)。

② 《听证会无人叫好?》,《新快报》2003 年 7 月 15 日。

③ 《春运涨价巨额收入哪去了?》,《江南时报》2002 年 1 月 11 日。

④ 《听证制度亟须法律规范》,《江南时报》2005 年 3 月 14 日。

会的公正性就受到了广泛非议"①。因此,如何防止政府价格主管部门排挤"乔占祥"们,把听证代表当作一种摆设,对于完善现行价格听证制度具有重要的决定意义。

3.关于听证纪要的法律意义。听证纪要也可称之为"听证笔录",它是听证会全过程的一个完整记录。政府价格主管部门在作定价决定时,是否受听证纪要内容的约束?这个问题现行《价格法》、《暂行办法》都没有作出明确规定。依行政程序法一般原理,如以举行听证会形式听取意见的,其最终决定必须受到听证记录的约束。我国《行政处罚法》没有作出这样的规定,被认为是导致听证流于形式的主要原因之一,《行政许可法》没有因袭《行政处罚法》的规定,把听证笔录规定为作出行政许可的唯一依据。这是我国行政程序立法的重大进步。但是,我们也应当看到,政府价格决策不具有行政处罚、行政许可的特性,它具有一定政策性考量,所以,把政府价格决策依据完全取于听证纪要,可能不是切合实际的规定。但是,过度偏离听证纪要也是不可取的。我以为,可规定政府价格主管部门如果不采取申请人或者听证代表利己的意见,应当给出充分理由,并且公开这样的理由,接受社会公众的评判。

---

① 《听证制度渐入人心,程序模糊引发缺憾》,《中国工商时报》2005 年 2 月 2 日。

第十章
行政听证个案实证分析

理论上演绎的方式可以产生逻辑的力量,使人服从于依照逻辑而产生的结论。但是,如果对实践的内容视而不见,那么,我们也就无法检证理论的正确性,以及修补理论的缺陷。我们过去乃至今天的法学研究仍然过多地进行理论演绎,较少地回应实践中提出的问题。这大概就是我们法学萎靡不振的病根所在。行政听证在中国是一种新的制度,其"舶来品"的性格可能一时难以适应中国的具体国情。因此,对于我们来说,解剖若干个案并从中找出问题之所在,可能更有利于我们听证制度的完善。

一、行政处罚听证案

(一)案情概要

J市港口发展投资有限公司(以下简称"J公司")经Z省计经委批准立项之后,向Q江管理局(以下简称"Q管局")提出了《关于Z港三期工程围堤项目的河道管理范围内建设项目申请和审查意见书》。2002年11月Q管局作出《关于占用Q江河口水域实施Z港三期工程建设的批复》(ZQ水字〔2002〕192号),同意J公司在此水域进行港口建设,并要求其交纳占用水源水域补偿费。J公司在完成了相关手续之后即按计划施工。

2004年8月Z省海洋与渔业局(以下简称"Z海洋局")以J公司"违法使用海域"为由立案,对J公司进行查处。同年10月20日Z海洋局在该局举行听证会,听取J公司对其拟将作出的行政处罚决定的意见。J公司委托代理人出席了听证会,并依法行使了陈述、申辩权。同年12月1日,Z海洋局作出Z省海罚字〔2004〕第005号《行政处罚决定书》。J公司不服,于2005年1月24日依法向Z省人民政府提起行政复议。

(二)听证笔录

时间:2004 年 10 月 20 日上午

地点:Z 省海洋与渔业局三楼会议室

案由:Z 港三期工程无证用海案

当事人:J 市港口发展投资有限公司

地址:J 市 Z 镇滨海大道

法定代表人:倪〇〇

代理人:徐〇〇

工作单位:T 律师事务所

职务:律师

当事人代表:丁〇〇

工作单位:J 市港口发展投资有限公司

职务:工程师

办案人员:魏〇〇、王〇、谢〇〇、谭〇〇

工作单位:中国海监 Z 总队

听证人员:朱〇〇、陈〇、陆〇〇

主持人:朱〇〇

书记员:丁〇〇、俞〇

听证主持人:根据《中华人民共和国行政处罚法》、《海洋行政处罚实施办法》和国家海洋局关于《海洋行政处罚听证程序》之规定,今天,Z 省海洋与渔业局依法对列入国家"〇〇2004"专案的 Z 港三期无证用海一案进行听证。

听证会由我——Z 省海洋与渔业局海域处处长朱〇〇主持,Z 省海洋与渔业局纪检监察室陈〇主任、Z 省海洋与渔业局资源环保处陆〇〇主任科员担任听证员,Z 省海洋与渔业局政策法规处丁〇〇主任科员和 Z 省海洋与渔业局办公室电脑员俞〇同志为书记员。

按照《中华人民共和国行政处罚法》之规定,当事人有权申请回避。请问当事人对听证员和书记员是否提出申请回避?

代理人:不申请回避。

听证主持人:现在宣布听证纪律:

1.未经听证主持人允许,不得发言、提问;

2.未经听证主持人允许,不得录音、录像和摄影;

3.未经听证主持人允许,听证参加人不得退场;

4.听证在场人员不得大声喧哗,不得鼓掌、哄闹,干扰秩序,妨碍听证活动正常进行。

下面请案件调查人员出示海洋监察证。(由书记员验证)

请当事人或代表人(律师)出示委托证件。(由书记员验证)

按照《中华人民共和国行政处罚法》之规定,当事人有陈述、申辩和质证的权利。

现在先请本案承办人员对当事人的违法的事实、证据、处罚依据和拟处罚意见进行陈述。

办案人员:

一、项目基本情况

Z港三期工程位于H湾跨海大桥东侧,建设规模包括4450亩的围堤陆域形成项目和1.5万吨级通用泊位、3000吨级滚装泊位项目两大块。该工程经Z省计经委立项审批,围堤部分项目批准时间是2001年12月31日,通用、滚装泊位项目批准时间是2003年3月22日,项目的业主单位为J公司。2003年5月20日,围堤工程正式开始,至立案查处日止,围堤陆域形成已完成工程量的70%左右,水上码头工程尚在打桩,还未形成桥面和码头平台。为此我们先就围堤项目的非法用海情况展开了查处,对泊位建设的用海活动进行了督促。该项目至今未取得海域使用权。

二、主要违法事实

J公司在未依法取得海域使用权的情况下,于2003年5月20日至2004年8月12日期间,擅自从事Z港三期围堤工程项目用海活动,经查明,实际违法占用海域面积达357.8亩。

三、办案经过

2004年8月12日,中国海监Z省总队组织J市海洋与渔业局、P市海监大队等单位对"Z港三期工程项目"涉嫌非法占用海域一案进行了调查取证。执法人员在工程建设单位有关人员的配合下,对施工现场实施检查,并委托Z省海洋监测预报中心,对海域使用面积进行了测量。随后,执法人员对J公司(业主单位)办公室主任阮○○、Z围海工程责任有限公司(施工单位)总工程师张○○、Q水利建筑工程公司(施工单位)现场质检员徐○、Z港三航局LB分公司(施工单位)项目经理胡○○、S建设监理所(监理单位)总监代表解○、J港区东方交通工程监理有限公司(监理单位)监理员盛○○等6人进行了调查取证,制作了《调查询问笔录》,并提取了工程施工合同、工程监理合同、立项审批文件、施工图设计说明书、施工总平面布置图、工程付款申请表等相关的证据材料。

四、主要证据

1. 调查询问笔录 5 份;

2. 立项审批文件(复印件)4 份;

3. 施工总平面布置图、施工图设计说明书各 1 份;

4. 工程施工、监理合同书各 2 份;

5. Z 港三期工程项目用海面积测量报告 1 份。

五、处罚依据和拟处罚意见

当事人的上述行为已违反了《中华人民共和国海域使用管理法》第 3 条的规定,依据《中华人民共和国海域使用管理法》第 42 条、《Z 省海域使用金征收管理暂行办法》第 4 条第 1 款第 1 项及第 5 条第 2 款之规定,建议对当事人处以"退还非法占用的海域,恢复海域原状,并处罚款人民币 37.58 万元"的行政处罚。

在调查终结和拟处罚意见提出后,根据《重大海洋违法案件会审工作规则》之要求,我们于 2004 年 8 月 20 日在 H 市召开了会审会,对该案所涉及的证据和处罚时必具的"四要素"等主要内容进行了会审。在此基础上,正式作出了拟对当事人处以"退还非法占用的海域,恢复海域原状,并处罚款人民币 37.58 万元"的行政处罚。

听证主持人:现在请当事人或代理人进行陈述、申辩。

代理人:

尊敬的主持人,我们认为:

1. 这个工程是围涂,不是围海,是利用滩涂,而不是海域。

2. 该工程已依据《中华人民共和国水资源保护法》及相关法规,向 Q 管局申请了行政审批,并获准工程项目和向有关部门交纳使用费。

3. 该工程不涉及用海,故不应由海域使用管理法来调整,要求贵局依法行政,撤销该案的处罚。

4. 应以 Q 管局文件为准。

办案人员:

我们认为,这个项目是一个涉及用海项目,当事人的行为涉及海域使用行为,证据材料有以下五点:

第一,该项目所在地为《中华人民共和国海域使用管理法》规范的海域。《中华人民共和国海域使用管理法》第 2 条明确规定:"本法所称海域,是指中华人民共和国内水、领海的水面、水体、海床和底土。本法所称内水,是指中华人民共和国领海基线向陆地一侧至海岸线的海域。"对于海岸线的定义,《国务院关于开展勘定省、县两级行政区域界线工作有关问题的通知》(国发〔1996〕32号)和国家标准(GB/T18190—2000)规定:海岸线是指平均大潮高潮时水陆分界的痕迹线。根据你们提供的"Z港三期工程围堤项目施工图设计总说明"(由Q管局勘测设计院设计的《工程设计证书》第1211302号),Z站潮汐特征值历年平均大潮高潮位为2.48米(1930—1997)。根据计委批复,具体工程建设单位当事人的调查询问笔录、施工总平面布置图显示,该围堤工程位于平均大潮线以下,自然是属于海域。P水文站最新提供的Z监测点最近5年的平均高潮数据(2.8米).

第二,该项目所在地属《Z省海洋功能区划》所确定规范的海域。从海洋功能区划上说,经Z省人民政府批准的《Z省海洋功能区划》中明确规定,Z港属于海域,规划中还明确Z港区自P市益山至H县郑家埭。对于海洋功能区划的法律效力,《国务院关于全国海洋功能区划的批复》(国函〔2002〕77号)明确规定:海洋功能区划是海域使用管理和海洋环境保护的依据,具有法定效力,必须严格执行。《Z省海洋功能区划》于2001年12月31日经Z省人民政府《关于印发Z省海洋区划的通知》(Z政发〔2001〕83号),其法律依据是《中华人民共和国海洋环境保护法》。此外,全国海洋功能区划也将Z港区列入调整范围。

第三,该项目在省计委两个立项批复文件中已经提到是用海项目。首先是Z省发展计划委员会《关于Z港区三期工程围堤项目可行性研究报告的批复》(Z计基础〔2001〕1208号)。第二点关于该项目的建设规模中提出,该项目"围海造地"233公顷。其次是因围堤方案调整,Z省发展计划委员会《关于Z港三期工程围堤项目可研补充报告的批复》(Z计基础〔2002〕708号)第一点提到该项目符合《Z省海洋功能区划》,第二点又提到因方案调整,该项目"围海造地297公顷,增加了围区面积64公顷"。

第四,从施工现场得到的证据来看,是属于海域。我们在2004年8月12日的现场检查过程,摄有现场照片若干张,证明该工程项目位于海岸线以下,海水现在冲击着正建的堤坝。

第五,从周边相关项目情况来看,根据国海管〔2004〕356号文件《关于H湾跨海大桥项目用海的批复》的内容:"H湾大桥工程指挥部,你部2003年9月26日所申请的H湾大桥项目用海业经国务院批准,纳入海域管理范围。"现该工程项目正按有关规定到国家海洋局缴纳海域使用金,并办理海域使用权登记手续,领取海域使用权证。再说,紧靠三期西侧的二期项目经中国海监东海总队调查取证,也经过听证,证实是用海项目,现业主已交纳了罚款,而Z港三期的围堤工程项目是位于H湾大桥的外(东)测,三期的西侧,难道你的工程项目不应纳入海域使用管理吗?

根据以上事实充分证明：Z三期的围堤工程所在位置是海域，该工程属于用海项目，当事人的行为涉及海域使用行为。依据《中华人民共和国海域使用管理法》第3条规定："单位和个人使用海域，必须依法取得海域使用权。"第16条规定："单位和个人可以向县以上人民政府海洋行政主管部门申请使用海域。"第37条规定："县级以上人民政府海洋行政主管部门应当加强对海域使用监督检查。"因此，Z省海洋与渔业局是有权对该项目实施行政处罚的。

代理人：

这些材料很多，我们不能够很准确全面表达意见。我请求会后，仔细看后交书面材料，要求会后给一份复印件。

听证主持人：允许会后查阅资料。

代表人：

首先，办案方提供的证据，对于图纸的真实性无异议，但对客观性不能证明。这些材料不能作为执法的客观依据，特别是两份笔录存在两个问题：1.形式上不合法。被询问人是两人，同在一份笔录上，而且第二页上有诱导性发问，产生不客观的回答。2.第二份笔录中人员的身份是办公室主任，不是工程负责人，不是法定代表人，他对该工程不全面了解，不知情，所陈述不客观。

其次，对于提供的书、图书，我不怀疑它和真实性，但这些东西不能够直接证明Z省海洋与渔业局具有对区域的行政权力。

最后，发展计划委员会的两份文件，当事方注意到了有这方面的表述：这1208号最后一段，是作水域占用。同样，另一份文件表明是围滩，而不是围海。

当事人代表：

以平均大潮时水陆的分界线来界分海域是不合适的。高潮经H回潮W东至G港以上，W江是河。办案人员列举的Z30年高潮位证明本工程处是海域是不合适的。

办案人员：

对于第1份笔录，因有抗台任务，应笔录人要求，两人合作了一份笔录。

对于第2份笔录，这人有两个身份，一个是J市港口发展处副处长，另一个是J公司办公室主任，崔局长委托该主任作的笔录。

对于文件的异议，计委发文时间是2001年，当时还没有出台《中华人民共和国海域使用管理法》。

对于海岸线确定是不是海的问题,《中华人民共和国海域使用管理法》已明确讲到了。反问对方:潮水的盐度是多少?

代表人:现在是质证阶段,对于办案人员所作的笔录不论是基于客观原因,还是其他原因,在没有看到新的证据情况下,不能反驳笔录中存在的形式上的错误。文件上有时间性问题,对于这个观点我有问题,处罚条件上海域使用金是在《中华人民共和国海域使用法》之前就有的,海域这个概念不是从《中华人民共和国海域使用管理法》演变而来,这个观点没有直接的逻辑联系。

办案人员:

上述五点是独立的,又是完整的。尤其是第一点。

1998年制订的《Q江管理条例》,本办法海域是指平均大潮以下的海域,概念与《中华人民共和国海域使用管理法》中的概念是一致的。《中华人民共和国海域使用管理法》规定的海域使用金由国务院制定,Z省海域使用金在全国是最低的。

听证主持人:

代理人是否需要提交其他证据?

代理人:

我们提交一份该工程批准文件,是由Q管局所作行政批文,以证明该工程合法性。

办案人员:对这份文件没有异议。

代理人:对文件效力进行确定,同一个地域现在是承办方作不同性质的确定。国土还是在这个地方,到底是用海还是用水域,这是重叠在一起的,又作水资源认定,承办方认可我方提供证据(Q管局批方),但同一地方又作海域认定来处罚。这是矛盾点。

我们认为这份文件不存在效力问题,是国家机关发的文件,如果认为有效力问题,《中华人民共和国海域使用管理法》第43条规定,你可以依法做出行政行为。但这份文件依然产生法律效力。

办案人员:

我们认为对于这个案件,作为执法单位我们对违法行为进行执法。前面,我们已充分举证证明了你们是用海行为。我们并没有否认《Q江管理条例》,我们认为Z港三期围堤工程项目中有关部分涉及《Q江管理条例》规定,按照《Q江管理条例》办理了相关手续是正确的。但我们在本案中是对你公司非法占用海域的行为实施行政处罚,与《Q江管理条例》没有矛盾。依据《中华人民共和国海域使用管理法》规定,用海项目必须办理海域使用证。

根据《中华人民共和国立法法》第 87 条规定,下位法违反上位法规定的,下位法必须服从上位法。由全国人大制定的《中华人民共和国海域使用管理法》的法律地位明显高于地方性法规《Q 江管理条例》,如两者在管理内容上确有冲突的话,也必须遵守《中华人民共和国海域使用管理法》的规定。我们认为 Q 管局按照《Q 江管理条例》向你单位征收水资源占用费,并不意味你单位使用海域可以免除缴纳海域使用金。你单位使用海域,未取得海域使用权证书,不缴纳海域使用金是违法的。

代理人:

我们适用于《中华人民共和国水资源保护法》,根据《中华人民共和国水资源保护法》制定《Q 江管理条例》第 1 条、第 2 条及第 3 章以及延伸《Z 价 118 号》。

办案人员:

《中华人民共和国水资源保护法》第 40 条规定禁止围垦,有没有 Z 省政府的批复?

代理人:

我们认为适用《中华人民共和国水资源保护法》及相关法规,包括《Q 江管理条例》。你们讲到了依据《中华人民共和国海域使用管理法》对本案进行行政处罚,依据的是哪一条?

办案人员:《中华人民共和国海域使用管理法》的第 3 条、第 16 条、第 37 条。

代理人:你们对《中华人民共和国海域使用管理法》第 2 条进行了解释。这属于什么解释?

办案人员:我们是根据国家标准。

代理人:这部法律包括第 1 条、第 2 条解释权归属于谁?

办案人员:法律解释有很多种,我们认为刚才的引用是对的。

代理人:这个法律解释所解决的问题直接涉及行政机关对权力及效力体现在什么执法的来源上。

听证主持人:质证到此结束,下面请双方做最后陈述。

代理人最后陈述:围绕本案事实、相关的法律条文引用,观点很明确了。办案部门行政权力效力直接产生的来源性不确定,对于所作具体行政行为法律权限不明确。我们认为这个工程在法律上是合法的、有效的。《Q 江管理条例》的第 3 条、第 4 条规定,该区域属于该条例的调整范围,这个行政行为有效,我们已按相关规定交纳了水资源费。如果同一地点既进行江域行政执法又进行海域行政执法,这里就存在着矛盾。我们只希望法律上给我们有一个明确点,我们就按法律来办。

办案人员最后陈述:

违法事实问题,我们已有充分证据认定你们是个用海行为,我们还是认为应对它进行行政处罚。我们认为,本案违法事实清楚,证据确凿充分,调查程序合法,适用法律依据正确,处罚自由裁量恰当,所以建议对当事人作出"退还非法占用的海域,恢复海域原状,并处罚款人民币 37.58 万元"的行政处罚。陈述完毕。

听证主持人:听证会到此结束。本机关将依法在 3 日内将结果告知双方。

当事人:○○○

代理人:○○○

调查人员:○○○

其他人员:○○○

主持人:○○○

记录人:○○○

○○○○年○○月 ○○日

(三)法律评析

《行政处罚法》首创的行政听证制度在中国运作了将近 10 年。正因为是首创,所以必须充分考虑它的可行性。"既保证行政机关处理行政处罚案件的效率,也注重行政处罚程序中的民主程序的建设,同时这一制度在我国刚刚建立,不论是群众的素质,还是基层行政机关的工作水平,建立这样的一种制度不可操之过急,否则,可能'欲速则不达'。"①这一认识基本上是正确的,也是切合实际的。其实,在《行政处罚法》刚出台时,真正理解听证制度的人并不多,许多人都把它与座谈会、论证会混为一谈,从而影响了其实际效果。

本案是一起海洋行政处罚案件,地点位于 Z 省 J 市 Z 港区的第三期工程所在地。Z 自古就有"海口重镇"之称。1917 年,伟大的革命先行者孙中

① 全国人大常委会法制工作委员会国家法行政法室编著:《〈中华人民共和国行政处罚法〉释义》,法律出版社 1996 年版,第 120 页。

山先生在他撰写的《建国方略》中曾提出在 Z 一带开辟"东方大港",由于社会、经济、历史等原因,孙中山先生的宏愿一直未能实现。1975 年 S 石油化工股份有限公司陈山原油码头两个 2.5 万吨级泊位在 Z 建成。Z 港一期工程于 1987 年 12 月 10 日开工,建设外海万吨级和千吨级件杂货泊位各一个、内河 100 吨级泊位十二个,1992 年 7 月 4 日通过竣工验收交付使用。1994 年 S 石油化工股份有限公司 C 山原油码头扩建工程(5 万吨级原油泊位一个)建成。"九五"期间,Z 港二期工程动工建设,Z 港的建设进入了一个新的发展时期。Z 港 1993 年 3 月被批准开办国轮外贸运输业务,同年 12 月外贸国轮到港;1994 年 5 月被批准临时接靠外国籍船舶,同年 8 月外轮到港;1996 年 1 月经国务院同意对外国籍船舶开放。21 世纪初,Z 港开始了第三期工程的建设。这个区域在《Q 江管理条例》中被划为 Q 江的河口,纳入《中华人民共和国水资源保护法》的管理范围。

2002 年 1 月 1 日《中华人民共和国海域使用管理法》实施之后,海洋行政执法的法律依据获得了进一步完善。但是,在我国一元多层次的立法体制下,各种利益冲突与平衡反映在立法上就是法律、法规和规章之间的"不一致"或者"相抵触"。本案争议的焦点是对同一区域,Z 海洋局依据《海域使用管理法》认定它是海域,而 Q 管局依据《Q 江管理条例》认定它是水域。当事人 J 公司则依照过去的做法向 Q 管局交纳了水资源费之后,就开工建造港口。但 Z 海洋局则认为 J 公司使用海域,未经其审批并交纳海域使用金,违反了《海域使用管理法》,因而依法给予行政处罚。J 公司在收到 Z 海洋局《行政处罚听证告知书》之后,在法定期限内提出要求举行听证会的请求。Z 海洋局在收到 J 公司的请求之后,即举行听证会,听取 J 公司对其拟将作出的行政处罚的意见。

从其听证笔录所反映的听证过程来看,Z 海洋局在听证的基本程序上做得是比较到位的,比如由五位 Z 海洋局的公务人员组成听证小组,其中两人为书记员,听证步骤基本上也没有大的错误。这说明作为国家行政机关的 Z 海洋局很认真地对待行政处罚的听证工作,也反映了 Z 海洋局有比较好的依法行政的观念。但是,我们也可以看到,这个行政处罚听证案件也存在着许多问题,当然有的问题所反映的是立法问题,而不是行政机关的执法问题。这些问题大致可以归纳为:

1. 在听证之前 J 公司不能看到海洋局拟作出行政处罚决定所依据的证据和规范性文件,致使 J 公司无法有效地行使陈述权、申辩权。从听证笔录中我们可以清楚地看到,当 Z 海洋局办案人员发表了处理意见,出示了相关证据之后,J 公司代理人只能说:"这些材料很多,我们不能够很准确全面表达意见。我请求会后,仔细看后交书面材料,要求会后给一份复印件。"这样的局面必然影响后面的质证效果。据我了解,行政机关在举行听证会之前对当事人要求查阅、复印其所依据的证据、规范性文件,一般情况下都是拒绝的,表面的理由是当事人这一请求没有法律依据,深层次的原因是国家行政机关担心在当事人有充分准备的情况下举行听证会,可能会出现令办案人员难堪的场景,以及出于材料落到当事人手中,说不定会惹出什么麻烦事来的担心。这种心态的产生可能与长期的行政专制传统有关,也可能是由于行政机关作出行政处罚决定时不自信。总之,这种具有普遍性的问题没有列入《行政处罚法》的规范之内,本身也说明了国家本位思想的根深蒂固,也决定了行政处罚听证的实效更多地可能只是形式意义。

与此相关的另一个问题是,本来,从公正的要求看,听证主持人在听证之前最好不要接触证据材料,以防先入为主。这大概是《行政处罚法》要求"非本案调查人员"主持的立法原因。但是,这个规则在有的行政机关系统中被改变了。如《工商行政管理机关行政处罚案件听证暂行规则》(1996年10月17日国家工商行政管理总局令第69号公布)第24条规定:"案件调查人员应当自确定听证主持人之日起3日内,将案卷移送听证主持人,由听证主持人阅卷,准备听证提纲。"因为没有法律、法规作出禁止性的规定,对于国家工商行政管理总局的这一规定在实证法上也就难以作合法性评价。但是,基于正当法律程序之法理,这一规定所导致的问题是显而易见的。

2. 与Z海洋局办案人员的发言记录相比,听证记录中J公司的发言记录不够完整,这可能影响行政处罚决定者对本案事实和法律的认定。在整个听证笔录中,我们可以看到,J公司代理人发言的记录不仅量少,而且很简略,不如办案人员的发言那么内容丰富。如果J公司代理人充分履行代理职责的前提是成立的,那么产生这一现象的原因只能是:(1)听证主持人没有公正地分配发言时间、机会;(2)记录人员在记录时没有尽到记录员的职责。当我带着这个问题询问J公司代理人时,他把这个问题归咎于记录人员。他说现在听证笔录中,他发言的内容也是事后他找记录员补的,他的很多发言内容根本没有被记录下来。如果他的说法成立,那么我认为行政机关举行听证会时,不能轻视记录员的记录能力。由于行政机关一般没有专业的记录员,一旦举行听证会,往往会选派本机关办公室文印打字员作记录。其实,能打字不一定会作记录,因为作听证会的记录如同法院庭审中的书记员,这项工作有许多技术(巧)。所以,我建议行政机关举行听证会时如条件允许可以向法院借用速录员,这可以保证听证会记录的质量。

虽然从本案的听证笔录中看不出听证主持人有不公正地分配发言时间、机会之嫌，但这仍是一个极其重要的问题。程序公正的根本在于程序主持人能够公正地主持程序，否则，设计再精当的程序也是毫无意义的。在行政听证实践中，由于听证主持人和办案人员之间是同事关系，且与作出的行政处罚决定有利害关系。相对与当事人来说，听证主持人仍是作出行政处罚决定的行政机关工作人员。存在如此足以引起当事人怀疑的事实，即使听证主持人公正无私地主持行政处罚听证程序，也会引起当事人对听证人公正性的怀疑。所以，为了尽可能减少当事人这样的怀疑，也为了提高行政处罚决定为当事人可接受程度，在听证程序中听证主持人可以尽可能地"偏袒"当事人，以消除当事人这种可能是没有依据的怀疑。

3. 从作出的行政处罚决定内容看，它并不能反映听证的功能。如对 J 公司的反对意见，Z 海洋局没有给出不予采纳的理由。在听证过程中，J 公司代理人就 Z 海洋局的行政处罚所认定的事实和引用的法律依据进行了反驳。这些反驳意见可以引发 Z 海洋局对其拟作出的行政处罚决定是否合法的重新审查。既然存在这样一种对立的意见，Z 海洋局就必须充分考虑这种意见在事实或者法律上是否可以成立。如果 Z 海洋局没有充分的理由反驳当事人提出的意见，那么它就必须采纳这一意见；如果 Z 海洋局有充分的理由可以驳倒当事人提出的意见，那么应当在行政处罚决定书中给出这一理由。这是行政程序法中说明理由规则的基本要求。如果 Z 海洋局无视当事人的这种意见，或者否定这种意见且不给出理由，那么听证势必流于形式。也就是说，对于行政机关来说，听证是法律规定的必经程序，所以只要当事人提出要求它只好召开听证会。但是，无论当事人提出的意见是否有理，它一概不理，仍然作出原来拟好的行政处罚决定。当然，在本案中 Z 海洋局是否也有这样的想法，外人不得而知。但是从其作出的行政处罚决定内容看，我们确实没有办法看到 Z 海洋局已经慎重地考虑了 J 公司代理人提出的意见。

其实，说明理由规则在行政处罚实践中基本上没有得到很好的遵守。首先，《行政处罚法》本身没有为行政机关设置这一义务。既然法律没有给予这样的说理义务，行政机关也就不会主动要这个"紧箍咒"。不过，《行政许可法》已经作了改进，①相信在行政许可听证中，这一规则可以驱使行政机关认真对待申请人、利害关系人提出的意见。其次，行政机关不会、不愿

---

① 《中华人民共和国行政许可法》第 38 条第 2 款规定："行政机关依法作出不予行政许可的书面决定的，应当说明理由，并告知申请人享有依法申请行政复议或者提起行政诉讼的权利。"

说明理由。"不会"是指行政机关不知道如何说理以及说理的底线。"不愿"是指行政机关没有接受现代行政法的理念,依旧把人民当成其权力可以任意支配的客体,不愿意心平气和地说出行使行政权的理由。当然如果没有理由,也就不存在不会、不愿说理由的问题了。

4.Q 管局与本案具有重要的关系,Z 海洋局如能通知其出席听证会并听取其意见,可能更有利于本案的公正处理。本案中 Q 管局虽然不是行政处罚的第三人,但是它是本案的一个重要角色。Q 管局依据《Q 江管理条例》所赋予的职责履行对 J 公司的审批手续,依法收取 J 公司水资源费。应该说它也是履行了 Z 省人大赋予它的法定职责。本案是《中华人民共和国海域使用管理法》和《Q 江管理条例》之间有关规定的抵触所致,这一法律适用问题在《立法法》中是可以找到解决之规则,但是"下位法不得与上位法相抵触"能够解决本案的实际问题吗?因为 Q 江管理事务毕竟是地方性事务,行政管理必须充分考虑地方的特点。这是不是全国人大常委会至今都没有宣告过一部地方性法规因与法律、行政法规相抵触而无效的原因之一?所以,如果 Z 海洋局通知 Q 管局出席听证会并陈述其意见,那么其作出的行政处罚决定不是更加周密吗?或许,在听取了 Q 管局的意见之后,可以找到解决本案更好的办法。当然,Z 海洋局没有这样做,似乎也没有违反法律的规定。

二、政府价格听证案

(一)案情概要

2003 年 12 月 12 日,X 县公路运输有限责任公司、X 县丹石客运有限公司、X 县亚西亚运业发展有限公司、X 县丹峰汽车运输有限公司、X 县鸿翔客运有限公司和 X 县华通客运有限公司因为公司营运客车出现亏损现象,过去的运价已不适应目前的运价,要求给予变动,所以委托 X 县道路运输协会向有关上级部门申报重新制定运价。X 县道路运输协会接受委托之后,向县物价局提交了《关于要求重新制定县境内中巴车运价的请示》(X运协〔2003〕5 号)。X 县物价局接到申请之后,于 2003 年 12 月 15 日发出《关于召开 X 县县境内中巴车客运票价制定方案听证会的通知》(X 价〔2003〕82 号)。根据《价格法》、《政府价格决策听证办法》的规定,确定听证代表 21 人,其中县人大、政协代表 2 人,部门(乡镇)代表 10 人,消费者代表 6人,申请人(经营者)代表 3 人,另外旁听代表 5 人。2003 年 12 月 29 日,听证会如期在 X 宾馆举行。2004 年 2 月 5 日 X 县物价局、X 县交通局作出《关于核定县境内中巴车客运票价的批复》，重新核定了中巴车客运票价。

(二)听证笔录

主持人：

各位代表、各位来宾：

X 县县境内中巴车客运经营单位提出了要求制定运价的请示，由于运价是关系群众切身利益的服务价格，为提高价格决策科学性，促进价格决策民主化，合理制定客运票价，根据《中华人民共和国价格法》和《政府价格决策听证办法》的有关规定，按照县政府领导的意见，今天，县物价局在这里召开县境内中巴车客运票价制定方案听证会。X 县道路运输协会受各经营单位的委托，向县物价局提出了《X 县县境内中巴车客运票价制定方案》，公开征求社会各界代表的意见，论证其必要性、可行性。

这次听证会正式代表应到 21 名，实到 21 名；旁听代表应到 5 人，实到 5 人。按照《政府价格决策听证办法》第 12 条"听证会应当在三分之二以上听证代表出席时举行"的规定，符合法定要求，可以开会。现在，我宣布：X 县县境内中巴车客运票价制定方案听证会正式开始！

首先，进行听证会第一项议程：宣布听证会程序和注意事项，介绍听证代表组成。听证会程序：

1. 听证主持人宣布听证会程序和注意事项，介绍听证会代表组成；

2. 申请人代表说明定价方案及其依据、理由；

3. 县物价局介绍有关政策、法律、法规，宣读初审意见；

4. 听证会正式代表对定价方案涉及的具体问题发表意见；

5. 听证会正式代表自由发言、辩论；

6. 申请人代表陈述意见；

7. 听证主持人进行会议小结；

8. 听证会正式代表对听证会笔录进行审阅并签名。

听证会会场注意事项：

1. 听证会正式代表、旁听代表、新闻记者、工作人员将移动电话、传呼机关闭或者设置为振动状态，不要在会场内拨打、接听电话。不要随意走动，不要喧哗。

2. 听证会正式代表初次发言按照主持人确定的顺序进行；发言要求开门见山、观点鲜明、简明扼要。正式代表初次发言时间控制在 8 分钟以内；未发表完的意见，可以在自由发言期间发言，时间不超过 3 分钟。

3.听证会不安排旁听代表发言。如旁听代表对听证方案有意见和建议,可以书面形式在会后3个工作日内向县物价局反映;已有书面意见的,可在会后即提交会场工作人员。

4.请新闻记者对听证会进行客观公正的报道。听证会期间,谢绝记者对与会人员进行采访(听证会结束之后,可以自由采访)。

5.与会人员应当自觉遵守会场纪律,保持会场安静,服从工作人员的安排。对扰乱会场秩序、不听劝阻的,工作人员有权劝其离开会场。

听证会代表组成:本次听证会代表采取单位推荐、委托乡镇选拔等方式产生,聘请21名为正式代表,具有一定的广泛性和代表性。既有经营者代表,又有消费者代表,既有人大、政协代表,又有县政府办公室、交通局、县政府法制办、乡镇(街道)、公管所等有关部门、相关方面的代表。

另外,通过公开征集、自愿报名,选取5名公民作为听证会的旁听代表。

下面进行听证会第2项议程,由申请人代表说明定价方案及其依据、理由。

申请人代表:

尊敬的主持人、各位代表、各位来宾、女士们、先生们:

根据《价格法》等法律法规的有关要求,经县物价局审核同意,并本协会受X县公路运输有限责任公司、X县丹石客运有限公司、X县亚西亚运业发展有限公司、X县丹峰汽车运输有限公司、X县鸿翔客运有限公司和X华通客运有限公司等单位的委托,举行本次听证会。客运价格属政府定位,客运价格关系到千家万户的切身利益和社会的稳定发展,对此,我们十分重视,作了认真准备,并按听证程序,提前将相关材料呈送各位代表审阅。现在我代表X县短途客运6家公司提出的《关于X县县境内中巴车客运票价制定方案》建议,并将有关情况汇报如下:

近年来随着运输市场的迅猛发展,人民生活的改善,广大人民群众对客运车辆的要求也随之提高。追求舒适、安全、性能较好的车辆,因此运输企业必须适应新的形势,所以大量的车辆更新也势在必行,但在运价上也必须适应这一形势,才能与新的形势、新的条件相吻合。为此提出运价重新制定的建议。

一、X县短途运输基本情况

本县共有6家客运企业(公交车除外),共有中巴车610辆,由927辆农用车更新而成,在51条线路上营运,并由1300多名驾驶员承担这一任务,长年累月,风雨无阻地奔波在全县境内,为广大人民群众的生活、生产服务,为保障全县经济建设作出应有的贡献。

二、要求重新制定的理由

1.车辆自身的价值提高,提增了企业和车主的成本投入。X县在去年下半年将农用车全部更新为中巴车,一部分从普通型更新为豪华型双空调中巴,这样公交车成本大为增加,由原来4万元一辆的农用车提高到8万～12万一辆的中巴车,投资增加了1～2倍,而收入并无增加。

2.目前油料及各种税费提高,加重了企业与车主的负担,如柴油由原来1.7元/公升涨到3.17元/公升,养路费由每月890元提到2725元,相差甚大。

3.原运价已不适应目前的实际,原运价是1998年所定(有个别调整),时隔5年之久,已滞后跟不上运输市场的发展,反而会造成运输行业的不正之风滋长。

从上述三点来看,不进行及时的重新制定运价,使运输企业与车主不仅没有净利,甚至连收入与成本也难以平衡,大多数出现亏损现象。为此要求物价部门对运价进行重新制定,以便适应目前客运市场的发展和稳定。

三、要求重新制定的依据

根据我们掌握的情况,现客运市场非过去的客运市场,条件的变化,使营运中巴车难以再维持。现把过去的农用车经营情况和现在中巴车经营情况进行对比,应能比较出是否需要重新制定运价。

原农用车收支表

支　出/月		收　入/月	
养路费:890元	司机工资:1000元	每天每车来回	8趟
保险费:250元	售票员:400元	每趟平均收入	16元×8趟=178元
轮胎:160元	车队调度:无	全月营业收入	178元×30天=5340元
车价折旧4.6万÷5年÷12月=766元	车队办公室:100元	收支比较说明	
成本利息:250元	公司管理费:无		
柴油1.7元/升×30升×30天=1530元	计:5801元	收入5340元－支出5801元=－461元。因农用车经营者是夫妻家庭车,账面反映是亏损的,若两夫妻的工资1400元不作为费用支出,减去亏损461元,实际家庭还结余939元。	
检测年检费按月分摊:250元			
维修保养:150元			
站务费:无			
停车费:55元			

现中巴车收支表

支出/月		收入/月	
养路费:2725 元	司机工资:1800 元	每天每车来回	8 趟
保险费:500 元	售票员:700 元	每趟平均收入	30.58 元×8 趟＝244.66 元
轮胎:400 元	车队调度:20 元	全月营业收入	244.66 元×30 天＝7339.80 元
车价折旧 8 万÷5 年÷12 月＝1333 元	车队办公室:100 元	收支比较说明	
成本利息:640 元	公司管理费:150		
柴油 3.17 元/升×30 升×30 天＝3613.8 元		收入 7339.80 元－支出 13161.8 元＝-5822元。新中巴车月收入与支出相减亏损 5822 元,夫妻两人工资 2500 元不作为费用支出还亏损 3322 元。	
检测年检费按月分摊:250 元	计:13161.8 元		
维修保养:450 元			
站务费:380			
停车费:100 元			

    从上面两表比较来看,差距实在太大,必须进行重新制定。

    四、我们依据实际成本,提出定价建议

    1. 由原农用车更新为中巴车的情况:

    2002 年下半年为适应新形势,全县农用车全部更新为中巴车,但没有制定过运价,现在建议重新制定如下:

建议制定中巴车运价

农用车运价		中巴车	
公 里	票 价	公 里	票 价
1~3	1 元	1~3	2 元
3~5	1.5 元	3~5	2.5 元
5~7	2 元	5~7	3 元
7公里以上,43 公里以下	每增加 4 公里增加0.5 元	7公里以上,43 公里以下	每增加 3 公里增加1 元

2. D—S、D—Q、X—S 三线的制定

建议 D—S 线制定运价

原运价		现运价	
行驶线路	票价	行驶线路	票价
D—S	6 元	D—S	7.5 元(包括站务费0.5 元)
D—Q	5.8 元	D—Q	7.3 元(包括站务费0.3 元)
X—S(快客)	7 元	X—S(快客)	8.5 元

建议 X—S、D—S 两线的制定运价

原运价		现运价	
公　里	票　价	公　里	票　价
1～3	1 元	1～3	2 元
4～5	1.5 元	4～5	2.5 元
6～7	2 元	6～7	3 元
7公里以上	每增加 4 公里增加0.5 元	7公里以上	每增加 3 公里增加1 元

五、制定新的运价对消费者的影响及其保障措施

我们认为重新制定以后对消费者的影响并不大,因总的额度仅控制在0.5～1 元之间,完全能承担,但对经营者来说是得到应有的补充,能激活企业发展运输市场,符合现有改革开放政策。

新的运价实行后,我们所有企业和广大机动车驾驶人员努力做好运输工作,改善服务态度,虚心接受广大人民群众的监督,有问题请向运管部门96520反映,做到及时处理,及时加强对驾驶员的安全教育,开好安全车,切实保障人民生命、财产的安全。

以上汇报请代表评议。

听证主持人:县物价局介绍有关政策、法律、法规,宣读初审意见。

县物价局代表:

各位代表:

现在,我代表县物价局宣读对《关于 X 县县境内中巴车客运票价制定方案》的初审意见。根据《政府价格决策听证办法》的有关规定,县物价局对 X 县道路运输协会受各经营单位委托而提出的《X 县县境内中巴车客运票价制定方案》依法进行了审查,提出如下初审意见:

1. 根据《中华人民共和国价格法》第 18 条规定、省物价局颁布的《Z 省

定价目录》和《关于进一步明确〈Z省定价目录〉有关政策问题的通知》规定，县境内中巴车客运票价属于县人民政府定价项目，具体运作由县人民政府价格主管部门承担。

2.《中华人民共和国价格法》第21条规定："制定政府指导价、政府定价，应当依据有关商品或者服务的社会平均成本和市场供求状况、国民经济与社会发展要求以及社会承受能力"合理制定。X县道路运输协会受各经营单位委托，根据县境内中巴车客运成本费用、客运市场状况等因素向我局提出定价方案，符合法律规定。

3.根据《中华人民共和国价格法》第23条规定，《政府价格决策听证办法》第3条规定："列入听证目录的商品和服务价格的制定应当实行听证。制定听证目录以外的关系群众切身利益的其他商品和服务价格，政府价格主管部门认为有必要的，也可以实行听证。"以及省物价局《关于公布〈Z省定价目录〉的通知》的有关规定，县境内中巴车客运票价虽然未列入《Z省价格听证目录》的项目，但考虑到客运票价是关系群众切身利益的服务价格。为提高政府价格决策的科学性和透明度，促进价格决策的民主化和规范化，广泛征求社会各界的意见，以合理制定客运票价。按照县政府领导的意见，决定召开价格听证会，对申请人提出的定价方案进行听证，具有必要性和合法性。

4.我局初步审查认为，X县道路运输协会提交的申请材料基本齐全，符合《政府价格决策听证办法》规定的基本要求。

鉴于上述情况，现将X县道路运输协会的定价方案提交听证会全体代表讨论。

听证主持人：

下面请听证会正式代表对定价方案涉及的具体问题发表意见。

代表（1）：

1.客运票价应根据实际情况作相应的调整。

2.应考虑老百姓的承受度。

3.理由依据比较充分。

4.本人意见应作调整。

5.各运输企业应改善服务态度，提高服务质量。

代表（2）：

1.全县境内各运输企业现状介绍。

2.各运输行业的经营状况。

3.申请人运价调整建议是有依据的。

4.认真听取意见,坚决执行价格调整决定。

代表(3):

1.定价建议理由比较充分。

2.对定价的看法,以 D—S 线为例,提高了 1.5 元,幅度过高,主要原因是路况改变,路程缩短,是不利于客运市场的健康发展。

3、提出建议方案,D—S 线可提高 0.5～1 元。

代表(4):

总的来说成本增加,有需要进行必要的调整,但对调价是有异议的,提价幅度过大,对路途遥远的山区群众增加负担。

代表(5):

1.适当提高价格是有必要的,但提高幅度太高。

2.应改善服务态度,山区运力不到位,乘车难问题仍然存在。

代表(6):

1.运价提高是合理的但幅度太高,以涂茨为例,原价是 3 元,调价后是 5 元,老百姓难以承受。

2.山区运力不足,服务不佳,应改善。

代表(7):

1.召开听证会是很有必要的。

2.客运价格关系到社会稳定,关系到千家万户的利益,所以涨幅不能太大,老百姓承受力比较弱,否则会增加农民负担,且影响到社会稳定。

3.运管等费用可否下调,减轻运输成本。

4.农民收入并没有增加。

5.票价上涨是可以的,但幅度绝对不能提高过大。

6.S—X 距离 16 公里,现价 5 元,提价幅度较大。

代表(8):

1.价格成本核算不合理。

2.如 M 到 F 距离 8 公里只收 1.5 元,应大力发展公交事业。

3.农民乘车仍无法承受,应慎重考虑提价。

代表(9):

以 D 线为例,价格不能提高,理由是:

1.成本核算不合理,站不住脚,不切合实际。

2.D 线原价格已经比物价局定价高 0.5 元。

3.路况改善,路程缩短,不能提价。

4.D 是农业大镇,收入减少,不能提价。

5.线路路程调整 36 公里。

代表(10):

1.赞同整体方案。

2.1～3 公里内原价是合理的。

代表(11):

1.据调查,每辆车成本 1.1 万元/月,收入 1.4 万～1.5 万元/月,净收入 3 千元/月。

2.车价提高。

3.提价不合理。

代表(12):

1.运营成本确实提高了,群众承受能力有限。

2.适当提价也是可以的。

3.运营状况成本调查应征求百姓意见。

代表(13):

1.客运票价关系到社会稳定,百姓承受力。成本确实提高了,涨幅不能过高。D—S 最高不能超过 5 元。

2.提价应从农民利益方面考虑。

代表(14):

1.感到参加会议压力比较大,农民收入比较低,成本测算与实际情况相差巨大。

2.路程缩短,路况改善,但还要提高价格,老百姓想不通。

3.慎重考虑提价。

代表(15):

1.收入调查与现状不符,应征求老百姓的意见。

2.中巴车成本虽有提高,但仍有利可图。

3.提价应合理,内部节约潜力可降低。

4.S 镇农民收入低。

代表(16):

1.运价提高可能带动其他物价上升。

2.客运价格调整是必要的,有可以涨,也可能跌。不能搞一刀切。

3.协会提供的数据与现状相差巨大。

4.调价应考虑老百姓的承受能力。

5.涨价幅度极不合理,高的到 100%,最低 25%。

6.可能造成社会不稳定。

7.应参照周边县(市、区)的客运票价。

代表(17)：

1.听证会形式很好。

2.征求意见座谈会尚有欠缺。

3.调整价格是客观的。

4.调整时间宜选在明年3—4月份。

5.管理部门应当改变服务态度,提高服务质量。

代表(18)：

1.价格应作适当调整。油料等提价,协会内部挖潜,广告宣传增加收入。

2.不应一刀切调整,根据线路等状况作调整。

3.停车点加强管理,运价调整之后必须严格执行价格政策。

听证主持人:申请人代表陈述意见。

申请人代表:(略)

听证主持人:听证会会议小结:

各位代表、各位来宾:

今天我们召开价格听证会,目的是为了制定科学、合理的县境内中巴车客运票价,保护经营者和消费者的合法权益,促进客运行业的健康发展。不论申请人还是消费者和有关部门的各位代表,对制定客运票价表现了极负责的精神。听证会前各位正式代表对《X县县境内中巴车客运票价制定方案》进行了调查研究和分析,准备充分。听证会上各位正式代表对方案进行了充分而热烈的讨论,畅所欲言,发言观点鲜明,表达了各自的意见和建议。这些意见和建议对政府价格决策起到了参谋作用,会议取得了预期的效果。参加听证会的大多数代表认为,客运票价涉及千家万户,直接关系到广大人民群众的切身利益,而且直接关系到客运行业的运行正常与否,应当合理制定或调整票价。会议原则同意X县县境内中巴车客运票价因车辆更换因素而重新制定客运票价。

会上,听证会代表也对定价方案的具体内容提出了一些意见,主要是:

1.定价水平问题。多数代表认为《方案》票价水平偏高。由于县内客运票价关系到全县人民群众的切身利益,制定或者调整票价要充分考虑社会发展和群众的承受能力以及社会稳定,如果票价偏高、过高,增加人民群众特别是农民的负担,不能与其他交通工具运价相应,是不能促进县内中巴车客运行业的健康发展,也不利于社会稳定。因此,县内运价水平要控制,应当慎重公正、科学、合理地制定或者调整,做到适时适度。

2.成本、收入和亏损问题。部分代表认为《方案》中定价的成本与收入不够合理,认为《方案》中有些费用开支不合理,运量与运输收入不尽真实,由此造成亏损情况反映不能完全切合实际。

3.客运规费问题。部分代表认为,在政府有关部门对客运行业规费收取上,在政策许可前提下给予优惠,以下降运行成本,减轻经营者负担,从而减轻群众的负担。

4.部分代表提出,经营者应改善服务态度,提高服务质量,自觉接受消费者和社会各界的监督。加强内部管理,降低运行成本,让利群众。

5.同时,部分代表提出线路里程和站点的设置,明码标价、涨价范围与时间、宣传解释工作、监督检查等一些问题。

在听证会结束后,X县物价局将按照《政府价格决策听证办法》的有关规定,在规定期限内(10日)将这次会议情况和意见制作听证纪要,反馈给听证会各位代表。同时,我们将会同有关部门认真研究代表提出的意见,对定价方案作进一步修改和完善,报经县政府同意后实施。

在此,我们衷心希望各位代表和新闻界朋友对客运票价的制定与实施工作继续给予大力支持,并通过你们向社会做好宣传解释工作;同时,希望客运经营单位不断改善服务态度,严格执行价格政策,自觉接受社会各界的监督,把工作做好。

各位代表、各位来宾:最后,请允许我代表X县物价局向各位代表对本次听证所付出的辛苦工作和对我们工作的配合表示衷心的感谢!同时,对社会各界对这次听证会的高度关注和支持、对新闻界朋友对我们工作的关心和支持表示衷心的感谢。

最后请各位代表签名。

(三)法律评析

政府价格听证是一种决策型的听证,它是公民参与政府治理过程的新型模式。当今社会,面对日益明显的利益多元化格局,政府必须改变传统的治理模式,让公民参与到政府治理过程中来,而不是把他们排除在政府决策过程之外,仅让他们简单地服从政府的决策。这样的制度"重要的是,所有中国国内的社会问题,在听证这个公共决策程序上都已经可以由民众向有关负责单位提出。有了听证制度,受社会议题切身影响的人或仅仅是对它们感兴趣的人,都无需再通过西式民主的事项投票来影响政府决策,也无需鼓动沉默的大多数来参与他们无关的争议,便能够直接参与政治运作"①。因此,听证制度在宪政层面上,它是公民参政议政的一种重要途径。

　　本案是一个县级人民政府关于调整境内中巴车客运票价的听证会。该县属于 Z 省 N 市,是一个经济比较发达的县。X 县位居 Z 省中部沿海,位于 X 港与 S 湾之间,由 X 半岛东部及沿海 608 个岛礁组成,海岸线长达800 公里,占全省海岸线的 1/6。X 县县域总面积 6525 平方公里,其中陆域面积 1175 平方公里,海域面积 5350 平方公里。县政府所在地是 D 镇,它的中心城区由 D 东、D 西、X 溪三个街道组成,总面积 111.8 平方公里,建成区面积 10 平方公里,人口 12 万。2003 年全县国内生产总值 108 亿元,增长 17%,财政收入 10.7 亿元,增长 31.3%,城镇居民人均可支配收入13200 元,农渔民人均现金收入 6060 元。该县原来从事客运的交通工具是农用车,21 世纪初因为经济发展的需要淘汰了农用车而改为中巴车,加之油料价格上涨和国家规费的增加,原定的客运票价不能保证经营者的合理利润。所以,几家从事客运的公司委托县道路运输协会向县政府提出要求调整中巴车客运票价的申请。县物价局在接到申请之后认为虽然客运中巴车票价没有列入政府定价目录,但它关系到人民群众的切身利益和社会稳定,所以决定举证听证会,在听取各方意见之后再作价格决策。

　　在这几年的政府价格听证中,"逢听必涨"已成为了人们指责听证会的一个重要原因,而且最后政府决定的价格基本上就是申请人提出的建议价格。在本案中,政府最终决定的价格并没有完全满足申请人的要求。

关于核定县境内中巴车客运票价的批复

X 县道路运输协会、各经营单位、各线车主:

　　鉴于县境客运车辆已全部更新,成本投入增加、税费提高、油料价格上涨等造成运行成本上升的实际,为缓解经营困难,促进县境内客运行业的健康发展,在召开价格听证会、广泛征求社会各界意见的基础上,并报经县政府领导同意,决定重新核定县境内中巴车客运票价。票价标准为:3 公里(含)以下每票 1.00 元;3 公里以上至 5 公里(含)每票 1.50 元;5 公里以上至 7 公里(含)每票 2.00 元;7 公里以上,40 公里以下每增 3 公里每票加收0.50 元;40 公里以上每增加 5 公里每票加收 0.50 元。

---

　　①　彭宗超等:《听证制度》,清华大学出版社 2004 年版,第 28 页。

此批复自 2004 年 2 月 5 日起执行。希你们切实做好宣传解释及明码标价工作。

X 县物价局（章）

X 县交通局（章）

2004 年 2 月 5 日

从这一批复中我们可以看到，与申请人提出的调价要求相比，政府最后的定价减少了 50％，应该说这个听证会的实际效果是比较明显的。虽然在听证会上不少听证代表反对调价，也提出了相关的事实，但是"客运车辆已全部更新，成本投入增加、税费提高、油料价格上涨等造成运行成本上升"却是一个不能改变的客观事实。正因为如此，政府价格决策部门并没有一味迁就反对调整的听证代表的意见，而是从实际情况出发，在平衡了消费者和经营者之间的利益之后，作出了合理的客运票价调整方案。从现在的客运市场发展情况看，这一客运票价调整方案是适当的，社会效果也是好的。

但是，从整个听证过程看，这次听证会也存在着一些值得商榷的问题，有的也是我们政府价格决策规则的缺陷所造成的。这些问题是：

1. 听证会正式代表结构不合理。本次听证会正式代表 21 人，其中县人大、政协代表 2 人，部门（乡镇）代表 10 人，消费者代表 6 人，申请人（经营者）代表 3 人。县人大、政协和部门（乡镇）代表共计 12 人，超过了正式听证代表 50％。一般情况下，这 12 名代表不是中巴车的消费者，至少不是经常乘坐中巴车。我们需要人大、政协和部门的听证代表，但不宜过多，否则有喧宾夺主之感。真正的消费者代表只有 6 人，占听证代表总数的 29％。这个比例似乎太低了，不足以反映整个消费者群体的意见。《政府价格决策听证办法》第 9 条规定："听证会代表应该具有一定的广泛性、代表性，一般由经营者代表、消费者代表、政府有关部门代表以及相关的经济、技术、法律等方面的专家、学者组成。政府价格主管部门应当根据听证内容，合理安排及确定听证会代表的构成及人数。"我以为这次听证会在听证代表的构成上有不尽合理之处，因而影响到听证代表的广泛性、代表性。

从实际情况看，"我国价格听证代表的遴选呈现出明显的'政府化'倾向，其具体表现就在于政府掌握着听证代表选择的主导权，代表如何选定、代表人数如何确定、代表比例如何分配都由政府价格主管部门决定"①。这个问题在现在的政府价格听证中具有一定的普遍性。有的是为保证申请人的申请能够通过听证会获得支持,所以在确定听证会代表时有意排斥可能会提出反对意见的代表,如 2002 年铁路春运票价听证会乔占祥没有成为听证代表;也有的是为了方便从事,就近确定听证代表,如 2004 年北京故宫等 6 处世界文化遗产门票价格调整举行的听证会代表全部都是北京居民。据报道,这次拟调票价的 6 大景点,平时 90% 以上的参观者都是外地游客,他们不像北京市民那样享受优惠,所以上调票价影响最大的,恰恰是这些外地游客。而他们的意见,没有听证代表反映,反对涨价的声音几乎没有,这就出现了"北京人听证、外地人买单"之说。众所周知,故宫等 6 处世界文化遗产,是中华民族为人类创造的精神文化财富,它们绝不仅仅属于北京市民。调整门票价格,不去听取占据游览人群绝大多数的外地游客的意见,就等于没有听取主要的利益相对人的声音。② 再如 2002 年兰州市公交车票价上调听证会的 31 名听证代表中,"绝大多数是专家学者、人大代表、政协委员、公务员,还有校长、高校工程师等(这些代表一般都不会以公交车为主要代步交通工具)。在 26 位有身份的代表同意上调票价后,仅有的几位普通消费者代表(其中有下岗职工)保持了沉默。"③所以,合理地确定听证代表的结构是听证决策获得社会民众支持的重要基础。

2. 信息不对称致使听证代表的发言显得空泛,没有实质性内容。本次听证的内容涉及客运中巴车成本与收益不相称的问题。申请人提供了一个表格式的说明,其中的各种数据支持了申请人的观点。但是,支持这些数据背后的资料并没有在听证会上出示,即使申请人的申请事先送到了听证代表手中,没有这些资料的帮助,听证代表怎么核实这些数据的真实性呢?这种信息不对称的局面可以说是听证代表的发言显得空泛、没有实质性内容的根本原因。这些专业性的问题如果能有专家帮助,则听证会可能开得更有实效。但是,在这个听证会上,听证组织者没有聘请专家、学者,使这一听证很难进入实质性的质证、辩论阶段,当然也影响了政府价格决策的准确性。比如,2002 年广东省春运公路客运价格听证会中,受广东省物价局委托,咨询机构——华南理工大学交通学院在会上作了广东省公路

---

① 章志远:《价格听证困境的解决之道》,《法商研究》2005 年第 1 期。

② http://news.163.com/2004w12/12757/2004w12_1102245887361.html(最后访问:2007 年 5 月 10 日)。

③ http://news.xinhuanet.com/zonghe/2002－10/31/content_613176.htm)(最后访问:2007 年 5 月 15 日)。

旅客运输成本调查报告,对广东公路客运运输成本及利润构成进行说明。他们的结论是:在广东,春运成本比平时平均增加 30％左右,客运企业的利润率较低,春运期间的利润额占全年利润总额的 20％~30％。① 这样的一个专家意见,可为政府价格决策提供较为准确的证据基础。

听证会上信息不对称一直为人们所诟病。正如有学者所说:"价格听证一般是企业或行业要求提价而进行的听证。提价的理由往往是成本增加,甚至是所谓的企业严重亏损。然而,事实到底如何,公众往往无从知悉,甚至连价格主管部门也难以了解。即使将公开化原则扩大到上述垄断企业,公众个体一般也不会长期做系统信息的关注和收集。如果相对人没有获取到信息,没有足够对称的信息,不能运用这些信息,那么听证会也就成了信息发布会,对行政行为的合法和公正也就发挥不了作用。"② 比如,在民航国内航空运输价格听证会上,一般人对其提出的方案是不太看得懂的。"看一看《方案》,你会发觉其中有许多术语,仅仅是针对成本这个词,就有什么'固定成本'、'变动成本'、'可控成本'、'不可控成本'等等。这么说吧,如果你不是干这一行的,就算这个《方案》明明白白地摆在你面前,并给你充分的时间去看,你也未必能够弄清,民航这个成本到底是怎么形成的。"③ 既然价格听证势在必行,那么如何解决这个问题呢? 有学者对此提出:"我们要实现信息对称,还需要建立成本核算和评估制度。也就是说,对要求提价企业的成本和效益,必须进行评估。评估由作为第三人的消费者选择和委托评估机构进行,但费用应当由要求提价的企业支付。选择和委托评估机构的消费者代表可以由消费者协会随机选择,但不应该是消费者协会。"④ 除此之外,我认为合理的听证代表结构和适当的专家、学者参加听证会也是很重要的。

3. 听证会时间较短,听证代表发言时间没有充分保障。根据本次听证会规定的发言时间,每个听证代表初次发言就需要近 3 小时,如再计自由发言每人 3 分钟,还需加 1 小时。本次听证会计划召开半天,以 4 小时计算,也只供听证代表发言。但是,这仅仅是整个听证会 8 个程序中的 2 个程序,其他如"听证主持人宣布听证会程序和注意事项,介绍听证会代表组成"、"申请人代表说明定价方案及其依据、理由"、"县物价局介绍有关政

---

① http://www.gdpi.gov.cn/tingzheng/sitereport/4.htm(最后访问:2007 年 5 月 15 日)。
② 叶必丰:《信息不对称及其解决思路》,《法制日报》2003 年 12 月 18 日。
③ 徐冰:《民航听证,要听什么》,《中国经济时报》2003 年 4 月 17 日。
④ 叶必丰:《信息不对称及其解决思路》,《法制日报》2003 年 12 月 18 日。

策、法律、法规,宣读初审意见"、"申请人代表陈述意见"和"听证主持人进行会议小结"等程序所花的时间不计在内。如果把这些程序所花的时间计划在内,那么听证代表发言的时间可能更少。"举行听证会的事项往往较为重大,需要讨论的事项自然不少,但很多听证会仅举行一天,在短短几个小时中,还要被主持人宣布纪律、介绍代表等占用一部分时间,留给听证代表发言、辩论的时间非常少。这就很难保证听证会对决策真正发挥作用。"[①]当然,实际也有可能因为听证代表无话可说,所以也就不需要过长的听证时间。但我以为这不是缩短听证会时间的理由,这种局面可能更多的是听证代表与申请人之间信息不对称所致。

　　当然,在一个县级政府中能够举行这样一个政府价格决策听证会,本身就是政府决策民主化的体现。虽然存在着一些问题,但是这些问题有的也不是一个县级政府价格主管部门可能解决的。一个不争的事实是,这个听证会的最终决策所产生的社会效果是好的。这大概就是我们最需要关注的问题。

---

　　① 王万华:《中国行政决策听证的现状及其问题》,《法制日报》2003 年 12 月 8 日。

参考文献

一、著作类

[1] 徐复观：《两汉思想史》（第1卷），华东师范大学出版社2001年版。

[2] 罗豪才主编：《行政法学》（新编本），北京大学出版社1996年版。

[3] 顾培东：《社会冲突与诉讼机制》（第2版），法律出版社2004年版。

[4] 阮新邦：《批判诠释论与社会研究》，上海人民出版社1998年版。

[5] 王名扬：《美国行政法》（上、下），中国法制出版社1995年版。

[6] 陈家刚选编：《协商民主》，上海三联书店2004年版。

[7] 荆知仁：《美国宪法与宪政》，台湾三民书局1984年版。

[8] 王万华：《行政程序法研究》，中国法制出版社2000年版。

[9] 马怀德：《行政法制度建构与判例研究》，中国政法大学出版社2000年版。

[10] 汤德宗：《行政程序法论》（增订二版），台湾元照出版公司2003年版。

[11] 应松年主编：《外国行政程序法汇编》，中国法制出版社1999年版。

[12] 王名扬：《英国行政法》，中国政法大学出版社1989年版。

[13] 胡建淼主编：《外国行政法规与案例评述》，中国法制出版社1997年版。

[14] 杨惠基：《听证程序概论》，上海大学出版社1998年版。

[15] 刘勉义：《行政听证程序研究与适用》，警官教育出版社1997年版。

[16] 朱林：《澳门行政程序法典——释义、比较与分析》，澳门基金会出版社1996年版。

[17] 沈宗灵：《现代西方法理学》，北京大学出版社1992年版。

[18] 蔡茂寅等：《行政程序法实用》，台湾学林文化事业有限公司2000年版。

[19] 罗传贤：《行政程序法论》（增订三版），台湾五南图书出版股份有限公司2002版。

[20] 王万华主编：《中国行政程序法汇编》，中国法制出版社2004年版。

[21] 城仲模主编:《行政法之一般法律原则》,台湾三民书局1991年版。

[22] 龚祥瑞:《比较宪法和行政法》,法律出版社1985年版。

[23] 翁岳生编:《行政法》(上下),台湾翰芦图书出版有限公司2000版。

[24] 万光侠:《效率与公平——法律价值的人学分析》,人民出版社2000年版。

[25] 樊纲:《渐进之路》,中国社会科学出版社1993年版。

[26] 乔晓阳主编:《立法法讲话》,中国民主法制出版社2000年版。

[27] 罗豪才、应松年主编:《行政程序法研究》,中国政法大学出版社1992年版。

[28] 应松年等:《走向法治政府——依法行政理论研究与实证调查》,法律出版社2001年版。

[29] 周叶中主编:《宪法》,高等教育出版社、北京大学出版社2000年版。

[30] 胡锦光、刘飞宇:《行政处罚听证程序》,法律出版社2004版。

[31] 李岳德主编:《中华人民共和国行政处罚法释义》,中国法制出版社1996年版。

[32] 刘勉义:《我国听证程序研究》,中国法制出版社2004年版。

[33] 汪永清主编:《中华人民共和国行政许可法释义》,中国法制出版社2003年版。

[34] 应松年、杨解君主编:《行政许可法的理论与制度解读》,北京大学出版社2004年版。

[35] 彭宗超等:《听证制度》,清华大学出版社2004年版。

[36] [美]伯纳德·施瓦茨:《行政法》,徐炳译,群众出版社1986年版。

[37] [英]威廉·韦德:《行政法》,徐炳译,中国大百科全书出版社1997年版。

[38] [美]阿马蒂亚·森:《以自由看待发展》,任颐等译,中国人民大学出版社2002年版。

[39] [英]戴维·M.沃克:《牛津法律大辞典》,光明日报出版社1989年版。

[40] [英]丹宁:《法律的正当程序》,李克强等译,法律出版社1999年版。

[41] [美]梅利曼:《大陆法系》(第2版),顾培东等译,法律出版社2004年版。

[42] [法]勒内·达维德:《当代主要法律体系》,上海人民出版社1984年版。

[43] [德]哈特穆特·毛雷尔:《行政法学总论》,高家伟译,法律出版社2000年版。

[44] [日]盐野宏:《行政法》,杨建顺译、姜明安审校,法律出版社 1999
     年版。
[45] [德]K. 茨威格特、H. 克茨:《比较法总论》,潘汉典等译,贵州人民出版
     社 1992 年版。
[46] [美]戈尔丁:《法律哲学》,齐海滨译,三联书店 1987 年版。
[47] [美]奥内斯特·吉尔霍恩、巴瑞·B. 鲍叶:《美国行政法和行政程序》,
     崔卓兰等译,吉林大学出版社 1990 年版。
[48] Diane Longley and Rhoda James. Administrative Justice-Central Is-
     sues in UK and European Administrative Law. London 1999.

二、论文类

[1] 季卫东:《当代法制建设的几个关键问题》,《中国法学》1993 年第 5 期。
[2] 陈瑞华:《程序正义的理论基础》,《中国法学》2000 年第 3 期。
[3] 于安:《美国行政规章制定程序初探》,载罗豪才、应松年主编:《行政程
    序法研究》,中国政法大学出版社 1992 年版。
[4] 马龙:《美国行政裁决程序基本构成》,载罗豪才、应松年主编:《行政程
    序法研究》,中国政法大学出版社 1992 年版。
[5] 张泽想:《行政法主体论》,载《行政程序法研究》,中国政法大学出版社
    1992 年版。
[6] 薛刚凌:《我国行政法主体理论之探讨》,《政法论坛》1998 年第 6 期。
[7] 张春生等:《行政程序法的指导思想及核心内容的探讨》,《中国法学》
    1991 年第 4 期。
[8] 杨海坤:《关于行政听证制度若干问题的研讨》,载上海市行政法制研究
    所编:《听证制度研讨会论文集》(1997 年 7 月)。
[9] 张剑寒:《美国联邦行政程序法述要》,载台湾地区"行政院"研究发展考
    核委员会编印的《各国行政程序法比较研究》。
[10] 翁岳生:《奥国行政手续法》,载台湾地区"行政院"研究发展考核委员
     会编印的《各国行政程序法比较研究》。
[11] 宋华琳:《美国广播管制中的公共利益标准》,《行政法学研究》2005 年
     第 1 期。
[12] 邓淑珠:《以社会制约权力》,载《行政法论丛》第 7 卷,法律出版社 2004
     年版。
[13] 章志远:《价格听证困境的解决之道》,《法商研究》2005 年第 1 期。